图书在版编目（CIP）数据

商业地产怎么办：基于产品创新的破局之道 / 艾智靖著.
上海：同济大学出版社，2023.3
ISBN 978-7-5765-0393-7

Ⅰ.①商… Ⅱ.①艾… Ⅲ.①城市商业—房地产开发—研究—中国 Ⅳ.① F299.233

中国版本图书馆 CIP 数据核字（2022）第 182142 号

商业地产怎么办——基于产品创新的破局之道

著　　作：艾智靖
责任编辑：陈立群（clq8384@126.com）
装帧设计：景嵘设计
电脑制作：朱丹天
责任校对：徐春莲

出版发行：同济大学出版社
地　　址：上海市杨浦区四平路 1239 号
电　　话：021-65985622
邮政编码：200092
网　　址：www.tongjipress.com.cn
经　　销：全国各地新华书店
印　　刷：上海锦良印刷厂
成品规格：172mm × 240mm　304 面
字　　数：210 000
版　　次：2023 年 3 月第 1 版
印　　次：2023 年 3 月第 1 次印刷
书　　号：ISBN 978-7-5765-0393-7
定　　价：266.00 元

本书若有印装质量问题，请向本社发行部调换　　版权所有　侵权必究

商业地产怎么办
——基于产品创新的破局之道

艾智靖 著

同济大学出版社·上海

前 言

过去三十年，伴随着中国城市化的进程，众多开发商踊跃投入商业地产大潮中。2009～2020年间，购物中心存量面积增长了约1000%，是同时期社会消费品零售总额增幅的约五倍。多年高速发展至今，中国的人均零售面积达到世界第10位，已经超过了意大利、德国、韩国等发达国家。

伴随购物中心的大量建成开业，城市人均商业面积逐年增加，使得商业的竞争烈度越来越强。电商的冲击，疫情的影响，也加剧了商业地产的困局。很多城市的商业地产都出现平均坪效走低、投资收益下滑的情况。

过去，很多城市由于缺乏足够商业配套，商业竞争烈度低，所以开发经营难度较低，容错率高。但是，在商业地产供求关系的新常态下，过往的成功路径不一定管用。

业态趋同也使得各种新旧商场产生同质化竞争。市场上的优质品牌数量增加的速度，比不上商业总量扩张速度。优质品牌池的匮乏使购物中心的差异化之路难以起步。

众多商业地产项目在空间体验和面貌上日益趋同，频频撞脸，也让差异化体验越来越难达到。

在消费发达的今天，购物需求已经成为个人生活需求的重要组成部分，个体购物需求集合为社会的购物需求。当"购物"上升为更宽泛的"消费"时，也可以说"消费"成为城市生活最主要的公共活动方式。衣食住行，起居交友等行为，都与购物深度融合，并最终融汇成各种消费场景。

因此，我们看到越来越多的体验型消费，出现在零售空间中；零售空间越来越多地承担起城市公共空间的功能。

借用马斯洛的需求层次理论来分析个体对购物不同层面的需求，当生理层面和安全层面的基本需求被满足后，社交需求和尊重需求上升为主要需求。

对购物生理需求的满足，推动着购物中心随着城市化进程在全国遍地开花。过去二十年，很多商业地产开发商紧紧抓住这一需求，以成熟的商业模式，在全国快速复制购物中心。

对购物安全需求的满足，以消费升级的方式推动商业购物中心的更新迭代。很多零售业发达的一、二线城市在这样的背景下，不断涌现出更新更好的购物场所，冲击着传统的商圈结构。

但是，对需求层次更高的社交层面、尊重层面需求的满足，会催生出什么样的商业创新和行业变化，虽能看到一些萌芽性的尝试，但整体仍仿佛雾里看花，终隔一层。

为了增加商业的社交属性，很多购物中心项目在零售之外，植入文化、艺术、运动、图书、娱乐等体验型业态，增加商业的趣味性以延长顾客的停留时间。一些购物中心，也开始走主题化的路线，以求差异化突破。

购物视野全球化的顾客、Z世代顾客，对商业的需求层次却越来越高。

投资端、顾客需求端都对商业地产的开发和运营提出了越来越高的要求。

新的需求催生了新的业态、新的体验。VR/AR、元宇宙等新技术，也将带来新场景、新气象。

消费方式的重塑已不再是青萍之末，商业地产的产品革新势在必行。

基于这样的出发点，笔者想要探寻当前商业地产困境的破局之道，发现更多的可能性。

本书以笔者从事商业地产甲、乙方的研究和实践经验出发，对国内外先锋性、开创性的商业地产实践进行系统的研究和分析，也对过往一些典型失败案例进行解剖；并对商业地产设计的经验数据和方法进行归纳，希望能够为当前商业地产的困境提供破局思路。

商业地产种类繁多，系统庞杂，本书历时五年完成，仍难以论述详尽。

以上所呈，仅为一家片面之言。如有错漏不当，还请各位不吝指正。

艾智靖

2022年9月20日

目 录

第一章　商业地产的困境与展望 9
  一、商业地产分类 10
  二、商业地产的发展历程 14
  三、当前商业地产难题 40
  四、下一代商业地产发展趋势构想 48

第二章　商业建筑类型划分 59
  一、按城市功能定位分类 61
  二、按经营方式分类 94
  三、按规划形态分类 105
  四、按市场形象定位分类 128
  五、按商品级次定位分类 134

第三章　商业产品定位与创新 141
  一、商业产品理念的出发点 142
  二、商业容量测算 152
  三、持售结合型的持售配比 158

四、商业体量过剩的解决策略 171

第四章　商业规划与设计 175
　　一、商业业态种类与规划 176
　　二、持有型集中式商业流线规划 188
　　三、持有型集中式商业水平动线分类 194
　　四、销售型商业产品与规划 214

第五章　商业空间的新可能 225
　　一、商业动线创新与空间新可能 226
　　二、沉浸式商业场景 242
　　三、业态创新下的商业空间创新 257

第六章　商业内容的新可能 263
　　一、商业 + 艺术 266
　　二、商业 + 文化 278
　　三、商业 + 体育运动 283
　　四、商业 + 游乐 291

参考文献 300

后记 303

第一章 商业地产的困境与展望

一、商业地产分类

商业地产是以赚取物业租金收益为目的的长期性房地产投资的统称。

广义的商业地产，是指用作商业经营的地产，主要区别于居住的住宅房地产、生产的工业地产，以及物流地产等。广义的商业地产包括各种零售、办公、酒店、公寓等类型。狭义的商业地产是指作为商业零售经营场所的地产，包括各种购物中心、商业街、百货商店、专业市场等。本书论述的商业地产为狭义的商业地产，并主要以购物中心、街区式商业等为主。

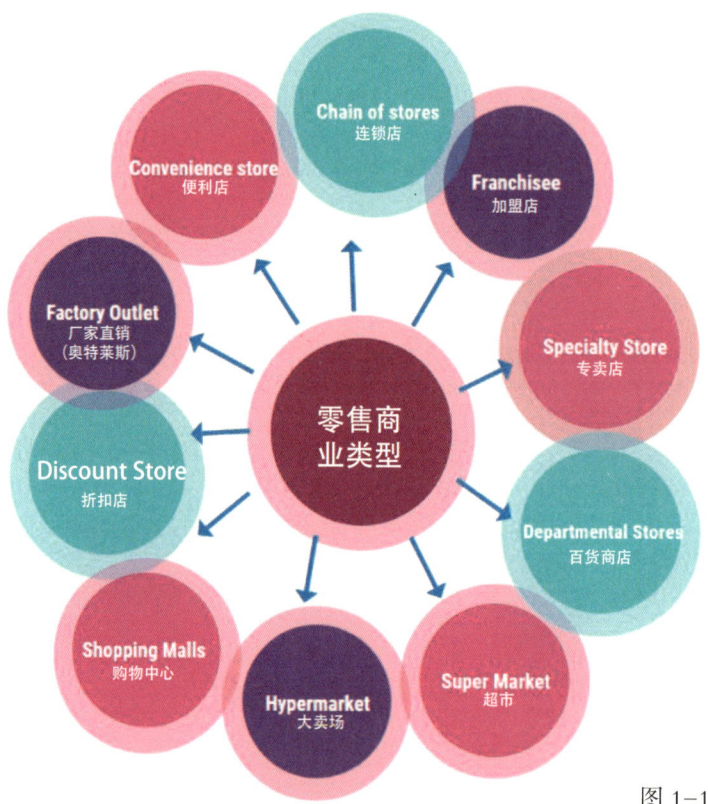

图 1-1　常见零售类型

人类自有商业活动以来，诞生的商业零售场所的形态有过很多种。商业形态的更新迭代以效率更高、体验更佳为发展主线；一些落后、低效的商业形态逐渐被更高效的商业形态取代。

根据国际主流观点，目前常见的零售类型有图1-1所示的10种。

以主流的百货商店、超级市场、购物中心和专门市场四种类型为例，特征见表1-1。

表1-1　　　　　　　　　　　常见商业类型表

名称	主要特点	经营方式
百货商店	①一般采取柜台销售与自选(开架)销售相结合方式。 ②实行统一管理，一般统一收银，按照楼层和专柜等分类别销售。 ③以商品岛铺柜的形式布局，空间布局高效紧凑；公区休闲空间有限。导购对销售影响大。 ④商品类型以服装服饰、家庭用品为主，种类全、少批量、较高毛利	①分为铺位出租型、自营买断型、联营型、代销型四种。 ②铺位出租型挣租金，自营买断型挣差价，联营型和代销型挣销售分成
超级市场	①采取自选销售方式，业态单一，会有外租店铺（二房东）。 ②以顾客自选为主，非必要一般无导购，集中一次性结算付款。 ③空间布局极其高效紧凑，基本无共享休闲空间。 ④主要经营快速消费品，生活必需品，商品档次以中低档为主	①实施自行管理、自行经营。 ②以直接销售获利为主，向采购要效益，通过扩大销售量来获取利润。对一些外租店铺（二房东），收取租金
购物中心	①切分成独立店铺对外出租，购物中心为店铺提供服务，自身不参与经营，通过分租物业租金收入获得利润。 ②客户自选，各店铺独立经营独立结算。 ③多种业态组合的一站式大型商超，集购物、休闲、娱乐、餐饮等各种功能复合的大型购物中心。 ④购物中心注重公共休闲空间塑造，注重通过公区环境塑造形成自身的集客能力	①实施统一管理、分散经营的多商业集合体。 ②购物中心利润来自物业出租，管理的是商户。 ③多种业态组合的一站式大型商超，集购物、休闲、娱乐、餐饮等各种功能于一体的大型商用物业
专卖店（专门市场）	①专注某种类型商品例如建材市场，家具市场等。 ②既有店铺街区式，也有展柜式街区	①各商户独自经营，整体市场有一定的统一管理。 ②通过分租物业租金收入获得利润

商业形态的发展演化是社会生产水平提升、消费方式改变的必然结果。从商业街模式进化到百货商店，背后的逻辑是工业革命显著提升了商品的生产能力，传统的家庭作坊式商铺的零售效率无法满足更高的零售效率要求，倒逼零售行业专门化和销售效率提升，百货商店应运而生。

从百货商店进化到购物中心，本质原因是城市化的快速发展和社会消费水平进一步提升，在商品过剩时代客户对购物体验提出了更高要求。此外，汽车普及和城市化的发展，使得城市规模迅速扩大，商业地产建设需求快速增加。地产开发与商业经营脱离，开发和经营层面的专门化进一步提升了效率，可以使商业建筑开发商专注于更好更高效地开发优质商业建筑，购物中心就是在这种背景下应运而生。

从商业模式来讲，百货商店主要通过专柜销售收入分成获得利润。所以，百货商店讲究坪效，追求每平方米（简称"方"）的价值最大化，因此公共空间很少，休闲体验感不足。由于公共空间少，百货的商业布置效率很高。一个 10 万方购物中心一般能容纳 300 个品牌，而一个 4 万方的百货商店，其品牌数可能就超过 300 个。

购物中心模式是店铺经营权与所有权分离，购物中心自身不直接参与零售，而是通过为店铺提供服务并通过分租物业租金收入获得利润。购物中心模式更加明确的分工有助于进一步提高效率。购物中心经营的核心不是卖货，而是以生活方式、消费场景来吸引消费者前来，在休闲娱乐的同时顺便购物。因此，购物中心的核心指标是流量；各种主力店、目的型店铺都以引导人流为出发点。只有购物中心整体人流量经营好，店铺销售额和购物中心租金才有保证。为了获取流量，就必须拿出一部分空间，为消费者打造休闲体验场景。

百货长于变现，而购物中心的优势在于制造流量，两者并不天然对立，而是可以共荣共生。常见的结合方式是在购物中心当中，引入百货作为主力店。如果百货商店的经营变现优势与购物中心的场景营造优势结合，形成"百货购物中心化"的模式，也有可能实现"1+1>2"的效果。

北京新开业的SKP-S商场，代表了传统的百货商场正在主动地拥抱这种趋势。SKP-S以百货的经营模式，结合购物中心的体验营造，以及科技艺术氛围营造，打造成了一个叫好叫座、名利双收的爆款项目（图1-2）。

图1-2 北京SKP-S商场——百货的购物中心化

二、商业地产的发展历程

商业零售是人类社会发展到一定阶段的产物,商业零售场所的形态也是当时社会生产关系的体现。古代的商业建筑形态,受制于建筑高度和跨度限制,以低层街区式商业为主。不管是唐长安的东西市,《清明上河图》中的宋代商业街(图1-3),还是古罗马的街道,古代主要商业建筑形态都是商业街。

商业街具有交易流通便利,布局灵活,适应性强,产权分割清晰等诸多优势,这种形式一直流传至今,并依旧保持很高的活力。早期很多商业街在布置上,一般采用"前店后住""下店上住""前店后厂"等布局模式,满足家庭作坊式独立经营需求。商业业主既是生产者,又是零售者。

但是商业街的劣势也较为显著,开敞的布局易受雨雪气候影响,难以满足全天候的使用需求。为解决这一困境而出现的室内商业街,成为现代商业建筑的雏形。

典型的案例是建于1461年的伊斯坦布尔大巴扎集市(kapalicarsi),在商业街顶上覆盖连续拱券,形成全封闭式的室内商业集市(图1-4、图1-5)。大巴扎集市占地30万方,有65条室内街道,4400多

图1-3 《清明上河图》中的宋代商业街

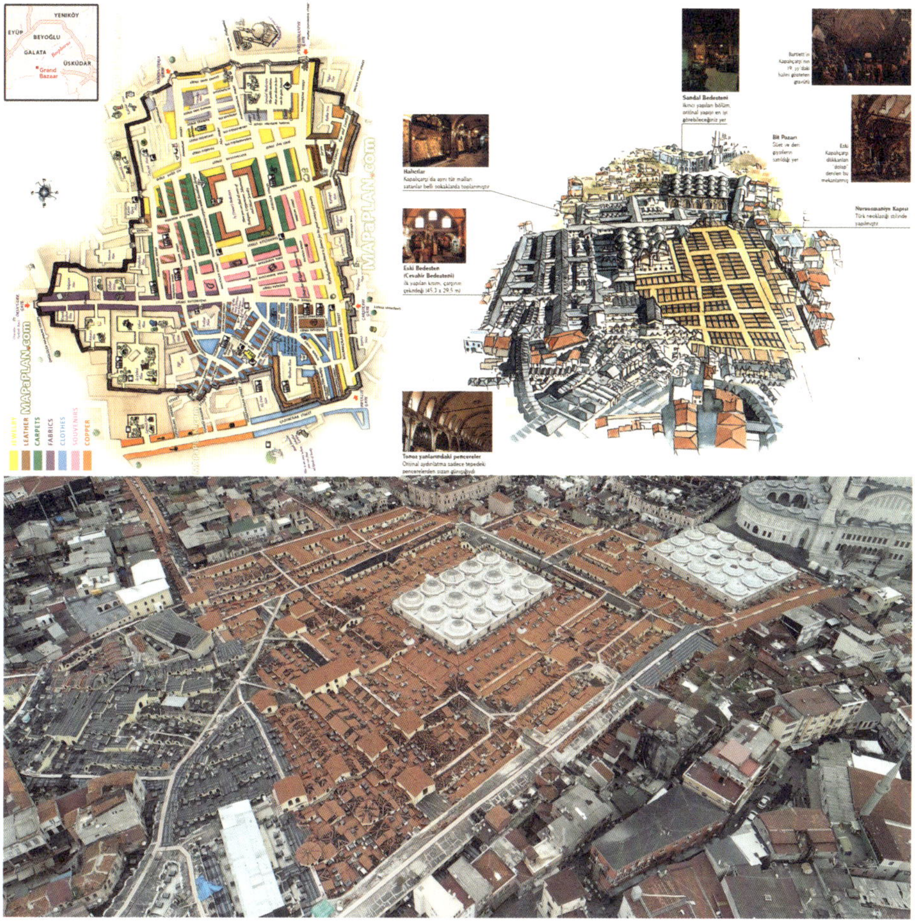

图 1-4 大巴扎集市平面图与鸟瞰

图 1-5 大巴扎集市内景

家商店,曾经是世界上最大的室内集市之一。

为了保证商业街舒适明亮的优点,同时避免受恶劣天气影响,满足全天候、高品质购物需求,在英、法、意等国出现了大量拱廊街。例如建于1799年的全景拱廊街(Passage des Panoramas),是巴黎现存最

图1-6 巴黎全景拱廊街(Passage des Panoramas)

图1-7 伦敦伯灵顿拱廊街

图1-8　米兰伊曼纽尔二世拱廊街与平面图（Galleria Vittorio Emanuele Ⅱ）

古老的拱廊街（图1-6），街道全长132米。其他著名的还有伦敦的伯灵顿拱廊街（图1-7），意大利米兰的伊曼纽尔二世拱廊街（Galleria Vittorio Emanuele Ⅱ）（图1-8），等等。

这种在开放式室外街区上覆盖玻璃顶盖形成通透明亮室内商业空间的模式，成为后来现代购物中心的雏形。

1. 国外现代商业建筑发展历程

现代商业起源于19世纪末的欧洲，由于第一次工业革命技术的普及，商品生产效率大大提高。高效率的商品生产推动高效率的商品零售，商品的零售与生产分离并向专业化发展。

世界上第一家百货商店是1852年在法国巴黎开业至今的乐蓬马歇百货公司（Le Bon Marché）。它摒弃了传统的"作坊式"零售模式，采用开放的购物空间使顾客可以自由进出选购，不受店员干扰，丰富的商品种类可以满足顾客多样的购物需求。这些在当时具有突破性的革新，使得交易效率大幅提高，开启了零售业的一次革命。乐蓬马歇百货，也从开始的小店逐步扩建，销售额从之前的50万瑞士法郎增加到500万瑞士法郎。1984年，乐蓬马歇百货公司被路易威登（LVMH）收购后，销售额进一步提升,并成为巴黎最大的高端百货公司之一。

乐蓬马歇百货取消导购店员后,增加了其他以往被忽视的服务,如设置阅览室满足男性顾客在妻子购物时打发闲暇时光,还提供奖品、儿童娱乐活动、邮购目录和举办季节性营销活动等(图1-9～图1-11)。

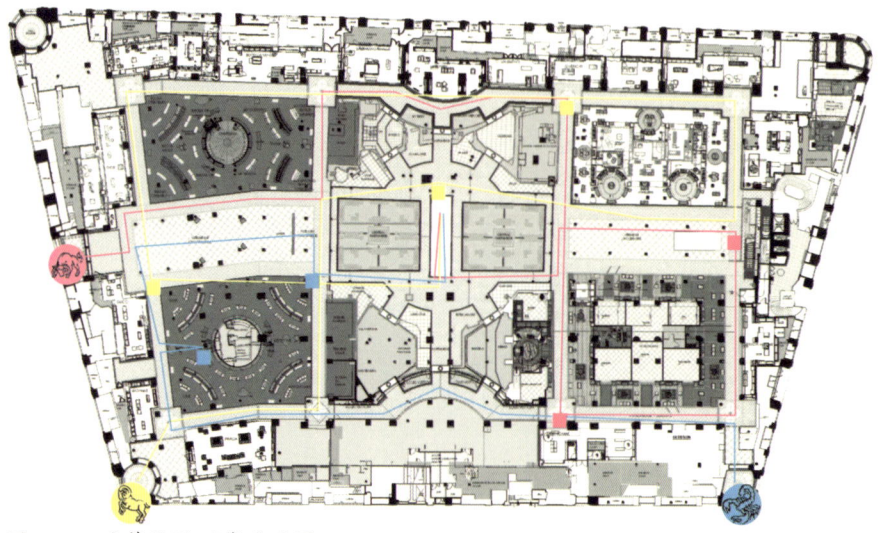

图1-9　乐蓬马歇百货平面图

图1-10　乐蓬马歇百货入口

图1-11　乐蓬马歇百货室内

乐蓬马歇这种更先进的模式取得巨大成功后,被广泛推广借鉴,并陆续诞生了卢浮宫百货、春天百货和莎玛丽丹百货等法国高档百货商店。

百货商店的优势在于种类齐全,选购交易高效便捷;缺点在于没有餐饮、娱乐等体验型业态补充,顾客买完就走,无法对顾客保持长时间的吸引力。当时的百货商店在经营策略上本质是百货店业主的"计划经济"式经营:百货店主根据经验以及过往销售反馈,提前准备商品供顾客选择,因此无法实现更高的业态丰富性、品类多样性和经营灵活性。

当时的工业革命催生出的城市化也推动着房地产行业的发展,商业地产的开发建设逐渐专业化、专门化。开发建设与零售脱离,所有权与经营权脱离,以便商业地产发展更好聚焦在开发建设上,在此背景下诞生了购物中心。

1923年,美国密苏里州堪萨斯城开业并营业至今的乡村俱乐部广场（Country Club Plaza）,具备了现代购物中心的雏形。相比之前的商业项目，乡村俱乐部广场具有以下特点：

① 开发商统一开发建设并长期持有、统一招商运营。

② 按照整体业态规划来招商租赁。

③ 整体业态组合有机合理，既保证租户组合多样化，为消费者提供更丰富的购物体验，又避免同一业态重复配置恶性竞争。

④ 对租户的经营进行监督服务，提升每个租户的运营水准，从而提升整体经营状态。

领先的商业模式让乡村俱乐部广场取得巨大成功，其四大运营策略，也成为后续购物中心普遍采用的四大原则。但是，乡村俱乐部广场在规划布局上，还不具备现代购物中心的特征。它是一个开放式商业街，汽车和行人可以自由穿行，店铺沿街道一字排开（图1-12～图1-14）。但得益于良好的运营，该项目至今依然是当地的重要地标。其每年圣诞季举办的大型灯光秀，也是美国著名灯光秀之一，吸引大量游客到访。

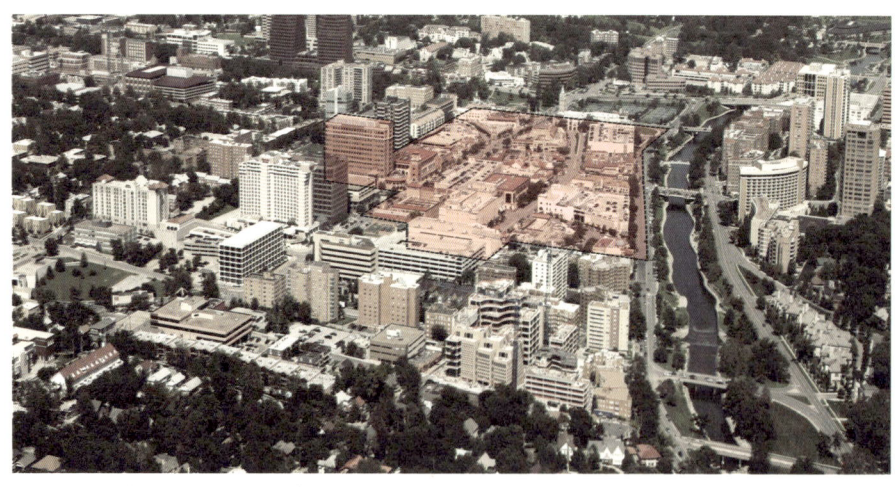

图1-12　乡村俱乐部广场鸟瞰

图 1-13　乡村俱乐部广场全景图

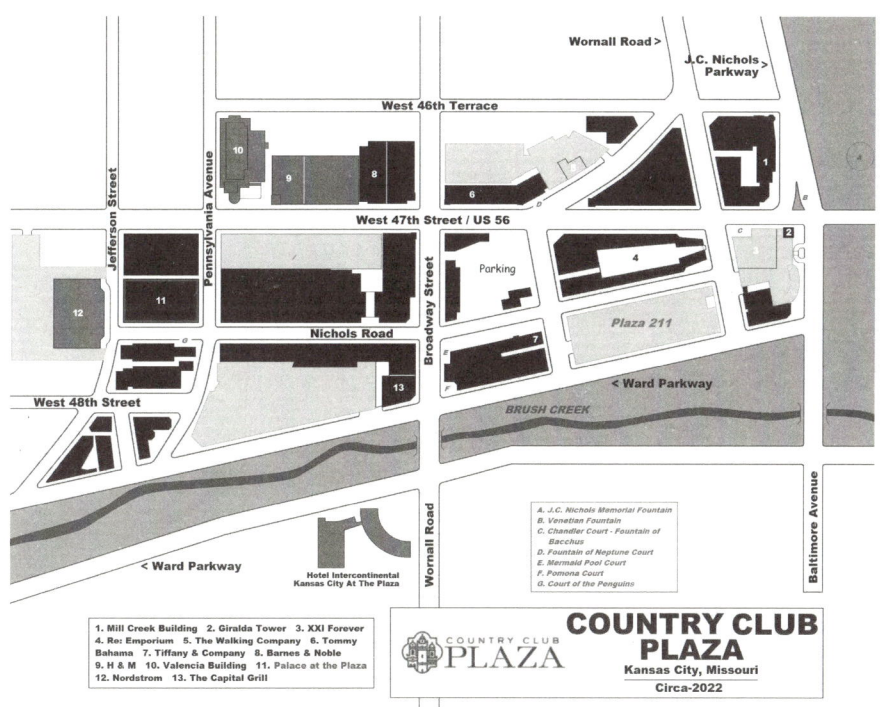

图 1-14　乡村俱乐部广场平面图

此外，该项目也是第一个在商业中使用 Plaza 这个词的，并为后来全球很多购物中心效仿。

乡村俱乐部广场完全开放式的街区模式，增加了管理服务的半径和难度；为了解决这一问题，诞生了新的商业模式。

1931 年在得克萨斯州达拉斯市开业的高地公园购物村（Highland Park Shopping Village），是美国的第一个购物中心（图 1–15）。高地公园购物村在参考村俱乐部广场运营策略的基础上，把完全开放式外街改为半开放式围合内街，减少了管理服务的半径和难度。

高地公园购物村在流线组织上，虽然依然是人车混行，但是已经有了内外分区的雏形。所有店铺把主要面向中心广场，外侧主要供货物运输和人员车辆通行。高地公园虽然在形态上还是街区式，但在运营和流线组织上已经具备购物中心的雏形（图 1–16）。

图 1–15　高地公园购物村鸟瞰

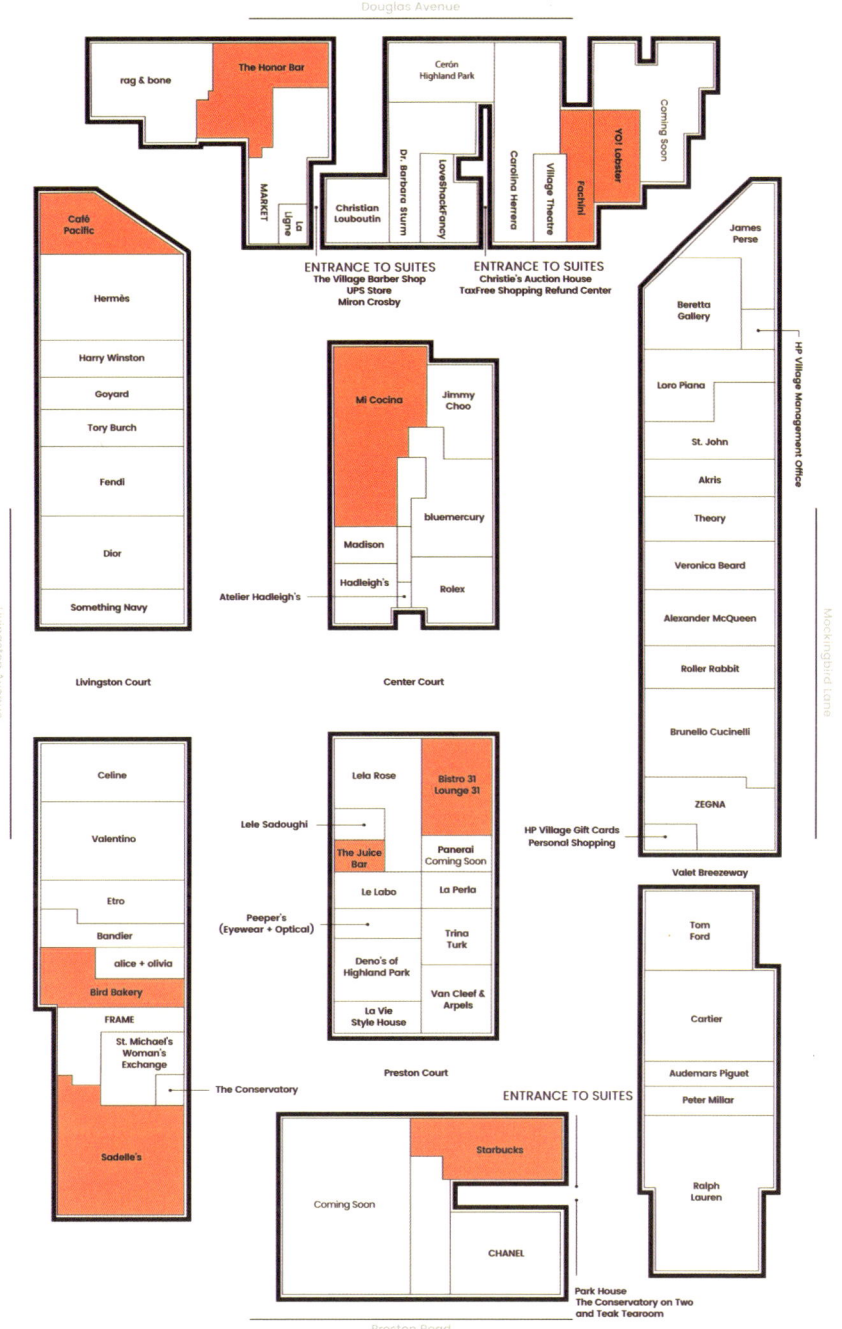

图1-16 高地公园购物村平面图

高地公园购物村开业至今的 90 多年间，主力业态经历从乡村服务驿站、乡村俱乐部、社区公园和购物娱乐中心的演变，经过多次易主和改造，现在是达拉斯的奢侈品购物中心。

1956 年，在美国明尼阿波利斯郊区 Edina 开业的南谷购物中心（Southdale Center），是美国第一家全封闭带空调的购物中心，也是美国第一家现代意义上的大型区域购物中心。

南谷购物中心具有重要的里程碑性意义：首次通过人工空调控制的室内气候，营造出宜人的购物环境；提供开放的公共空间以满足人们购物之外的公共活动需要；彻底地人车分流，在购物中心外围提供大面积的免费停车场，在内部建立全步行的购物空间（图 1-17～图 1-20）。

图 1-17　南谷购物中心鸟瞰和以动物命名的停车分区（右）

图 1-18　南谷购物中心入口

图 1-19 南谷购物中心室内

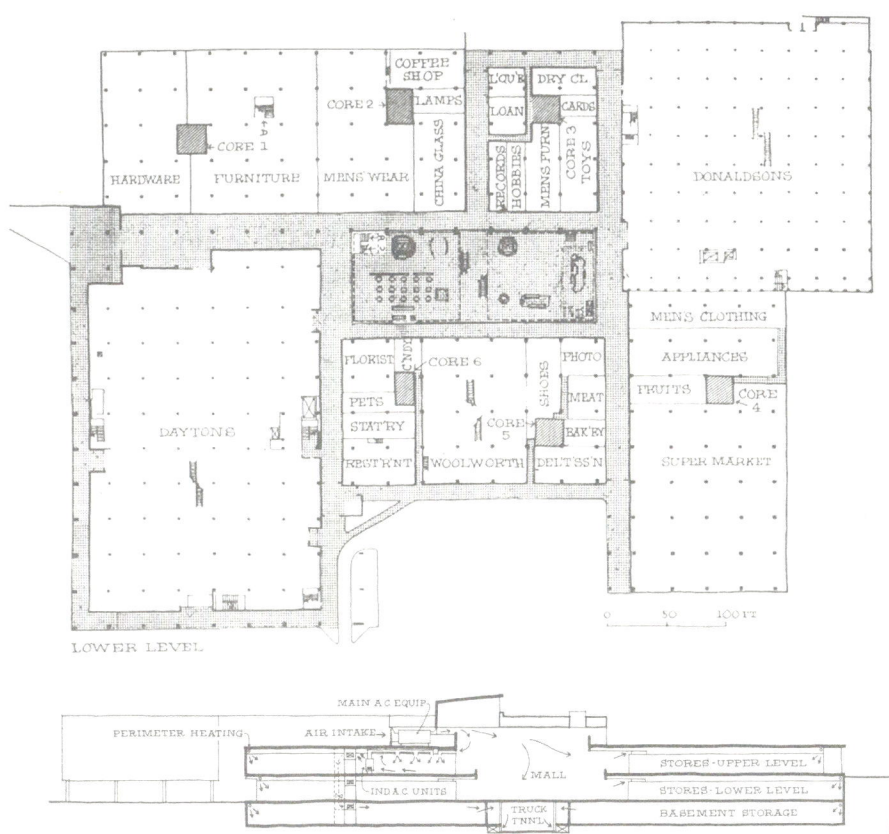

图 1-20 南谷购物中心平面剖面图

南谷购物中心采用主力店+中小店铺的组合模式；包括两家主力商店（Dayton's 和 Donaldson's）和约 100 家中小店铺，形成区域购物中心。

南谷购物中心开创的完全封闭、气候控制、人车分流、主力店+中小店铺、玻璃中庭的模式，成为后来购物中心建设的范例。

项目占地约 800 000 平方英尺（1 平方英尺 ≈ 0.09 方），建筑共两层，可租赁面积约 1 297 608 平方英尺。购物中心有 15 个停车场，免费提供约 5000 个停车位。停车区域在当时非常大，为了区分明显而采用动物的图形符号进行分区标识。

美国郊区集中的人口和购买力提供了大型购物中心的消费基础，大规模高速公路建设为购物中心延展服务半径提供了交通基础。20 世纪 50 年代末期，美国迎来了购物中心蓬勃发展的时期，大型郊区购物中心迅速崛起，形成美式 MALL 模式。

大量以南谷购物中心为蓝本的大型室内购物中心相继建成，并影响了欧洲、日本、澳大利亚等地的购物中心建设。

澳大利亚很快掌握了这种模式，1957 年 5 月 31 日开业的布里斯班 Chermside Drive-In 购物中心是澳大利亚第一家现代的购物中心（图 1-21）。Chermside Drive-In 购物中心含有两家主力店（Allan & Stark 百货公司和 BCC 超市），以及 24 家小店铺。此外，购物中心还设置了托儿所，满足父母购物时托儿的需求。该中心后于 1996 年被 Westfield 收购。

在 1950 年代，澳大利亚拥有与美国类似的发展背景：城市向郊区拓展和汽车保有量爆炸式增长，为远离传统市中心的郊区购物中心带来发展机会。开发商 Myer 在学习美国购物中心的发展后抓住这一机会，

图1-21 澳大利亚第一家现代的购物中心 Chermside Drive-In 购物中心

其投资建设的 Chadstone 购物中心于1960年10月3日开业,是澳大利亚第一个区域性购物中心,也是当时澳大利亚最大的购物中心。

Chadstone 购物中心刚开业时包括72家商店、一个三层的 Myer 百货公司、超市、一个上下商场、3UZ 广播电台、展览厅、医疗中心和儿童看护设施,以及可停放2 500辆汽车的免费停车场(图1-22~图1-27)。

Chadstone 购物中心建成后先后经历约50次扩建和改造,目前总可租面积达到176 414方,拥有530多家高端店铺、50多家澳大利亚及国际设计师精品店、16家世界级奢侈品牌。其中包括2个百货主力:大卫琼斯和玛雅百货,2个折扣百货:Target 和凯马特,3个超市:科

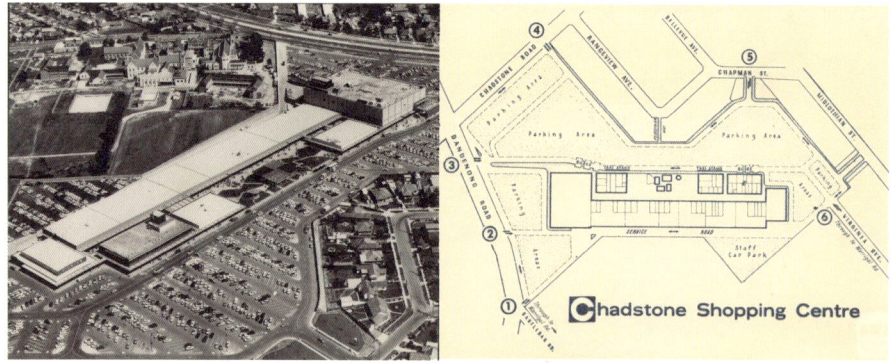

图 1-22　1960 年的 Chadstone 购物中心鸟瞰及平面

图 1-23　1960 年的 Chadstone 购物中心外景

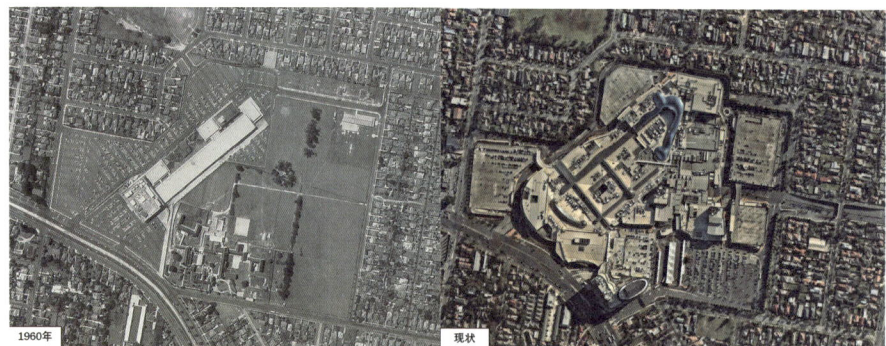

图 1-24　Chadstone 购物中心扩建对比

图 1-25　Chadstone 购物中心现状鸟瞰

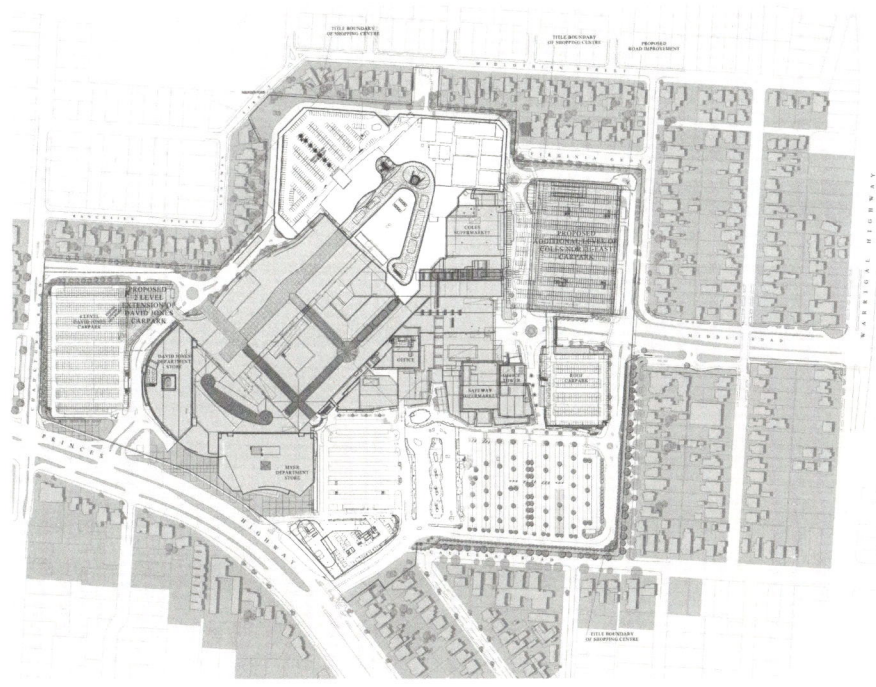

图 1-26　Chadstone 购物中心现状总平面

图 1-27 Chadstone 购物中心室内

图 1-28 墨尔本 Westfield Doncaster 购物中心鸟瞰

图 1-29 日本玉川高岛屋

尔斯、沃尔沃斯和奥迪超市，一家16屏幕的Hoyts影院，一个大型美食广场。

Chadstone购物中心目前是众多国际奢华精品的聚集地，且被誉为"南半球最大购物中心"。

紧随Chadstone购物中心后，于1969年开业的墨尔本Westfield Doncaster购物中心（图1-28）以及其他陆续开业的大型购物中心，使澳大利亚积累了丰富的购物中心建设经验，并向其他地方输出。如澳大利亚的Westfield集团在英国、意大利等地建设的购物中心，均取得巨大成功。

1969年，在日本开业的第一家购物中心玉川高岛屋（图1-29），以及后续在新加坡、马来西亚及中国香港等地陆续开设的购物中心，使亚洲成为购物中心建设的新热土。

2．国内现代商业建筑发展历程

1900年俄国人在哈尔滨开设的秋林公司，是我国第一家百货公司，至今仍在营业（图1-30）。百货商店在我国传统零售业历史上，曾经长期占据主导地位，很多百货商店一直营业至今。在这个过程中，百货的业态和体验也在不停地更新迭代；很多百货公司也在尝试引入餐饮、休闲和娱乐业态，并逐步成为百货商店标配。

中国内地现代购物中心发展学习欧美和香港的发展经验，起步虽晚但追赶迅速。1996年，在广州市诞生了第一家大型购物中心——广州天河城；这一年也标志着中国内地购物中心的诞生（图1-31）。后来，随着上海港汇广场、上海新天地、上海恒隆广场等相继开业，

图1-30 我国第一家百货公司——哈尔滨秋林公司

图1-31 中国内地第一家大型购物中心——广州天河城

购物中心的模式逐渐在全国范围内流行，拉开了国内购物中心乃至商业综合体项目快速建设的序幕。这一阶段的标杆性项目，多为港资开发商投资建设。

进入新千年之后，上海来福士广场、大连和平广场、北京CBD万达广场、深圳万象城、北京西单大悦城、北京三里屯太古里、上海国金中心、广州太古汇、南京德基广场等在全国各地相继开业。这一阶段出现的一些标杆性项目，既有港资开发建设的，也有大量央企建设完成的。这标志着国内的央企开发商如华润、中粮等系统地建立起了完整的大型中高端购物中心的建设和招商运营能力，市场定位、业态组合、规划设计、施工管理、机电、招商营销和物业管理等各条线经验、技术基本成熟。此外，一些头部民营企业如万达等也加入竞争行列。

进入2010年之后，随着商业地产投资建设的显著加速，全国各大城市都在建设各种类型的商业项目。此外，商业地产头部民企开发商如万达、龙湖、新城、印力等实现了产品系的迭代升级，并以成熟开发模式开始在全国复制。同时，随着一线城市中心区商业趋于饱和，激烈竞争催生出创新的商业形态。如上海K11购物中心、北京侨福芳草地等将艺术和购物中心结合，见表1-2。

表1-2　　　　　　　　　　国内商业建筑发展阶段表

阶段划分	代表项目	阶段性特点
百货中心阶段（1996年前）	上海市第一百货商店、上海太平洋百货、南京新街口百货等	各种百货是主流

续 表

阶段划分	代表项目	阶段性特点
购物中心 起步阶段 （1996~2004） 标志性事件： 广州天河城开业	广州天河城、上海港汇广场、上海梅龙镇广场、上海新天地、上海恒隆广场、北京新东安市场	①广州天河城开业标志着中国购物中心的诞生。 ②整体处在百货商店向购物中心过渡阶段。 ③百货商店尝试引入餐饮、休闲和娱乐业态，并逐步成为百货商店标配
购物中心成熟定型阶段 （2004~2012）	上海来福士广场、大连和平广场、北京CBD万达广场、北京世纪金源购物中心，深圳万象城、北京西单大悦城、上海五角场万达广场和宁波鄞州万达广场，南京水游城、北京三里屯太古里、上海国金中心、广州太古汇、南京德基广场	①央企开发商如华润、中粮等系统建立大型中高端购物中心的建设和招商运营能力，一些民营企业如万达等也加入竞争行列。市场定位、业态组合、规划设计、施工管理、机电、招商营销和物业管理等各条线经验、技术基本成熟。 ②这一阶段树立了全新的标杆项目如深圳万象城、上海国金中心、广州太古汇等
快速跃进阶段 （2012至今）	北京侨福芳草地、北京三里屯太古里、北京颐堤港、北京朝阳大悦城、上海陆家嘴中心、上海静安嘉里中心、上海静安大悦城、上海月星环球港、杭州湖滨银泰in77、成都远洋太古里	①购物中心建设体系成熟，一线城市中心区商业趋于饱和，激烈竞争催生出创新的商业形态。如上海K11购物中心、北京侨福芳草地等将艺术和购物中心结合。 ②更多国内民企如万达、龙湖、新城、印力等实现了产品系的迭代升级，并以成熟开发模式开始全国化复制

3. 国内主流开发商商业地产产品线

2012年开始，国内经济经历了由过去的高速增长到中速发展的换挡，经济进入"新常态"。为了应对住宅市场的过快过热现象，政府密集出台各项针对房地产的调控政策和举措，使更多开发商纷纷进入购物中心行业。很多开发商基于前一阶段的开发积累，已经建立起从拿地、市调、定位、策划、设计到建设、推广、招商和开业的全周期操盘经验；部分企业如华润、万达、龙湖、新城、印力等形成商业地产产品的成熟体系，并迅速开启全国化复制。

（1）万达商业产品系

万达自2000年进入商业地产领域，得益于其成熟的体系和最早开始的全国化布局，万达的购物中心规模已经位居国内商业地产行业首位。根据万达商管最新披露的2019年经营数据，截至2019年12月31日，万达共拥有及运营管理已开业商业广场323个，在建及拟建万达广场共18个，规模位居国内商业地产行业首位。2019年万达在全国39座城市共新开业43座万达广场，其中22座城市为万达广场首次进驻。从城市区域分布看，华东区、华北区是重点布局区域；从城市能级分布看，下沉市场是万达广场的主战场。三线及以下城市合计占比超七成，其中四线城市项目最多，占比达到39%。

建于2000年的长春重庆路万达广场成为其第一代的产品线，万达的商业综合体产品线发展到现在，共经历了四代，见表1-3。

表1-3　　　　　　　　万达广场商业产品迭代表[1]

阶段划分	代表项目	商业特点
第一代万达广场（2000~2002）	共6个：长春重庆路万达、南昌八一广场万达、长沙万达、南京新街口万达、济南泉城路万达、青岛台东路万达	①单体商业楼模式，总建筑面积在5万方左右，业态构成为单主力店+精品店模式。主力商业业态还不够丰富，但是布局紧凑，人流拉动作用显著。 ②商业平面水平分层式布置，人货流动线布局简洁紧凑

---

[1] 大连万达商业地产股份有限公司. 商业地产投资建设[M]. 北京：清华大学出版社，2013.

续表

阶段划分	代表项目	商业特点
第二代万达广场（2002~2004）	天津金街万达广场、沈阳万达商业广场、大连万达广场、南宁万达广场、武汉万达广场等	①进入多主力店+精品店模式。总建筑面积15万~20万方；每个项目包含商业、百货、超市、数码和电影院等组合主力店，平面布局上为四五个独立商业楼；通过一条室外步行街连起形成完整商业组合。②商业业态组合更丰富，各主力业态与中小商铺之间功能互补，叠加拉动效应显著
第三代万达广场（2004至今）	宁波鄞州万达广场、广州白云万达广场、泉州浦西万达广场等	①进入城市综合体开发模式。总建筑面积在40万~80万方，涵盖购物中心、写字楼、住宅、酒店、公寓等多种业态。②主力店形成"6+1模式"，"6"为百货、超市、电器、影院、量贩KTV、电玩城；"1"为酒楼或主题餐厅。在商业综合体内部引入室内步行街，来串联百货楼、娱乐楼、综合楼的"一街带多楼"的布式。③通过出售住宅、写字楼，金街（可售商铺）快速回笼资金，来偿还贷款并反哺购物中心、酒店
第四代文旅城模式（2010至今）	武汉万达"楚河汉街"、南昌万达城、合肥万达城、哈尔滨万达城等	①万达文化旅游城（简称万达城）模式，是城市综合体模式的升级进化，通过在二、三线城郊位置进行大面积拿地、大体量综合开发，大规模造城，对资金流和政商关系协调要求极高。②是典型郊区大盘操盘模式，住宅部分占比很大。为促进住宅销售而引入特色旅游为主题和卖点。③除住宅外，还有大型购物中心、室内主题乐园、国际影城、万达茂、秀场、星级酒店群、酒吧街等业态

万达广场的快速发展，是基于城市化的急速扩展提供了消费需求的基础；同时"mall+金街"持售结合的模式减少了资金的沉淀，最后以成熟的产品系列和"订单式"的商户捆绑实现了规模化复制的能力。

① 赶上城市化红利的黄金期；在这一阶段，很多城市地区对于商业刚性的配套需求超过了对于商业品质的追求。万达得以用标准的商业产品复制给商业配套不足的城市新区，提供商业配套。万达积累的

从拿地、市调、定位、策划、设计、建设、推广、招商和开业的全周期操盘经验完备，各流程管控要点清晰明确，可复制性强。

②"订单式商业地产"，与大量主力商铺捆绑共进退。先招商再设计，保证开业满铺率。万达广场依靠巨大的商业体量与过往良好的盈利业绩，并约定根据目标城市能级、地块的不同，匹配不同的租金。万达的品牌业态池有大量优质商户。在规划设计与技术方面对每一个店的面积、层高、设备等以订单式方式提前约定好，为租户实现量身定制。

③万达以"mall+金街"这种持售结合的模式，通过出售可售商铺，实现项目现金流的快速回收，从而避免了自持商业的资金沉淀。此外，由于良好的政府关系，带来很强的拿地自主性，容易拿到心仪的土地，使成熟的产品体系更容易迅速复制。

万达采用"mall+金街"的持售结合模式，通过住宅、可售商铺、公寓等可售资产加快回正现金流，补偿自持mall的现金流沉淀，但是依然带来很高的负债。

在当前地产融资整体难度增大的背景下，万达逐步转型轻资产商业地产运作。万达的这种高杠杆滚动开发、标准化复制的商业开发模式具有很强的典型性，类似的包括新城及其吾悦广场系列、宝龙以及宝龙广场系列，等等。

（2）凯德商业产品系

凯德总部位于新加坡，1994年进入中国，目前在中国40多座城市运营200多个项目。凯德在全球范围内快速扩张自持商业物业的开发，也需要解决快速扩张与自持物业资金沉淀的矛盾。凯德成立初期的开发模式与国内开发商类似，也是重资产开发，负债率高。后来借助于新加坡特有的融资环境优势，向轻资产转型，从传统的开发商角色晋级为基金管理人身份。凯德采用的"私募基金+REITs"的双基金模式是凯德轻资产扩张的关键，通过私募基金孵化早期项目，成熟后向REITs注入，实现低杠杆的稳健增长。

凯德的商业产品线成熟完备，其齐全的全业务链开发运营、成本匹配、招商运营、利润率以及经营指标把控能力非常成熟。其商业产品线见表1-4。

表1-4　　　　　　　　　凯德商业产品系列表

产品线	产品特点	代表项目
来福士系列标志性购物中心	产品线最高级别的地标型城市综合体，包含购物中心、酒店、公寓、写字楼等物业；选址城市中心区交通枢纽位置，商业体量一般在5万方以上。 【来福士1.0】即商业综合体，将多种功能业态进行复合式开发，以白领城市生活配套为主。商业体量一般在5万方以上，商业餐饮占比约50%。 【来福士2.0】提出"乐享其城"概念，以购物体验结合文化植入，营造文化商业地标。如上海长宁来福士，以现代建筑与历史建筑（圣玛利亚女中旧址）互动。 【来福士3.0】提出"未来之城"概念，将公共艺术与购物中心融合，打造智慧体验型商业	【来福士1.0】上海来福士（商业面积4万方），北京来福士（商业面积4万方）、成都来福士（商业面积8万方）。 【来福士2.0】上海长宁来福士（商业面积12万方），杭州来福士（商业面积8万方），深圳来福士（商业面积7万方）。 【来福士3.0】重庆来福士23.5万方
凯德广场/MALL社区购物中心	独立的购物中心，没有其他类型物业，商业建筑面积4万～8万方。 融购物、餐饮、休闲娱乐等业态于一体的一站式综合购物目的地	北京凯德MALL（商业面积6.8万方）， 北京西直门凯德MALL（商业面积8.3万方）， 凯德精品购物中心（商业面积7.2万方）
龙之梦系列家庭购物中心	主要针对年轻家庭，中等及中上消费群体；商业面积约10万方以上，主打一站式家庭型购物中心；业态以餐饮、娱乐、零售为主	上海虹口龙之梦（商业面积17万方）， 上海闵行龙之梦（商业面积9万方）

(3)国内其他开发商商业产品线

除了上述提到的以万达为代表的民营商业地产开发商,以及以凯德为代表的外资开发商以外,市场上商业地产的主流还有各种国企以及国企背景的开发商,如华润、中粮、印力等,都形成了体系化的商业地产开发产品线。表1-5为印力商业产品系列表。

表1-5 印力商业产品系列表

产品线	产品线定位	产品特点	代表项目
印象城 MEGA	超大型超区域级商业中心	印象城系列旗舰级产品线,总建筑面积在25万方以上,集购物、休闲、餐饮、娱乐于一体。业态组合丰富,体验业态齐全,为消费者提供更多探索、游乐、体验等商业元素,打造城市体验型目的地	上海南翔印象城MEGA,温州印象城MEGA
印象城	区域型购物中心	中高端家庭型区域购物中心,总建筑面积8万~15万方。集购物、休闲、餐饮、娱乐于一体的一站式购物中心	杭州印象城,天津印象城,济南印象城,太原印象城,成都印象城
印象汇	社区型购物中心	副区域级家庭式社区型购物中心,主打最后一公里购物需求,总建筑面积4万~8万方	南京印象汇,三林印象汇
印象里	社区商业	总建筑面积2万~4万方,一站式社区商业空间,与住宅开发协同	宁波北仑印象里、会暨印象里、常熟印象里、深圳平湖印象里

在商业地产开发领域,特征鲜明的除了上述提到的民营、外资、和国有及国资背景的商业地产产品线之外,还有其他很多类型,但由于篇幅限制,在此不再赘述。

三、当前商业地产难题

过去二十年，在房地产业火爆发展的背景下，众多开发商踊跃投入商业地产的大潮中。在过去行业整体高速发展的背景下，掩盖了很多问题。在地产行业增速放缓，行业整体利润率下滑的背景下，商业地产的发展难题逐步显现，大致有以下几类。

1. 建设量过大，投资收益率下降

从城市配套角度来说，商业配套尤其是购物中心的供需关系紧张，供不应求，是过往行业快速发展的基本面。所以，当商业配套尤其是购物中心的供需关系发生变化的时候，也会对行业产生整体性影响。

根据国际购物中心协会的统计，到2018年，中国的人均零售面积达到2.8平方英尺（约0.2604方），整体上已经超过了意大利、德国、韩国等发达国家，位列世界第10位（图1-32）。

此外，根据国家统计局和赢商网的统计数据，截至2020年，国内购物中心的存量面积约4.4亿方。从2009～2020年，购物中心存量面积增长了约1000%，是同时期社会消费品零售总额增速205%的近五倍。根据2020年的国内购物中心的存量面积，按全国8.5亿城镇人口计算，城镇人口的人均购物中心面积约0.52方，超过了欧洲一些发达国家和日本，仅次于美国、加拿大、澳大利亚三国（图1-33～图1-35）。

总体而言，中国的城镇人口人均购物中心面积已经达到欧洲发达国家水准。国内商业地产的开发建设总量已超过了经济阶段性发展水平的需求，呈现阶段性过剩局面。同时，电商网购的普及，大量日常生活用品、3C电子用品等零售类快速消费业态被大量搬到网上，使实

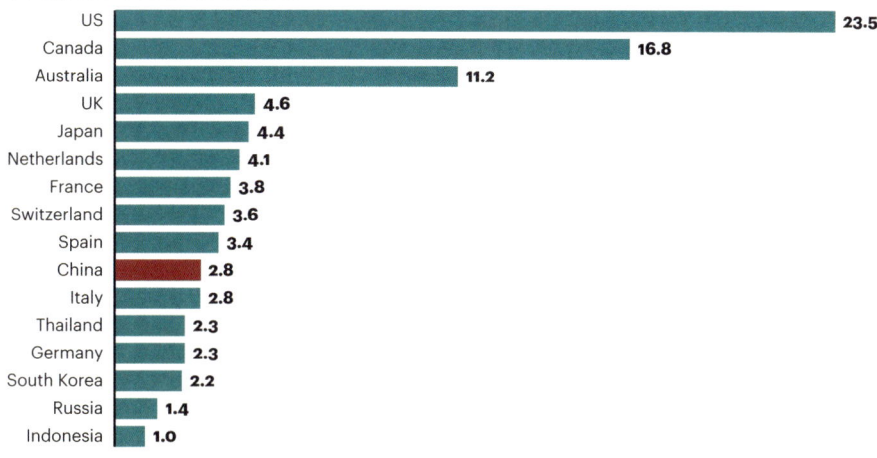

图 1-32　世界各国人均购物中心面积排名（2018）

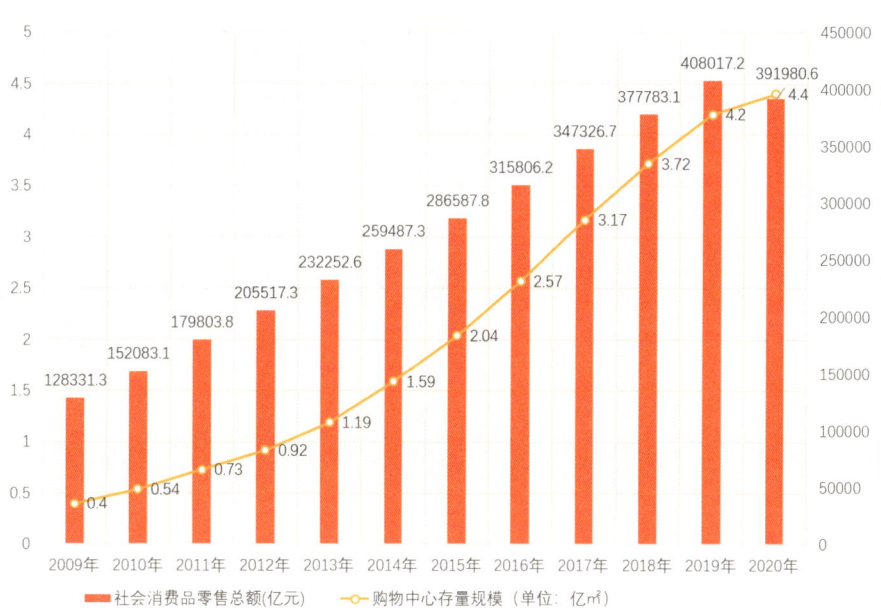

图 1-33　2009～2020 年全国购物中心体量存量规模增长与社零增长情况
（数据来源：赢商大数据、国家统计局　自绘）

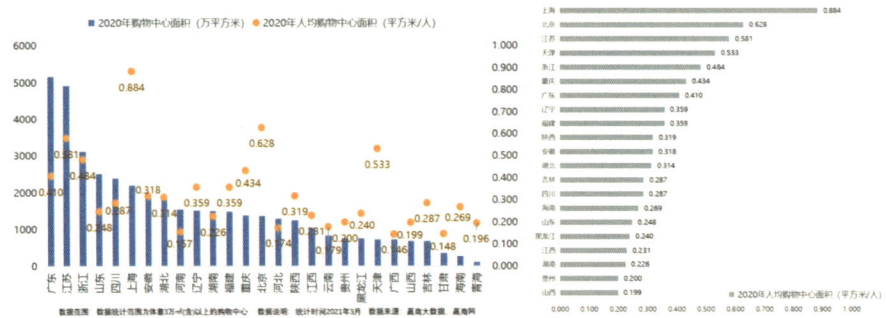

图 1-34　2020 年部分省、自治区、直辖市购物中心总面积及人均面积（图表来自赢商大数据）

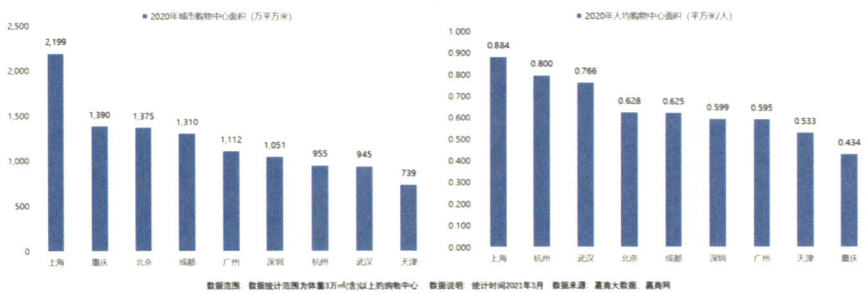

图 1-35　2020 年头部城市的购物中心总面积及人均面积（图表来自赢商大数据）

体商业面临的困难更加严峻。

购物中心开发建设总量超过经济发展水平的需求，带来的结果是空置率上升和投资回报率下降。

以上海为例，在每年大量建设的背景下，人均购物中心面积逐年呈指数型增长。但是从 2012 年开始，上海购物中心的销售增长态势已明显不及商业建设规模的增长态势；反映在购物中心的平均销售坪效上，则呈现先增后降现象：在 2012 年，人均购物中心面积在 0.3 方 / 人时，平均销售坪效最高，随后平均坪效逐年下滑（图 1-36）。

商业地产投资过剩带来的问题就是投资收益、边际效益下滑。伴随购物中心大量建成开业，造成一定的供过于求，很多商业地产项目

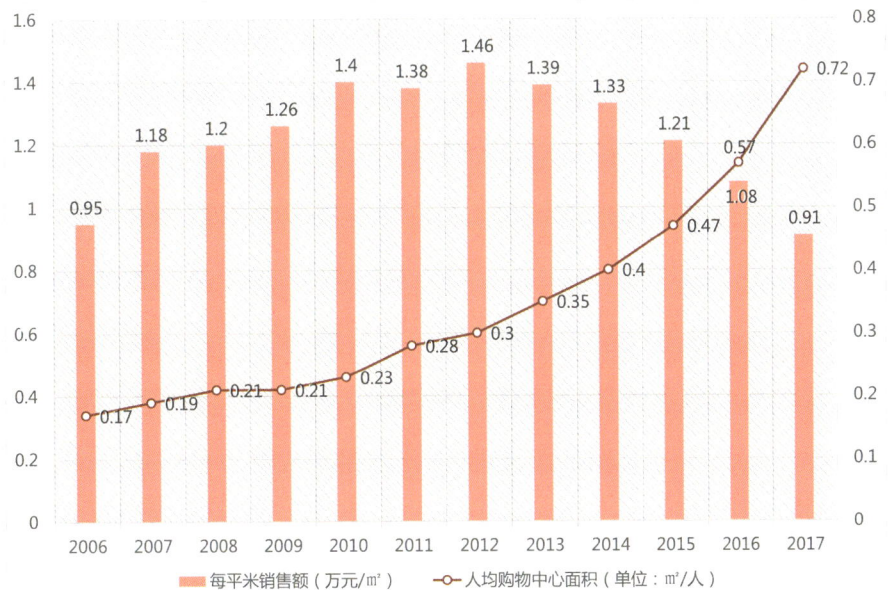

图 1-36　上海人均购物中心面积和销售坪效（2006～2017）
（数据来源：上海商业信息中心和上海购物中心协会　图表自绘）

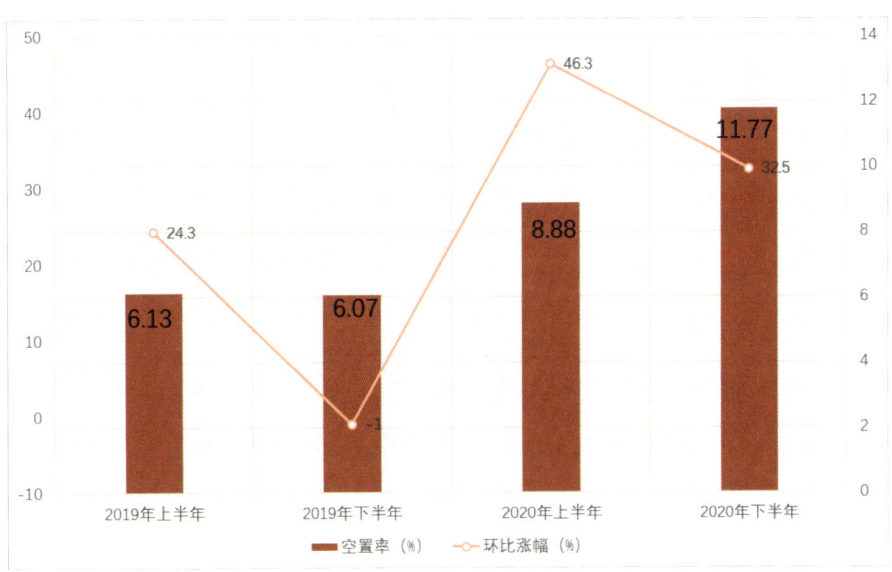

统计范围：上海、北京、深圳、广州、成都、重庆、杭州、南京、天津、西安、武汉、厦门、长沙、青岛、昆明、合肥、福州、郑州、苏州 19 大城市，商业面积 5 万平方米以上的 964 个已开业购物中心

图 1-37　全国一、二线城市购物中心平均空置率（数据来源：赢商大数据　图表自绘）

出现了高空置的局面。据观察，全国19城的964个购物中心样本中，在2020年的平均空置率为11.77%（图1-37）。

当所在城市缺乏足够商业配套，人均商业面积较低的情况下，商业地产竞争烈度低、开业经营难度小。过去的这一阶段，商业地产开发经营难度较低，容错率高；因此很多商业地产开发商抓住机遇，把成熟的商业地产模式在全国布局复制。

但是目前，全国的城镇人均购物中心面积已经达到发达国家水准。与上海的情况类似，很多城市都有销售坪效增速不及商业建设规模增速，商业地产投资收益、边际效益下滑的情况。

过往的一些路径不一定能在新形势下管用，很多商业项目面临的困局，也都源于这一基本面，这也对商业地产提出了新的更高要求。

2. 业态趋同，内容同质

商场创新的内核是业态创新；反过来，业态趋同也使得各种新旧商场产生同质化竞争。

商场在业态招商时，为了兼顾业态稳定性与差异性，一般会按照一定比例确定成熟业态品牌和新兴业态品牌配比；根据地段和定位的不同，成熟业态品牌和新兴业态品牌配比经常是7∶3或6∶4。

购物中心在招商时出于稳妥考虑，为了降低交易风险和选择成本，一般"较少招个体经营，更多招连锁品牌"。比如，以ZARA、优衣库为代表的快时尚品牌，喜茶、奈雪等为代表的网红品牌，还有星巴克、肯德基等为代表的传统品牌在购物中心重复度很高，部分地区重复可见率甚至高达80%。由于市场上的优质强势品牌数量有限，优质品牌数量增加的速度比不上商业总量扩张速度；外加核心头部品牌数量稀缺，导致少量优质商户高频率出现在各种购物中心。

优质品牌池的匮乏使购物中心的差异化之路"难为无米之炊"。

从宏观社会学来说，品牌与业态趋同的根源是所在地的需求同质化、消费同质化和生活同质化，这是经济发展的必然结果。但对微观的商业个体来说，这种趋同带来的是竞争力和商业活力下降。

要解决品牌趋同问题，会遇到供给与需求两方面的制约。

从供给角度，目前能进入购物中心经营的品牌其实非常有限，无论零售品牌，还是餐饮、娱乐休闲品牌，从店面租金、装修投入、日常经营水平都有较高门槛，购物中心要想维持自己的定位，可选择性并不多。

而从需求角度，由于社交媒体发达，大多数消费者对网红品牌、知名品牌的认知不可避免存在趋同。以咖啡品牌为例，常见品牌包括星巴克、太平洋、Costa，但大多数时候首选可能还是星巴克。在品牌供给有限，顾客的品牌认知数量有限的情况下，留给购物中心进行所谓品牌差异化的空间有限；并且进行品牌差异化之后效果也参差不齐。

商业保持持续吸引力的核心是内容。在商业业态持续趋同的今天，很多商业项目开始在内容上进行微创新，试图不停引入所谓"全球首店""中国首店""旗舰店"，希望在商业内容上形成差异化竞争。

目前很多商场也在尽量完善品牌丰富度，为了引入网红店、概念店、首店不遗余力，以致出现"首店经济热"。以上海为例，"首店经济"呈现爆发式增长态势。2018年上海新集聚品牌首店835家，其中国际品牌首店 300 余家，国际零售商集聚度升至全球城市第二位，90% 的国际知名高端品牌进驻上海。

常规业态的新开首店为购物中心带来了体验的微创新。要有更大的创新，则需要至少次主力店级别的创新业态引入，才能带来全新的购物体验。通过引入创新型业态，打造"商业+X"的模式，可以实现"1+1>2"的效果，详见第六章。

3. 空间模式化，体验同质化

商业项目在体量空间布置时要充分考虑经济效率最大化。平面布置上都采用"走道+两侧店铺"的"传送带"型平面（图1-38），各店铺之间以固定隔墙分割，这样可以实现各店铺步行到达效率和视线展示的最大化，同时兼顾各店铺的独立管理。这种高效的空间模式，也是包括监狱在内很多功能性建筑的空间原型。

垂直布置上都采用"扶梯电梯+各层业态"的"切片式垂直空间"实现交通垂直到达，这种典型的柯布西耶"多米诺"式空间体系，也是基于空间利用率和建造效率最大化的考虑。

经典的商业空间原型，使效率实现最优化。同时，每一个商业项目基于其体量、场地、主要业态输入，都存在一个商业价值最优的平面布局，进而形成成熟的产品线。

这也是万达广场、龙湖天街、新城吾悦等在全国快速复制的前提。

采用商业价值最优解的平面布局进行商业开发的快速复制，既有好处也有弊端。对广大的三、四线城市，以及一、二线城市的郊区，这种"快速复制"可以快速实现高品质商业配套的覆盖；满足从无到有的过渡。

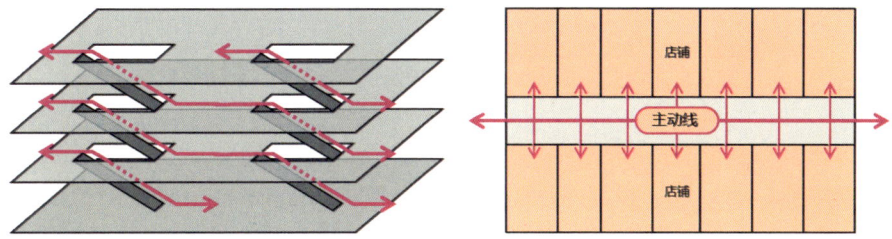

图 1-38 经典商业空间模型

但是对商业发展成熟的城市来说，这种以商业价值最优解进行商业开发的快速复制，无非是增加了另外一个装扮一新的"传统"型商业，在原本竞争就激烈的火海再添一把火。

影响空间体验的三要素是"量"（体量）、"形"（形状、比例）、质（材质、颜色）。

几乎所有商业项目，都采用这种"传送带式"水平空间+"切片式"垂直空间的经典空间模型，因此商业空间的创新难度极大。大量商业

图 1-39 大量撞脸的商业空间

项目虽然在平面流线、体量大小上有一定区别,但是在客户感知尺度的空间要素上来说,各大商业空间在"量"和"形"上是趋同的。

为了实现空间体验的差异化,只能通过空间材质、色差和空间内陈设及软硬装的变化,获得空间体验的微创新。随着这种微创新手法的逐渐平常化,各种商业项目的面貌难免趋同,频频撞脸(图1-39)。

商业空间的创新,不是为了标新立异而抛弃合理性。商业空间创新,既是流线创新的果,也是业态创新的果,与业态创新、交通流线创新、经营方式创新互为表里、互为依托。详见第五章。

四、下一代商业地产发展趋势构想

新的需求催生新的趋势、新的场景,需求的演化是商业地产进化的原动力。

购物需求是个人需求的组成部分,社会的购物需求是个体购物需求的集体化结果。因此,如果我们用马斯洛需求层次理论来分析个体需求层次的变化,也会发现,客户对于商业地产尤其是购物中心的需求层次与马斯洛的需求层次理论保持高度一致(图1-40)。

笔者认为,这种源自每个个体的内心需求层次而集合成的群体的

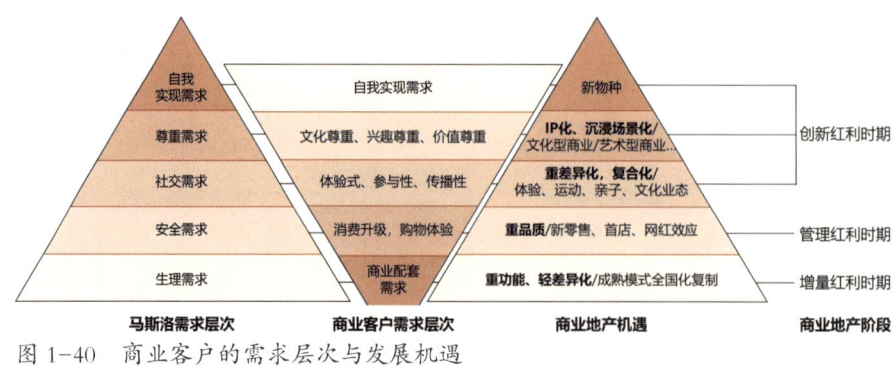

图1-40 商业客户的需求层次与发展机遇

购物消费需求，也会给商业地产带来不同层级的需求和机遇。

（1）生理需求

很多三、四线城市、新开发城市新区所面临的商业配套缺失问题，本质上是最基础的生理需求层次。在这一层次上解决的是商业从无到有的问题；很多商业地产开发商紧紧抓住这一需求，把成熟的商业地产模式在全国布局复制，例如万达、新城。这一阶段是商业地产开发难度最小、总量增加最快的阶段。商业整体上竞争压力小、开发商对商业品质、装修标准等各方面投入也不高。

（2）安全需求

当很多一、二线城市商业总量丰富，竞争激烈，顾客购物消费选择已经非常多的背景下，从商业地产的供给侧来说，需要解决的是商业从有到优的问题。

激烈的竞争环境，使客户对商业的购物体验、性价比、餐饮味道、购物环境提出更高要求。各商业场所为了提升购物体验，纷纷采用重新装修提高交付标准、引入新零售业态、网红店、首店等方式，为顾客创造更好购物消费体验。

（3）社交需求

当社会消费进一步发展，购物中心已超出了零售边际，成为个人家庭、工作、生活的延伸。商业场所不再只是购物吃饭的场所，也成为交友、会客、商务洽谈、运动健身等生活场景的发生地，让商业场所成为家的外延，甚至成为一个微型城市。社交层次对商业的业态丰富度、顾客停留时间、互动性、趣味性等都提出了更高要求。开发商在大体量商业开发上，通过将商业与住宅、办公、体育文化、酒店、公园绿化、轨道交通等各项业态设施有机结合、混合开发，打造成有机的微型城市。

现在很多购物中心项目会在单一的商业之外，通过植入文化、艺术、运动体验、图书娱乐等业态，增加商业的趣味性和顾客的停留时间，增加商业的社交属性。

（4）尊重需求

在商业零售极其发达的都市，所有常规商业需求都已被充分满足，且竞争极其激烈。这种情况下，原本在商业中居于次要地位的业态，更多尊重顾客个性需求、文化爱好的业态，逐步站上前台。商业不再以购物为主要呈现方式，而是以艺术化、主题化、文化性等为主要呈现方式。

从需求出发，结合国内外最前卫的尝试，关于商业地产的发展趋势，笔者有以下构想。

1. 场景体验沉浸化

中国城镇化率已达到60%，在城市化率和居民收入持续提升背景下，已经累计诞生了4亿中产。零售商品消费的充盈，使得体验消费、文化消费、精神娱乐消费的重要性越来越高。在此背景下，偶像经济、宠物经济、生活美学经济、动漫游戏经济应运而生。

在这种背景下，商业建筑卖出的不仅仅是商品，也可以是体验、文化认同、生活方式。实体商业在吸引消费者方面不仅要与其他实体商业竞争，也要与旅游景点、网络游戏、运动场馆等进行竞争，竞争核心是客户的停留时间。因为，只要客户留下来了、就可以转化为购物消费。

对于商业建筑来说，这既是挑战也是机遇。

笔者认为，从吸引力和蓄客时间角度来说，商业项目可以向迪士尼学习。在商业体验趋同、业态趋同的大背景下，迪士尼的成功告诉我们，人们愿意为有吸引力的文化内核和体验争抢买单。

迪士尼将影视幻想和文学情感附着于商业空间的模式，通过对动漫形象和一些文化内容符号（超级IP）的衍生化，并以沉浸化方式让常规的空间拥有了文化和情感内涵，获得了高溢价、高黏性。迪士尼的主题房地产运营，也是通过文化附着，极大提高了主题地产的价值及运营收益。各地迪士尼的模式，都是以文化IP为内核，以沉浸化手段使场景打动力最大化。得益于文化IP内核的客群渗透率和场景沉浸化带来的吸引力，迪士尼的客户复逛率很高。

针对未来的商业空间，笔者也归纳总结出三点特征。

（1）体验沉浸化

以文化IP、景观、艺术等主题为内核，以沉浸化手段使场景打动力最大化（图1-41）。在内容选择上，根据项目特性选择匹配的场景，如文化IP、景观、艺术、科幻、影视等；并把主题空间实体化，搬到现实中。核心是根据项目特征，找到气质最匹配的"场景"，并实现

图1-41 沉浸式体验——头号玩家

高完成度的落地。

再以沉浸方式进行打造，把主题内容最大化展示，使客户获得身临其境的极致感官体验；保证客户在视线所及处，尽可能被"梦境"包围不出戏。

沉浸化的核心是营造出非日常感、代入感，避免出戏。装置艺术如teamLab、商业空间如长春这有山的火爆原因都在于此。

（2）商业室内空间场景化、去商业化

去商业化是为了让文化凸显，文化永远有旺盛的生命力（图1-42）。传统的如英国哈罗德百货，法国老佛爷百货，在现代商业激烈的竞争下，古典建筑的文化感赋予其独特的魅力并带来吸引力。新建的北京SKP-S百货，以未来科技文化为主题，在独树一帜的同时也在商业上大获成功（图1-43）。

（3）购物行为非日常化

让日常行为具有仪式感、舞台感、非日常感。所有客户都参与其中，在参观的同时也被参观，既是观众也是群演，提升参与感。

以曼谷ICON SIAM的G层水上美食广场为例，该项目把泰国传统的水上集市搬进商场，既可以真切体会当地人淳朴自然的生活方式，还可以欣赏泰国传统瓷器与特色面具等手工艺品的制作过程，甚至可以身穿泰式服装，融入其中（图1-44、图1-45）。

在这一点上，一些优秀的酒店可以提供很好的借鉴。以日本京都的虹夕诺雅酒店为例，顾客从渡月桥乘船逆流而上，约10分钟的行程遍览沿途重峦叠嶂，最后抵达沿峡谷而建的酒店（图1-46）。这种华美的、非日常的、充满仪式感的入场式，奠定了酒店的初体验。

图1-42 拉斯维加斯AREA15的沉浸式商业空间

图1-43 北京SKP-S百货

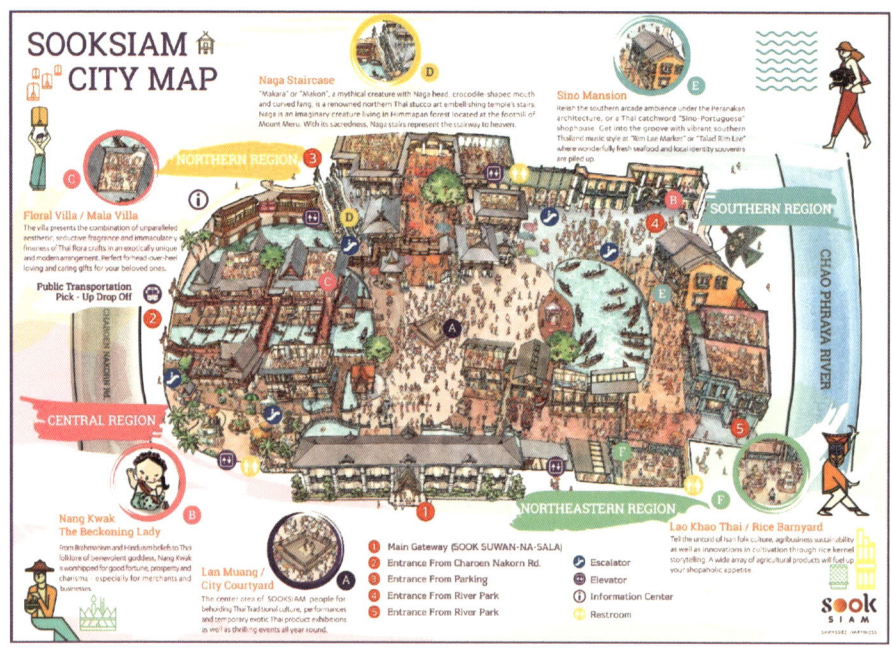

图 1-44　曼谷 ICON SIAM 水上美食广场示意

图 1-45　曼谷 ICON SIAM 水上美食广场

2. 商业 +X：业态混合化

当单一商业业态已难以带来足够体验创新升级的情况下，可以尝试将商业与多种业态混合开发，以实现"1+1>2"的化学反应。当用途属性包含非商业用地指标时，可以充分利用这一特点，找到可以实现

图1-46 游船抵达的京都 虹夕诺雅

图1-47 商业+艺术——波兰Stary Browar购物中心艺术中庭

良好互动,促进商业提升的业态(图1-47、图1-48)。

另外,当土地商业指标面积过大,超过周边辐射区域人口消费能力的情况下,也可将一部分商业指标用作其他经营类业态;既保证出租去化率,更提升整体体验。

图1-48　商业＋游乐——加拿大西埃德蒙顿购物中心（West Edmonton Mall）的水上乐园

详见第六章。

3. 商业空间自由化

随着Z世代逐渐成为我国消费主力，时尚消费的需求也日趋个性化。当顾客的购物眼光、购物能力已经可以支持全球购物、各种代购海淘流行的时候，传统的百货和购物中心已跟不上这个步伐。买手店崛起的本质，是在当下时尚流行全球化、媒体传播无时差的背景下，消费者对商品的要求越来越全球化，紧跟时尚步伐越来越零时差。顾客的这种全球视角选购、零时差供应需求与传统商业的品牌匮乏、更新迭代太慢的冲突矛盾，是无法靠传统商业自身来解决的，在这一背景下买手店模式应运而生（图1-49、图1-50）。

图 1-49　自由划分的商业空间——米兰时尚买手店 10 Corso Como

图 1-50　自由划分的商业空间——北京·751 时尚"老厂房"买手店

近年来，发展势头强劲的时尚买手店，为消费者创造了更精准的选择和更多元的购物体验。选品范围也从服装，延伸扩充到艺术、家居、美妆领域。

近年来，中国买手店数量激增。除了独立时装买手店，包括 SKP、伊势丹、百联、八佰伴、港汇、梅西百货等来自全球的百货公司也加入买手采购行列。传统服装零售正在从专柜走向买手制。江南布衣、百丽、太平鸟等国内知名品牌都先后开设多家买手集合店。还有洋码头、唯品会、网易考拉、苏宁易购等购物平台，都先后开启了专业的线上、线下买手店。百货公司逐步转型买手品牌集合店模式。

买手店模式下的商业空间，与传统商业大相径庭。不再是传统的界限清晰固定的空间，而是更加多元、跨界且流动的空间。这种自由灵活的商业空间，虽然只是局部的，却会带来丰富的空间差异体验。

由于买手店商品更新速度快、布置灵活多变、时尚与设计理念突出，故买手店一般采用开放式、流动型空间。同时买手店在空间氛围调性上，不再强调单一品牌，内容呈现方式更加新颖、跨界、多样，经常会根据每期主题和理念，划分区域并确定空间主题。很多买手店还会不定时策划跨界活动，包括各种主题的艺术展、音乐 Party、设计师作品展等，从更多视角呈现时尚与设计理念。这种空间方式与博物馆/美术馆的定期策展模式不谋而合。因此，很多买手店都采用策展式空间。

让商品与艺术品"共处一室"，或者让商品身处艺术空间中，一方面是为了吸引人感受其中的奇妙碰撞以及艺术的相通性；另一方面在本质上也是希望借艺术来为商品带来溢价。

所以，买手店客单价、坪效都比较高。百联、北京 SKP、八佰伴、港汇等买手制精品百货转型后业绩一片飘红，成为百货公司新的业绩增长点。

第二章 商业建筑类型划分

多年来，零售商业建筑呈现出一系列令人困惑的身份认定，其名称后缀包括各种购物中心、广场、综合体、大型购物中心、奥特莱斯、街、里、汇等。但是，对于应该如何将零售商业建筑进行类别划分，没有达成一致意见。商业建筑的类型划分，有很多种口径和划分方式；可以通过功能分级、营销客群、经营策略、规划形态等角度，进行进一步的区分。

当这些划分方式被组合在一起时，可能的组合和排列是无限的。所以，当我们从这些角度出发去开发或者分析购物中心分类系统时，总是存在过度分类和分类不足之间的动态张力。

笔者综合国内和国际上的主流观点，认为一般可以从功能定位、市场形象定位、商品级次定位、经营方式定位和规划形态定位等五种维度进行划分。具体详见表2-1。

表2-1　　　　　　　　　　商业项目分类表

定位维度	定位细分	分类依据
功能定位	城市级	根据商圈区位、交通可达性、商业体量等确定商业项目的功能定位能级
	区域级	
	社区级	
	邻里级	
市场形象定位	主题型	根据覆盖客群是全覆盖还是部分精准覆盖
	综合型	
商品级次定位	精品型	从店铺客单价、目标客群购买力高低维度定位分类
	时尚型	
	家庭生活型	

续 表

定位维度	定位细分	分类依据
规划形态定位	集中式	根据商业体量、容积率、经营方式、流线等综合确定最佳规划形态
	街区式	
	复合式	
经营方式定位	销售型	首先是土地出让条件,其次是开发商基于现金流、运营能力、回报率等综合因素的权衡
	持有型	
	持售结合型	

一、按城市功能定位分类

商业零售项目,可以按其规模及所承载的城市功能不同进行分级,但是各个级别的划分标准并不固定,目前也没有统一的成文规定,更多的是一种约定俗成的经验判断。不同国家、地区的划分方式也略有区别。常见的分级标准有美国标准和国际购物中心协会(ICSC)标准。

根据国际购物中心协会标准,商业分级见表2-2。

根据ICSC(国际购物中心协会)对美国和加拿大8516个主要购物中心和商业做的调研分类,在美国和加拿大,各种类型商业的数量占比见图2-1。

美国针对商业零售建筑划分与ICSC的划分方式不同,整体划分为通用型商业中心(General-Purpose Centers)、专用型商业中心(Specialized-Purpose Centers)、专有购物中心(Limited-Purpose Property)三类,详见表2-3。

根据目前国际购物中心协会的标准,商业的分类首先可以分成两个大类:封闭集中式商业(MALL)和开放街区式商业(OPEN-AIR

表 2-2　ICSC（国际购物中心协会）商业地产分级表

商业类型划分	特　点	总租赁面积（平方英尺）	占地（英亩）	主力店 数量	主力店 类型	主力店 面积占比	辐射范围（英里）
封闭集中式商业							
区域级购物中心	业态丰富，辐射周边区域	400000～800000	40～100	2+	各类百货、折扣店、时尚服饰等	50%～70%	5～15
城市级（超区域级）购物中心	业态品类更丰富；辐射城市主要区域	800000+	60～120	3+	各类百货、折扣店、时尚服饰等	50%～70%	5～25
开放街区式商业							
邻里级商业	居民日常便利型购物	30000～150000	3～15	1+	超市	30%～50%	3
社区级商业	居民便利型购物、生活配套型	100000～350000	10～40	2+	折扣百货、服装、超级市场、药品、家居装修	40%～60%	3～6
生活方式中心 Lifestyle Center	业态以高档连锁专卖、餐饮、娱乐为主，一般为街区式	150000～500000	10～40	0～2	不固定、常包括书店、专业零售、电影院、小百货	0～50%	8～12

续 表

商业类型划分	特 点	总租赁面积（平方英尺）	占地（英亩）	主力店		面积占比	辐射范围（英里）
				数量	类型		
活力中心/大卖场	品类型主力店和若干小租户	250000～600000	25～80	3+	品类连锁店、家居装修、百货公司、仓库俱乐部；折扣店	75%～90%	5～10
假日主题商业 Theme/Festival Center	以餐厅或其他娱乐设施为依托，以休闲和旅游商品和服务为导向	80000～250000	5～20	N/A	餐馆、娱乐	N/A	N/A
奥特莱斯（厂家直销店）	工厂直销店、断码折扣店	50000～400000	10～50	N/A	工厂直销店、断码折扣店	N/A	25～75

备注：① 总租赁面积 GLA 包含主力店；
② 1平方英尺 (ft²) ≈ 0.0929平方米，1英亩 (acre) ≈ 4046.86平方米，1英里 ≈ 1.609千米 (km)；
③ N/A：不适用。

表2-3 美国商业零售建筑划分（数据来源：ICSC、Costar）

种类	定义	商业数量	总租赁面积（平方英尺）	类型面积占比%	平均面积（平方英尺）	面积区间（平方英尺）	占地面积（英亩）	主力店数	主力面积占比%	总店铺数	主力店类型	辐射范围（英里）
日常通用型购物中心 (General-Purpose Centers)		112520										
城市级/超区域级购物中心	商业业态类型丰富的综合型商业，可以辐射城市主要区域	620	778,336,548	10.2%	1,255,382	800,000+	60～120	3+	50～70	80+	全品类或初级百货商店、大众商店折扣百货商店和/或时尚服装店	5-25
区域级购物中心	商业业态较为丰富，重点辐射周边区域	600	353,795,548	4.7%	589,659	400,000～800,000	40～100	2+	50～70	40-80	全品类或初级百货商店、大众商店折扣百货商店和/或时尚服装店	5-15
社区级商业	以便利为导向的商业，根据场地和设计，一般布置成长条形、L形或U形。	9776	1,930,849,736	25.4%	197,509	125,000～400,000	10～40	2+	40-60	15-40	折扣百货商店、超市、药品、大型折扣店（玩具、书籍、电子产品、家装/家具或体育用品）	3-6
邻里级商业	居民日常便利型购物，商店的丰富度、服务范围有限。	32588	2,340,711,371	30.8%	71,827	30,000～125,000	3～5	1+	30-50	5-20	超市	3
街道商业/便利店	一般由连锁的商店组合成的整体，一般布置成长条形、L形或U形。商品的丰富度、服务范围有限。	68936	911,202,922	12.0%	13,218	<30,000	<3	无主力店或小便利超市	/	/	便利店、加小超市	<1
专用型购物中心 Specialized-Purpose Centers							3275					
话力中心/大卖场	主力中心以特定品类为主。包括折扣店、折扣百货商店，批发俱乐部等等，外加少数小租户	2,258	990,416,667	13.0%	438,626	250,000～600,000	25～80	3+	70-90	/	品类专卖店、如家装、折扣店、仓储俱乐部和折扣店	5-10
生活方式中心	包含户外餐饮娱乐的高档全国连锁专卖店	491	164,903,247	2.2%	335,852	150,000～500,000	10～40	0-2	0-50	/	大面积的精品店	8-12
厂家直销店	以折扣价出售厂商品的商店或厂家直销店	367	87,368,113	1.2%	238,060	50,000～400,000	10～50	/	/	/	工厂和零售直销店	25-75
度假主题商业	以娱乐为统一主题经常休闲、旅游和服务型商业。通常位于城区经常从历史建筑中改造而来的，并作为混合开发项目的一部分	159	23,498,769	0.3%	147,791	80,000～250,000	5～20	/	/	/	餐饮娱乐	25-75
专有型资产 Limited-Purpose Property							62					
机场商店	位于机场内的零售商业	62	15,452,860	0.2%	249,240	75,000～300,000	/	/	/	/	一般无主力业态	/
汇总		115,857	7,596,535,781	100.0%	65,568							

64

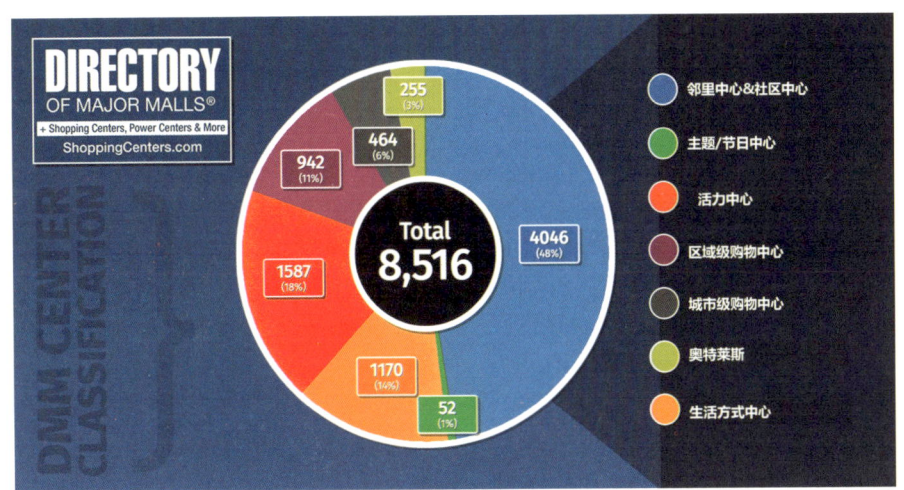

图2-1 北美主要商业数量占比图

CENTERS）。在两个大类的基础上，再细分为子类。这种分类主要是基于整体经营的战略业务进行的，且不同的分类，很大程度上可用于区分REIT指标模型。包括以下几个分类的关键属性。

① 总租赁面积：包括主力店和其他租户。

② 占地面积：运营所需建筑场地占地，还包括停车和辅助用地。

③ 主力店：包括主力店类型、规模和业务方向和占比，以及主力和非主力租户的组合。

④ 辐射范围：主力客户（即销售额占比60%～80%）的覆盖范围。

此外，中国商务部在2014年7月30日发布，2015年执行的《购物中心等级划分规范》，参照了ICSC的划分方式，将购物中心分为都市型购物中心（现一般叫城市级）、地区型购物中心（现一般叫区域级）、社区型购物中心、厂家直销店购物中心（奥特莱斯），并将购物中心划分为宝鼎级和金鼎级。由于这一划分方式市场接受度很低，知名度也不高，在此仅作介绍。

商业级别划分的核心依据是辐射范围与服务人口数，这不仅与商业规模相关，同时也与该商业项目所处区位是否具有强势主力业态紧密相关。在市中心的中等体量购物中心，若有核心强势的国际品牌，辐射范围也可能强过城市郊区的超大型家庭型购物中心。同样，郊区的商业如果没有强号召力的业态以及通达全城的便利性，即使面积再大也无法成为城市级购物中心。例如位于上海嘉定的南翔印象城建筑面积达到34万方，但仍然无法吸引浦东、静安、黄浦等片区居民前来购物，所以没有形成跨区域级的商圈覆盖力，只能是区域级购物中心。

区域级以上商业，一般被称为购物中心。如果与酒店、公寓、办公等业态混合开发，则被称为商业综合体。城市级商业辐射全市或城市大部分区域，是城市消费水平高低的象征。

邻里级商业与社区级商业，都可以归为社区商业。社区商业是城市活力的毛细血管，是城市烟火气的晴雨表。社区商业的发展，本质上是城市发展从扩张阶段进入优化提升阶段的特征。从社会发展阶段看，在人均GDP超过3000美元之后，社区商业所占消费零售总额比例可达60%[①]。在欧美发达国家，社区商业占社会商业总支出60%～70%。目前中国的社区商业发展整体落后于欧美，在社区商业相对发达的上海，社区商业也仅占社会商业支出总额的30%左右，其他地区落后欧美国家更多。这说明我国在社区商业发展方面的巨大差距和无限潜力。

为此，笔者结合ICSC的划分方式，并与国内主流市场的划分命名

---

① 数据来自赢商网《2018中国社区商业发展报告》。

方式匹配；本节重点论述国内主流的邻里级商业，社区级商业，区域级商业，城市级商业。

1. 邻里级商业

国际购物中心协会对邻里级商业的认定是总租赁面积（GLA）3 000～15 000 方。

邻里级商业的核心服务范围是周边 5 千米左右的居民，不仅要为周边社区提供便利的生活配套，更应该从社区配套型商业升格为"美好生活场景区"，提供一个可吃、可逛、可放空的"邻里会客厅"。早年，很多开发商建设的邻里级商业，主要解决居住社区的基础生活配套。随着社区生活浓度的提高，对邻里级商业的要求也相应提高。

邻里级商业经营的业态功能以社区配套为主，业态主要服务于居民的日常生活。邻里级商业常见功能包括小型超市、菜场、餐饮、服务配套，生活配套等功能。早期的邻里级商业仅仅是从功能配套上解决，还没有上升到场景创作高度。这一时期的代表包括万科提出的"五菜一汤"和保利提出的"若比邻"，都是从基础的社区生活配套角度出发。万科的"五菜"即食堂、超市、银行、洗衣店、药店，"一汤"则是指万科自营的社区菜场"幸福街市"。后来万科在原有"五菜一汤"的模式上，加入社区图书馆、创客空间、众筹咖啡馆、童玩中心、体育公园、社区学堂、运动 MALL 等。保利的"若比邻"采用"1+X"模式；"1"为"比邻超市"，"X"为内外部延展商家，包括保利自营的"比邻洗衣"，家政服务、冲印店、五金维修、银行、药店、面包房、中西快餐、健身房、美容美发、儿童娱乐等。

邻里商业仅仅解决功能的配套需求是不够的，更要为社区提供有温度、有烟火气的公共商业空间。邻里商业由于体量限制，注定不能求大求全；唯有把社区温度、参与性、趣味性做到极致，才能在越来越激烈的竞争夹缝中生存。

（1）趣味性、公共性的邻里中心——曼谷 The Commons

这是一个非典型的（半集中式、开放型）邻里级商业，整体面积仅 5000 方，却在各层留出大量空间和面积作为公共开放空间，这一魄力十足的做法虽然损失了很多经营面积，却激发了巨大活力。这些公共空间被打造成城市高密度高强度生活的休憩绿洲，让人们可以在拥挤的城里享受阳光绿植包裹的惬意时光。

在 The Commons 的公共空间中布置餐饮区、休息区、小型舞台、野餐区、竞技场式阶梯、儿童游乐区、草坪区，还有一个菜园，营造如同自家般轻松温暖的氛围。将人们希冀的生活场景，浓缩在这微小

图 2-2　The Commons 外景

的社区商业空间中。

由于用地限制，The Commons 在设计上既没有采用传统的封闭盒子型 MALL 的模式，也没有采用街区式，而是巧妙地将线性街区在垂直方向上折叠摞起来，形成介于街区式与盒子式 MALL 的中间模式。这种 MALL 与街区式结合的方式，既有街区的开放性、通透性，也有集中型 MALL 的高效集约性、视线内聚性（图 2-2～图 2-4）。

图 2-3　曼谷 The Commons 内景

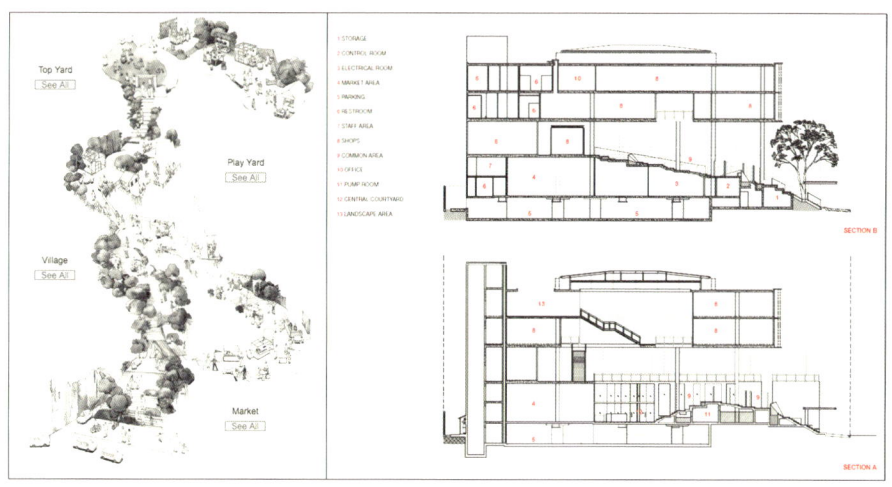

图 2-4　The Commons 平面立面与内部空间

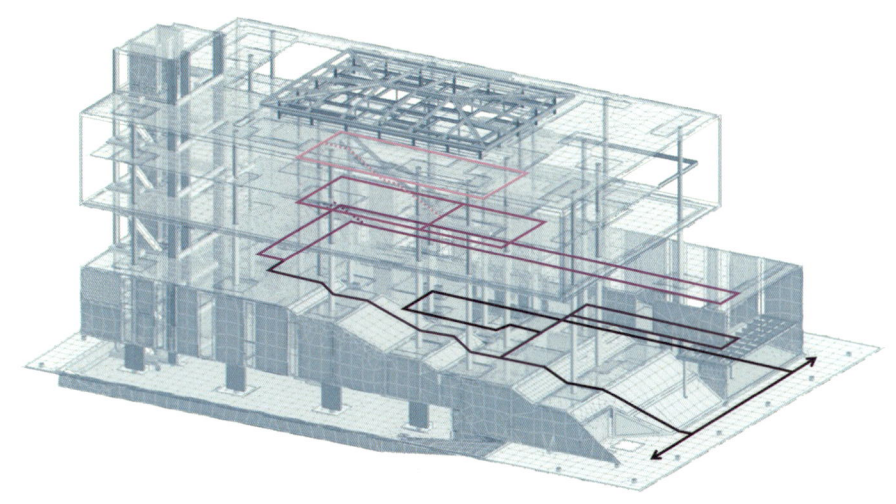

图 2-5　The Commons 动线

为了将顾客带到建筑高区，从首层开始就利用不停转折而上的一系列台阶和平台，人们可以一边散步，一边悠闲地从一层走到上面各层。三层和四层的开口进一步加强了垂直空间的连续性，游客在底层可以清楚地看到楼上店铺，从而自然地被吸引到其他楼层（图 2-5）。

[可借鉴点]

① 创造性的竖向街区型商业形态，形成介于街区与盒子型 MALL 中间的模式。MALL 与街区式结合的方式，既有街区的开放性、通透性，也有集中型 MALL 的高效集约性、视线内聚性的优点。

② 对城市开放的姿态，在本就不大的商业体量中，留出大量面积作为公共空间提供给周边社区居民。在公共空间的场景营造上，借鉴类似口袋公园的方式结合拾级而上的流线，形成独特体验。

③ 邻里级商业要实现巨大成功，一定要把场景营造做到极致，增加周边居民的社区黏性，真正成为社区生活的会客厅。

（2）极小型的活力邻里中心——曼谷 The Commons Saladaeng

The Commons Saladaeng 是 The Commons 在曼谷的第二座门户，是一个集合了零售、餐饮等多种服务的（集中式、开放型）邻里级商业。项目位于曼谷繁华的 Saladaeng 街区，面积只有 3000 方，但是将约 30% 的空间打造为一个开阔的户外公共空间 Common Ground，为拥挤的街区提供宝贵的城市绿洲（图 2-6～图 2-9）。

公共空间 Common Ground 以层层退台的方式从街道层一路向上延伸，将位于一层的餐厅、咖啡吧、二层的美食广场以及三层的多功能大厅连接起来。跌落的界面上融合了大台阶、露台、座椅和绿植，并通过顶部的大型工业风扇为整个空间带来"习习凉风"，为社交及餐饮公共空间提供了相对舒适的小环境。

这个公共空间可以根据使用场景需要，进行灵活配置和调整，以适应社区的各类活动。既可以作为周末的零售摊位，也可以堆叠

图 2-6　The Commons Saladaeng 模型

图 2-7 The Commons Saladaeng 公共空间

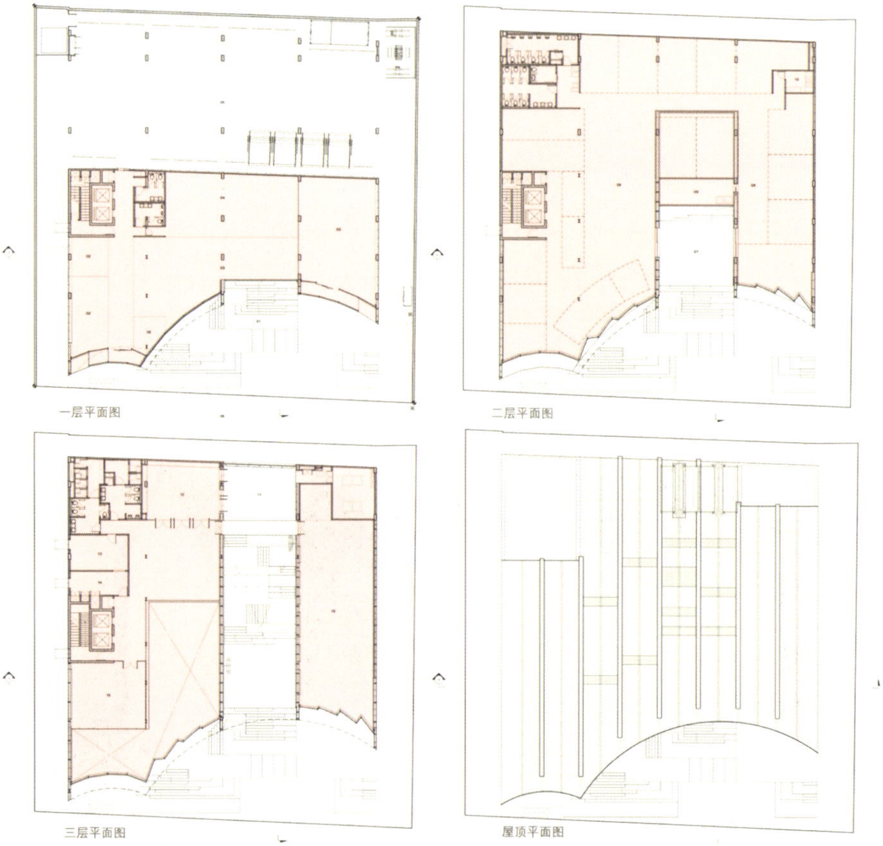

图 2-8 The Commons Saladaeng 各层平面图

图 2-9 The Commons Saladaeng 室内空间

成供孩子们玩耍的阶梯,又或者布置成舞台供私人音乐表演或大型乐队演出。必要时还可连接为一个整体的场地,用于举办非正式的露天音乐会。

营业时间是从早上 7 点至凌晨 1 点。

2. 社区级商业

国际购物中心协会对社区级商业的认定标准是总租赁面积(GLA)10 000～35 000 方;如果按照常规约 55% 的得铺率,社区级商业的总建筑面积(GFA)18 000～64 000 方。

社区级商业核心辐射周边 5～10 千米内的客群,尤其是以家庭型客群为主。因此对于这一区域居民消费能力、习惯、需求的把握是否精准是决定社区商业成功的基本盘。一般选址居住区密度较高,交通到达方便的片区。通过合理的选址、准确的定位设计及良好的运营,社区级商业的客流量一般比较有保障,投资回报率也较高。

随着国内对于社区商业投资潜力的认识,越来越多大体量的社区级商业面世；虽然很多在体量上已经超过了常见的社区级商业，但是其面向的客群和经营策略仍然采用社区级商业的模式，因而经常也被称为社区级商业。

此外，社区级商业也要适当兼顾外部消费群。业态上一般以配套型为主，在业态布置上除了餐饮、超市生活配套等功能外，还可以布置一些辐射距离较远的目的性消费业态例如特色餐饮、休闲、特色商业街（餐饮街、酒吧街）等，以扩大其辐射范围。

社区级商业体量适中，开发运营难度和资金投入比区域级商业和城市级商业少得多，因此当前很多开发商都在布局社区级商业。很多开发商初次步入自持商业地产领域较为容易的赛道，也常选择社区级商业。对一、二线城市的成熟区域，一般周边商业配套较为成熟，竞争激烈，在此背景下社区级商业的体验升级就显得尤为重要。

社区级商业体验化、目的地化，将成为接下来社区商业发展的趋势。

（1）小型社区商业

书店 + 商业——枚方 T-SITE

日本大阪枚方 T-SITE 并不是一个典型的社区商业，而是以茑屋书店为中心的集合店，并搭配各种优质的日常美学商品零售，旨在打造一家三代同乐的幸福空间，一个放松的"社区起居室"。大阪枚方 T-SITE 的业态丰富性已经达到社区商业的程度，而且在场景吸引力方面具有很强的借鉴性。其核心经营理念是：先卖生活方式，再卖书和商品（图 2-10）。

枚方 T-SITE 总建筑面积：17 553 方，共计 9 个楼层，涵盖了时尚、杂货、美食等共计 51 家店铺（图 2-11）。

图 2-10 大阪枚方 T-SITE 外景

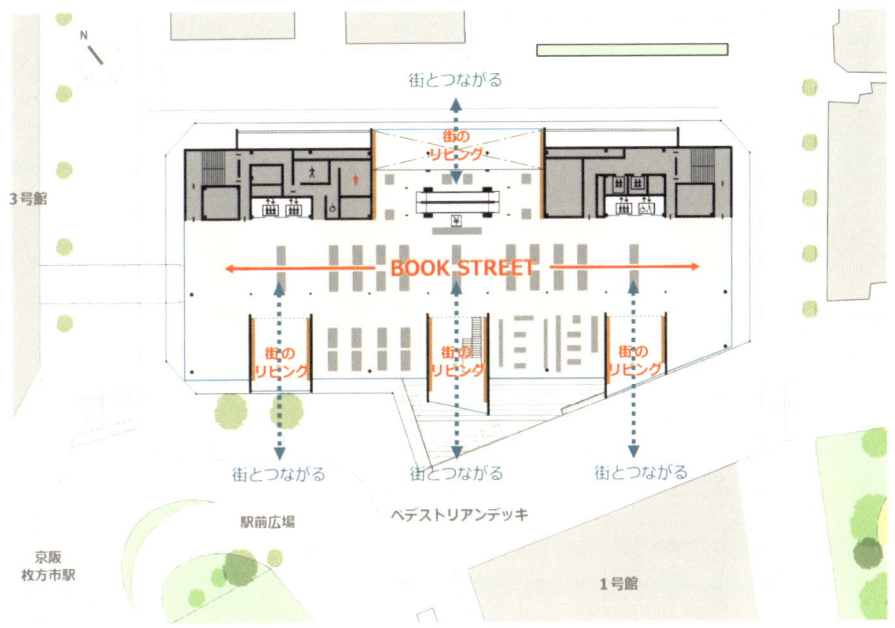

图 2-11 大阪枚方 T-SITE 首层平面图

图 2-12 大阪枚方 T-SITE 剖面图

枚方 T-SITE 围绕茑屋书店打造多元的商业业态，每一层都有不同主题，并且根据每一层不同的主题陈列不同领域书籍，通过收集与主题相关的日常杂物，将场景化陈列与卖场空间以及图书分类有机融合，让消费者与心中理想的生活方式邂逅。通过重构书店与商业空间，最终实现客户在找到书的同时，也找到对应的生活场景（图 2-12、图 2-13）。

第一层：书店 + 美食。

首层引入人气美食店，与业态匹配，摆放料理类书籍。

第二层，书店 + 音乐 / 书店 + 培训。

二楼音像制品销售区打造成幽静、高雅的视听体验间，并搭配音乐类书籍和音乐培训业态。

第三层：书店 + 咖啡。

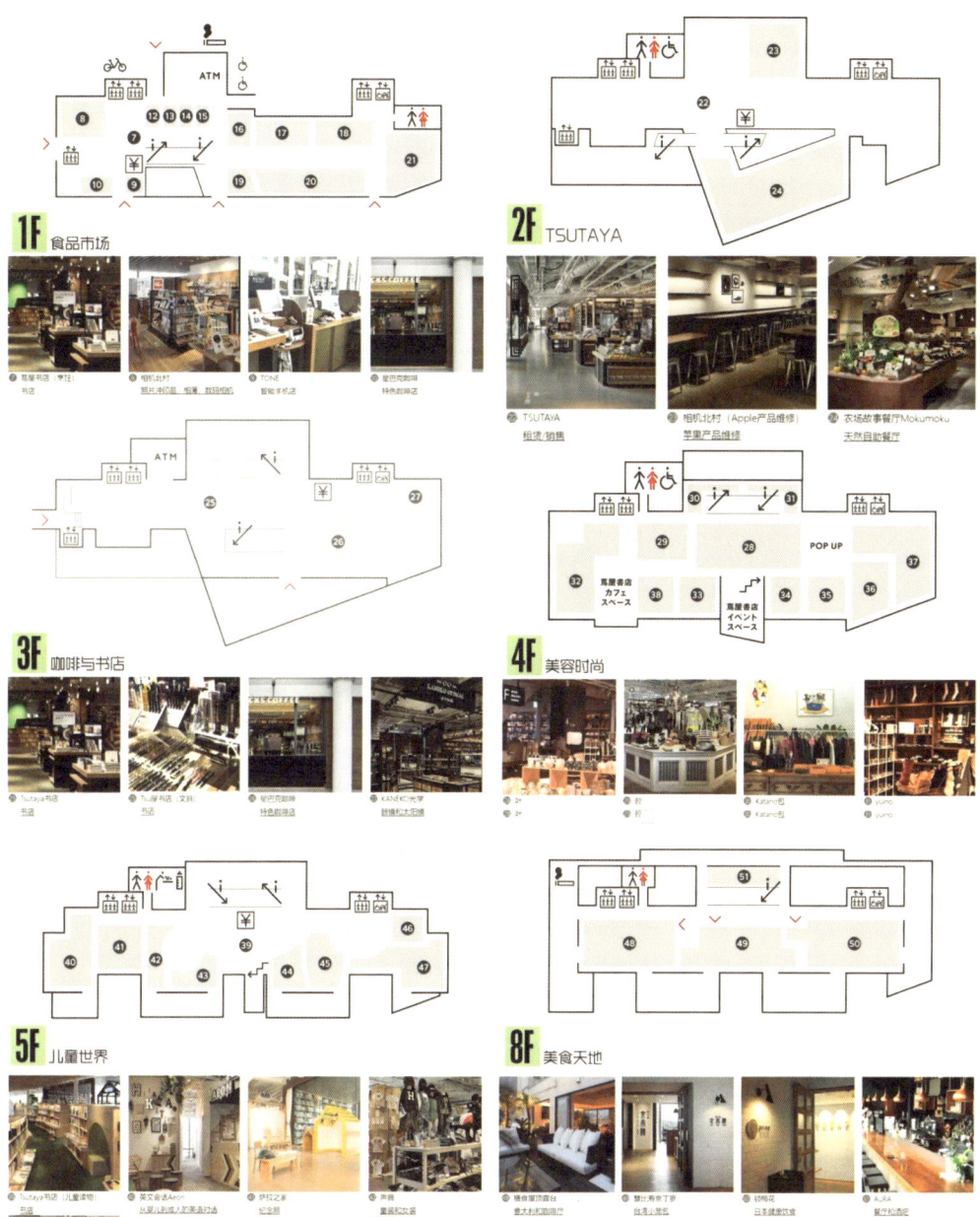

图 2-13 大阪枚方 T-SITE 部分楼层平面示意图

三层引入咖啡店和书店组合，满目的书籍、当期杂志、文具杂货，搭配丰富的座椅配置，使消费者随时随地都有空位拿本喜爱的书坐下来阅读。

第四层：书店＋女性生活。

枚方 T-SITE 的四楼分为"放松、健康、美容"三个主题，主打精致的都市女性生活空间。四楼设置了 17 家特色的杂货类手工作坊，每天都会举办各类健康居家和生活美学类经验分享会，保持对女性客户的持续新鲜感和吸引力。

第五层：书店＋亲子休闲。

五层打造的是家庭亲子休闲空间，本层的书籍都是儿童类，家长可以带着孩子看书，而且在公共区域也为不同年龄儿童量身打造了游乐场，好让孩子自己玩耍以便让家长拥有自己的娱乐时间。

由于项目整体面积小，无法采用常规商业的"中庭＋环形动线"布置，而是采用紧凑度更高的类百货布置方式，在平面布局上打破楼层内的店铺分割，形成流动性的大空间。同时在剖面方向上采用别具特色的错位空间设计，打造不同楼层之间的无边界过渡。

面对车站的立面采用大面积玻璃窗，就是给到达者传递一种温馨的舒适感。T-SITE 里面的消费者体验的是精致休闲生活，窗外却是忙不迭的城市快节奏。这种戏剧化对比，更突出了 T-SITE 里的都市休闲度假感。

在整体氛围上，采用"日式现代中产阶级家庭"格调；照明都是暖色调的间接照明。家具选择上也以有质感且让人放松为主，不选有距离感的高级品牌和设计品牌。

大阪枚方 T-SITE 虽然体量小，但是由于书店对于空间核心的塑造力，在场景的打造方面非常突出；真正做到了先卖生活方式，再卖书和商品。这种方式，是小体量社区商业增强吸引力、丰富性，以提升辐射范围的有效途径。

（2）大型社区商业

"城市丛林"——泰国 Central Festival EastVille

2015 年 10 月开业的 Central Festival EastVille 是一个家庭型的社区级商业，位于曼谷东北近郊区域。Central Festival EastVille 的主题是"The New Nature Experience of Bangkok"，旨在为访客提供一个远离城市喧嚣，却又自给自足的乌托邦般的"城市丛林"（图 2-14）。

Central Festival EastVille 的商业主动线是环形，分为露天的半室外街区和有封闭顶棚的室内街区。半室外的雨林街（Food Forest）在氛围上突出"城市丛林"的趣味、静谧；室内街区的氛围突出邻里生活的便利、

图 2-14 Central Festival EastVille 鸟瞰

惬意。雨林街栽种大量茂密的热带植物，结合有趣味性的动物雕塑，还原了野性而又原生态的丛林特色。在整体的空间设计上，巧妙运用室内与户外空间，让人在游逛购物的同时，还能欣赏绿树林荫的舒服景色，感受惬意的氛围。

Central Festival EastVille 的生活方式，受到纽约曼哈顿 EastVillage 的启发，提供的不是一个传统的购物场所，而是打破传统的精致感、秩序感，追求体验探索的多元融合的生活方式。

项目商业建筑面积约 7.6 万方，共 3 层，占地 8.2 公顷，还包括约 5.6 万方的地上车库区。该项目配套比例约 40%，零售占比 30%。CentralFestival EastVille 的营业时间从早上 7 点到午夜。在业态上，除了约 200 家时尚品牌店之外，还有包括百货、体育用品店、书店、8 块屏幕的标准影院、各种餐厅和露天用餐区、宠物爱好者区、慢跑跑道和健康中心，等等，尽量满足每一种生活方式。此外，Central Festival Eastville 还有一家与星巴克联手的主力书店——Think Space (思维空间)。在品牌上该项目没有引进知名大品牌，而是通过覆盖从儿童到老人的全年龄主力店铺来持续吸引客流（图 2-15～图 2-18）。

各层业态：

3 层：银行、孩童用品玩具、美妆店、Playland、PlaySquare，户外 200 米跑道。

2 层：流行服饰鞋包、3C 家电、电信公司，户外多家餐厅。

1 层：流行服饰鞋包。户外区：儿童游戏区、多家餐厅。

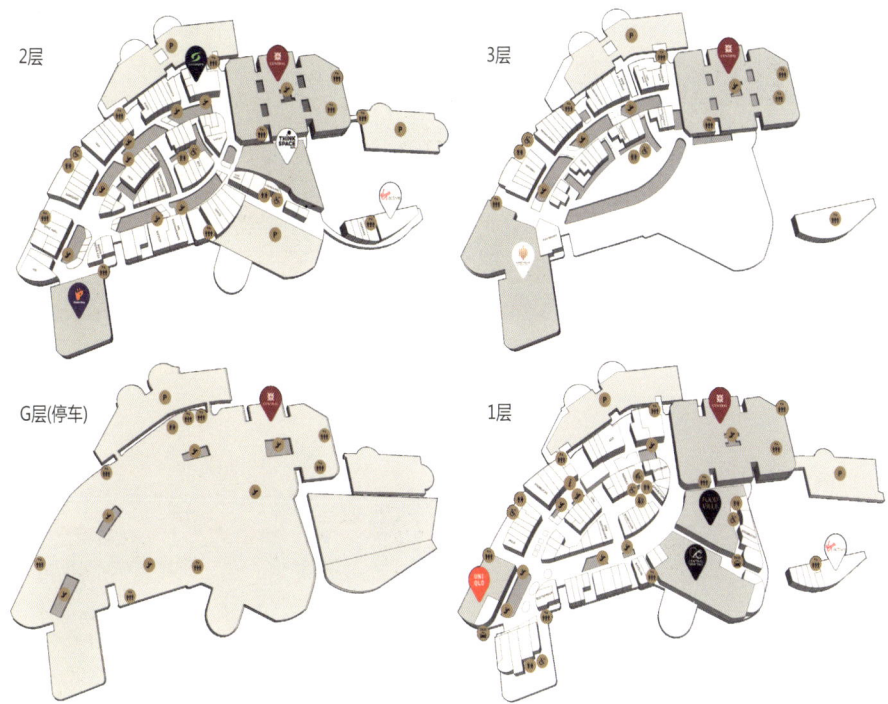

图 2-15　Central Festival EastVille 平面图

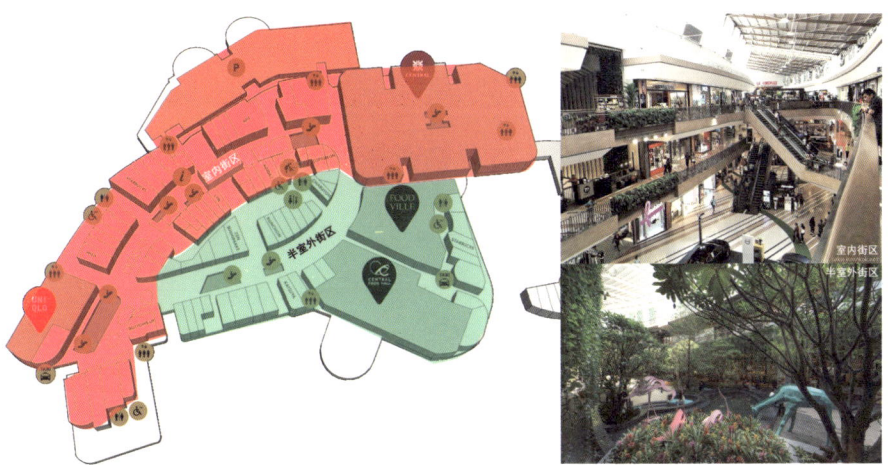

图 2-16　Central Festival EastVille 室内与半室外街区

图 2-17　Central Festival EastVille 半室外街区

图 2-18　Central Festival EastVille 室内街区

3. 区域级商业

国际购物中心协会对于区域级购物中心的认定是总租赁面积（GLA）40 000～80 000 方；如果按照常规约 55% 的得铺率，区域级商业的总建筑面积（GFA）75 000～150 000 方。区域级购物中心根据本区域内商业环境及消费者特点而打造，目标客群以周边白领和家庭型客户为主，其核心辐射范围一般是周边 8～24 千米。有效吸引周边消费者前来消费购物，对交通便利性有需求，购物中心最好选址在居住区成熟区域，靠近城市干道。

区域级购物中心可依据特定服务和辐射区域的消费特点，进行更加有效的品牌组合，搭建特定生活场景，具有较强的客户针对性。由于体量较大，一般街区式形态很难满足体量需求，形态通常是集中盒子式（MALL），或者街区＋集中盒子式。

区域级商业的业态档次一般比城市级商业低一些，目标消费属地化特征明确。区域级商业相比城市级商业优势在于客群稳定，商业培育期相对较短，有利于提高资金回报率。而且，区域级商业对招商运营能力要求更低，适合商业经营能力一般的开发商进入。

区域级的商业的特征可总结为三个字："稳、准、快"。

稳：客群相对稳定，经营持续性与稳定性强；

准：客群特征明显，方便精准定位；

快：商业培育期相对较短，投资回报较快。

对一些位于城市新兴区域的区域级商业，随着社区成熟和消费水平提升，区域型购物中心的收益能力日益凸显，在城市中心区商业逐渐饱和的大环境下，区域型商业项目成为区域主导者变为可能。随着城市的发展扩张，部分交通区位好的区域级商业也可能上升为城市级商业。

区域级商业也是大量开发商重点布局的商业类型，比如万达广场、龙湖天街、宝龙广场、万科广场等大量开发商都在重点开发区域级商业的产品线。

区域级和城市级商业，一般都可称为购物中心。区域级商业相比城市级商业劣势在于辐射范围难以达到城市的大部分区域，通常原因不在于体量，而是所处商圈能级不足或区位交通可达性欠佳，并由此带来客群和业态的差异。例如七宝万科广场和上海万象城的商业体量都是24万方左右，由于区位和交通可达性的劣势只能辐射西南片区周边，所以也只能是大型的区域级商业；而体量更小的上海国金中心（商业建筑面积约11万方），由于其极佳的区位、交通可达性及商业业态属性，可以实现市级的商圈辐射性，所以是城市级商业。

相较于城市级型购物中心需要覆盖整个城市，区域型购物中心扎根区域。而每个区域在资源禀赋、客群属性上具有一定差异。满足特定区域内消费者的特殊需求，就是实现了差异化，这既是区域型项目具备的定位优势，也是其成功途径。

【案例】远郊型区域级购物中心——英国蓝水购物中心

英国蓝水购物中心（Bluewater shopping centre）坐落于伦敦东南部的英格兰肯特郡格林海斯小镇（Greenhithe），由废弃矿场改造而来，1999年开业至今持续保持很高的商业活力。蓝水购物中心面积约15.4万方，具备城市级商业的体量要求，但是由于商圈区位和交通短板，只能成为区域级商业。为了解决购物中心区位上的劣势，蓝水购物中心没有采用传统的集中式商业（盒子MALL）模式，而是创造性地开辟出一种购物公园商业模式（图2-19）。

蓝水购物中心将封闭式集中商业、开放式步行街和景观空间融合，既有MALL的舒适高效，又有商业街的开放活力、尺度惬意，并结合室外景观空间中各种景观资源、休闲游乐设施，实现游、购、吃、玩多元业态共生共荣。购物公园，既是购物，却似公园。郊野娱乐公园般的购物环境和体验，使商业成为目的性旅游景点，顾客在购物之余还能观光、休闲和体验。

购物中心四周围绕着7个大小不同的湖泊以及绿地草坪，并设置

图 2-19　蓝水购物中心鸟瞰

图 2-20　蓝水购物中心平面示意

了集中的游乐设施，为所有年龄段的人提供超过 25 种不同的游乐设施和游戏。客群覆盖周边众多居民及全国各地旅游消费者，每年约有 2700 万名游客、购物者前来游览购物（图 2-20）。

图 2-21　蓝水购物中心室内——拱廊街式的空间尺度

图 2-22　蓝水购物中心游乐设施

　　蓝水购物中心的建筑平面为三角形，项目分为上下两层，拥有 330 多家店铺；在三个角部分别是三家主力店：House of Fraser、John Lewis 和 Marks and Spencer 旗舰店。三角形室内步行街将商业动线闭合，使客流从任一入口进入都能完成商业动线洄游。主力店之间的三边规划为三个不同主题，风格特征各异的室内购物街区，避免过长商业动线导致视觉疲劳（图 2-21、图 2-22）。

①宴客厅 West MALL / Guild Hall (John Lewis 与 House of Fraser 之间);

②泰晤士漫步区 South MALL / Thames Walk(House of Fraser 与 M&S 之间);

③玫瑰厅 East MALL / Rose Gallery(M&S 与 John Lewis 之间)。

室内购物街区的尺度，类似欧洲传统的拱廊街模式，实现了街区商业舒适的游逛购物体验。

蓝水购物中心这种购物公园的模式，兼顾了盒子MALL商业的高效，和街区式的游逛购物体验，并补充了丰富的室外游乐设施体验，实现了购物游乐一站化，把自身打造成目的型消费景点。

图 2-23 武汉世茂龙湾嘉年华

以上优势，使得蓝水购物中心摆脱了传统购物中心开发对成熟商圈选址的依赖，使商业开发选址的范围更广。效仿蓝水购物中心，出现了很多远郊型、突出游乐与城市度假属性的购物中心；国内模仿者包括武汉世茂龙湾嘉年华（图2-23）、重庆中国摩，以及大量的文旅城，等等。

4. 城市级商业

城市级商业，一般是所在城市商业的最高能级，也是城市的社交客厅和经济消费名片。城市级商业可辐射整个城市的大部分范围，是全市范围内购物消费的选择地。城市级商业综合体是城市中居住、商务办公、购物、文化、娱乐、休憩等各种城市活动的复合，是互为作用、互为促进的城市共同体。

国际购物中心协会对于城市级购物中心的认定是总租赁面积（GLA）80 000方以上。如果按照常规约55%的得铺率，城市级购物中心的总建筑面积（GFA）约15 000方以上。城市级购物中心的核心辐射范围至少是周边8～40千米。

商业因聚集效应而高效，城市级商业对效率要求很高，因此对交通到达效率、对商圈的聚集要求极高。城市级的商业建筑与城市级商圈互相成就。对规模不大，只有一个城市级商圈的城市来说，城市级商业一般都位于城市级商圈内。超大/特大型城市一般有好几个城市级商圈以及若干个次一级商圈。位于城市副中心或次一级城市商圈位置的商业，如果还不具备城市级商业的能级但具备了区域外的辐射能力，这种超区域级的商业也具备了城市级商业特征，因此在这里把超区域级商业和城市级商业放在一起论述。

城市级购物中心，对提升城市商业活力，展示城市商业零售发展水平，具有引领性作用。城市级商业主要特征见表2-4。

表2-4　　　　　　　　城市级商业特征表

区位	位于城市中心城区，商业底蕴深厚；交通可达性强，可快速通达全城
商圈	位于城市级商圈，商圈聚集度高、连续性强、市场活力大、对外辐射力强
功能	高密度开发，功能复合性，各类配套完善，形成购物、餐饮、旅游、休闲娱乐等有机聚集
客流	面向整个城市的消费人群甚至其他城市的目标消费客群，辐射面广、梯度丰富
业态	品类齐全，资源配置合理，市场细分度深，选择余地大。细分业态具有城市引领性
形象	形象地标性、体现城市名片效应

【案例】顶级的城市级购物中心——泰国曼谷 Central Embassy

开发商：CENTRAL 集团

设计单位：商业——英国 ALA 事务所

　　　　　酒店——Amanda Levete + Yabu Pushelberg

商业面积：商业建筑面积约7万方

开业时间：2014年5月9日

楼层规划：共37层，-1～7层是购物中心，8～37层为柏悦酒店

项目定位：顶级购物目的地

业态规划：国际奢侈品牌+国内一线品牌+本土品牌，其中30%为新品牌。

Central Embassy 是非常典型的城市级购物中心，特征非常突出。以 Central Embassy 为例，其城市级商业的特征大致可以总结为以下六大方面：

① 区位　Central Embassy 位居曼谷顶级商圈核心位置，且处于市中心交通枢纽位置，可达性高，对外辐射性强。位于 Sukhumvit 路和 Wireless 路交会处，BTS 轻轨 Phloen Chit 站可出站直达。

② 商圈　Central Embassy 位于曼谷城市级的 SIAM 商圈核心区，商圈连续性好，一站即可达 Central World 世界中央百货，紧靠暹罗广场，周边是高端住宅聚集区，属于曼谷最繁华的地方。Central Embassy 所在地块曾是英国大使馆的土地，一直都是曼谷最昂贵的黄金地段。

③ 高密度开发，商业浓度高　位于寸土寸金的城市 CBD 位置，且用地本身狭窄，所以容积率很高，开发强度大。

④ 业态引领性　国际奢侈品牌+国内一线品牌+本土品牌　其中 30% 为新品牌。各种一线顶级品牌入驻，且要求所有品牌都要开出在泰国最高级别的旗舰店。大量首店、旗舰店、概念店入驻，其顶层为曼谷首家六星级柏悦酒店。同时每一层也尽量在业态上体现差异化，不仅有位于 B1 层的泰国私房美食主题街区，还出现了猎枪俱乐部和英国哈罗德百货的集合店这类独有业态。

⑤ 功能复合性　商业+酒店；高能级和商业与顶级酒店组合。

⑥ 形象地标性　Central Embassy 在室内形象和城市立面都实现了地标性。

在外立面上，Central Embassy 打破了传统商业建筑塔楼和裙房分离的"插蜡烛"式立面，采用"塔楼裙楼一体化+整体循环"的设计概念，把裙房和塔楼连贯成极具未来感的整体。立面上配合 30 万块铝板组成的鳞片表皮，带来了创新式的科技美感（图 2-24～图 2-27）。

在室内设计上，也采用连续性极高的白色极简风设计。天花到扶

图 2-24 Central Embassy 夜景

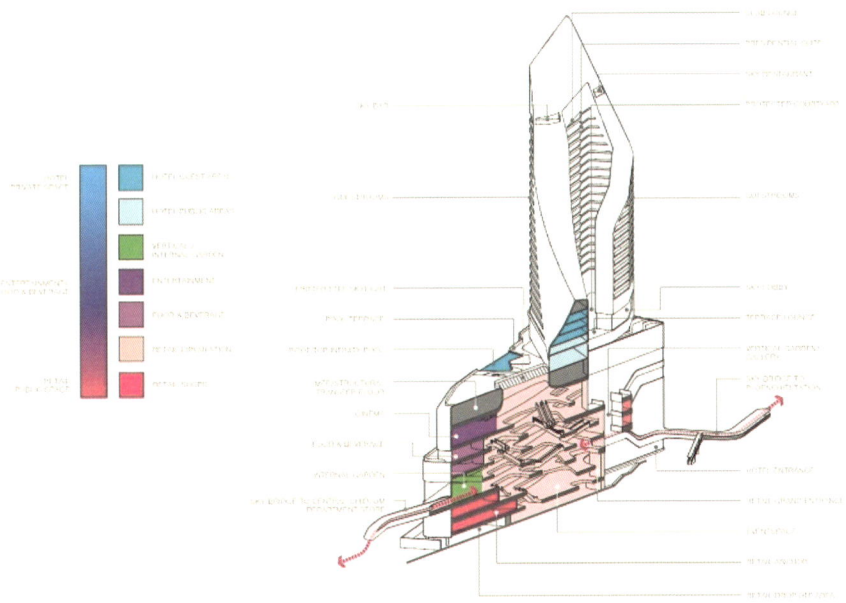

图 2-25 Central Embassy 业态（左）与剖面图（右）

地面层平面图（G层）

高架层平面图（L1层）

图 2-26　Central Embassy 典型楼层平面图

图 2-27　Central Embassy 室内空间

梯到中庭拦河，全部采用乳白色曲线倒角，极致简约没有一丝多余。在突出商场档次感的同时，也尽最大可能消解项目用地狭窄、中庭尺度偏小的不利因素，并尽量给人开阔的视觉感受。

此外，位于六楼的"共享生活空间 Open House"，以温暖、舒适、共享的姿态与整体的高端高冷形象形成对比。在4600方的双层通高室内空间中，集餐厅、休闲室、酒吧、画廊、商店、快闪店、图书室和工作坊于一体，共同构成一个阅读区与餐饮区、休闲区无缝衔接的空间群落。

Open House既突破了书店和餐饮的界限，将人们的各种生活活动最大化组合在一起，最大限度定义了"共享生活空间"，使人们可以在这个共享边界里获取最大的视觉、社交、餐饮、学习、创意、玩耍、会议和生活的快乐体验（图2-28）。

Open House还打破了传统商业"公区—商户二元分割"的空间模式，

图2-28　Central Embassy 六楼 Open House 区域室内

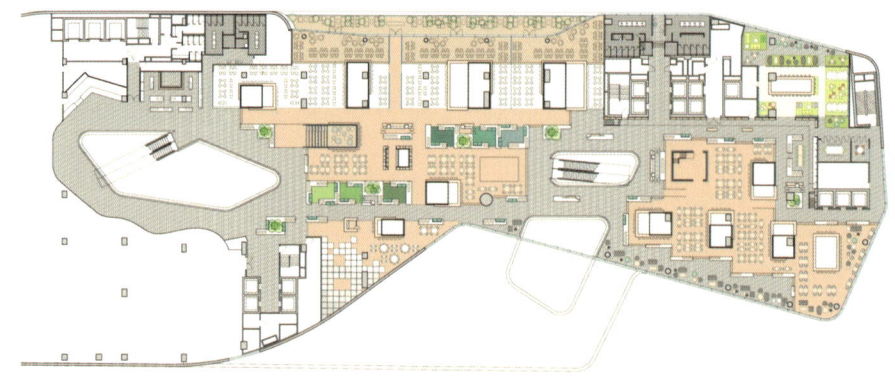

图 2-29　Central Embassy 六楼 Open House 区域平面图

采用渗透融合型空间组合方式，被证明在体验和商业活力上具有巨大优越性，体现了商业空间的创新可能（图 2-29）。

二、按经营方式分类

商业项目按经营形式分为持有型和销售型以及持售结合型三种（图 2-30）。确定经营方式的前提依据是土地出让条件，其次是开发商基于现金流、运营能力、回报率等综合因素的权衡。

持有型商业具有产权统一便于管理、可控性高、形象好、商业活力高等优点；大型购物中心只有采用全持有模式才能良好运营。但持有型商业资金投入大，回报周期长，对运营能力要求高，运营风险高。很多开发商为了平衡全周期现金流，降低资金压力，会在土地指标允许范围内设计一定量的可售商业，通过出售商业快速回笼资金并反哺自持商业前期经营。

销售型商业具有投资回报快，资金压力小，利于快速周转的优势。但销售型商业产权分散，控制力小，如果本身资源不佳会导致关铺率 /

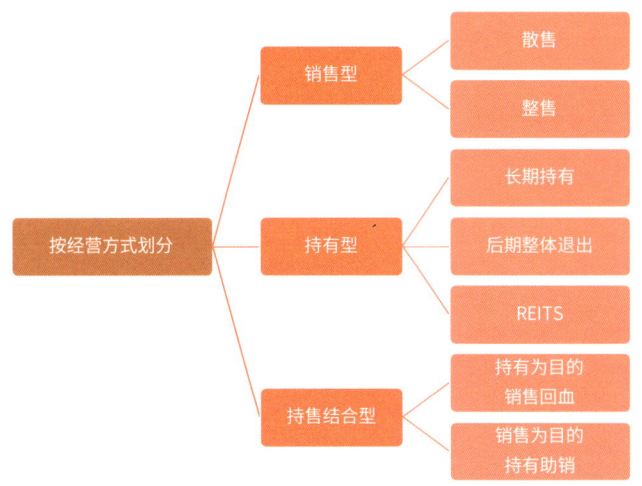

图 2-30　商业地产分类模式图（自绘）

换铺率较高。销售型商业如果没有大型自持商业或主力店进行人流导入，或者远离成熟城区，一般商铺生存难度大。

因此，从开发商角度来说，对地段偏远，周边覆盖人口较少，商业活力较低的区域，自持商业持有风险较大，可以将可售商业分铺销售，迅速回笼资金并转移经营风险，经营风险也相应转移到商铺购买方。销售型商业适合商业体量规模较小比如社区底商，体量过大的商业销售去化慢，去化的部分商铺存活率也很低。为了方便去化，以街区式布局最佳，街区动线一定要和回家动线结合，与街角路边等优势位置结合，俗称"金角银边草肚皮"。

持有型商业适合地段较好、周边有一定人口支撑、交通便利，经营风险较小的区域。由于不对外销售，拥有商业项目全部管理权，对项目可控性高，统一性强，经营得当的话商业活力也较好。

持有型商业由于有统一经营，可以整体提升商业活力；持有的主力店还具有提升商业服务范围，吸引人气的"发动机"作用。因此，对销售型商业而言，适当比例的持有，尤其是主力店的持有可以有效提升商铺销售去化，并改善商铺销售后的经营情况。详见下文"持售比部分"。

1. 销售型商业

销售型商业直接将商业物业产权分割销售；可在短期内回笼资金，降低项目整体资金压力。商铺销售后将商业经营压力转移给业主，转移了开发商自身的经营风险。

直接销售的缺点是售出后产权分散，无法统一管理，无法规划经营业态及规范整体形象，主力店或品牌店难以进驻。对于商业做旺主要靠市场自身调整，商业活力成长难度大，所需时间较长。若经营不好，对项目整体形象有一定影响。

销售型商业类型见表2-5。

表2-5　　　　　　　　　销售型商业类型表

类型	特征	案例
商业街商铺	平面形式按照开放式街区形式布置的单层或多层商业形式，商业街形式有内街、外街，沿内外街两侧铺面都属于商业街商铺。 【经营情况】： ①沿街店铺尤其是外街店铺经营情况好于非沿街店铺。首层经营状况，一般显著好于二三层。 ②受商业街整体经营状况影响极大；首层经营状况，一般显著好于二三层。一般每上一层，售价减半。 ③靠近自持型的购物中心、超市、百货、电影院、游乐场等目的型业态，对提升整体经营状况有很大帮助。"背靠大树好乘凉"，周边自持物业体量越大，带动的可售商铺就越多。全销售型商业街，一般经营状况不佳	万达金街的街铺，龙湖天街的可售街铺

续表

类型	特征	案例
专业市场类商铺	以专业零售为经营业态，例如各种专业批发和零售市场，如3C电子市场、家具城、建材城等。 【经营情况】：受专业市场整体经营状况影响极大	家具市场可售商铺（如红星美凯龙可售商铺）
社区底商商铺	在住宅社区内部或周边布置商铺是常见的可售商铺类型，商铺体量取决于土地要求，一般数量不多并沿外街布置，以单层为主 【经营情况】： ①出租率受周边入住率影响。首层经营状况，一般显著好于二三层。 ②商业氛围不成熟的新建小区底商，业态多以家装、配套零售为主。商业氛围成熟的小区底商多以餐饮、零售为主	住区外侧底层街铺
商办底商商铺	商业楼或写字楼位于底层的可售商铺，可直接对外开门营业。 【经营情况】： ①周边商办楼内办公人群为固定消费人群，受商办整体出租率影响，首层经营状况显著好于二三层。 ②业态常以餐饮、文印、银行等配套型为主，靠近商圈或居民区时会有更多零售业态	商办写字楼底层商铺
百货商店、购物中心内部可售商铺	在部分百货商店、购物中心内部会设置一定可售商铺；若有百货商店、购物中心的商业活力和人流量支撑，一般经营状况较好，售价较高。 类型①产权铺位与实际铺位一致，按实际铺位出售，获得所有产权；根据销售合同约定，经营权可归商场统一经营，也可跟随产权独立经营。 类型②产权铺位与实际铺位不一致，并不拥有实际铺位，而只拥有一定比例所有权，也没有经营权。商场在出租时可根据租赁情况重新划铺分割，再依据购买方出资比例支付租金收益，与出资占股类似。这种类型一旦经营不佳，转卖难度很大。 【经营情况】： ①受百货商店、购物中心整体经营状况影响极大。 ②经营权与所有权分离，统一经营管理有助于提升商铺经营状况	可售超市外商铺（借助超市人流），可售百货内商铺

（1）常见销售型商铺平面布置

销售型商业的经营模式、客群类型、业态类型、开发商盈利模式与持有型的商业差异巨大，因此在平面布置上，也呈现出与持有型商业截然不同的特点。

为了最大限度保证每个店铺的沿街面和展示性，销售型商铺会尽可能沿着外侧展开。因此，销售型商铺的平面布置形态一般受到销售型商铺面积以及可布置的面宽决定。以最常见的居住区配套销售型商铺为例，根据销售型商铺的总面积递增，形态可见图2-31。

① 外街型　销售型商铺总面积不大，沿着地块周边一圈布置，层数1～2层就可以布置下。这是最常见的方式。对于销售型商铺来说，也是兼顾效率、销售难度、后期小业主经营难度的最佳方式。

② 内街＋外街型　销售型商铺总面积更大，沿着地块周边一圈布置不下而增加商铺的厚度，呈现内街＋外街形式。层数1～2层，且商业街主入口一般与小区出入口结合。

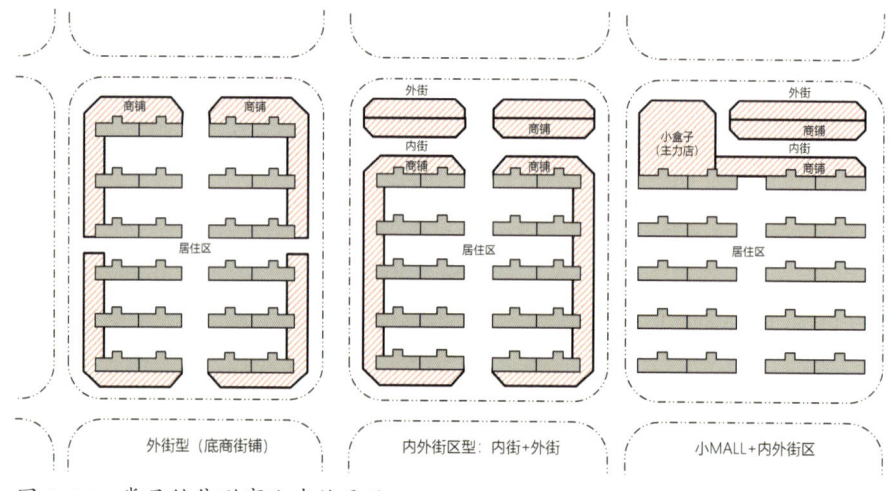

图2-31　常见销售型商业建筑平面

③ 小 MALL+ 内外街区型　销售型商铺总面积进一步增大，简单的内街+外街型难以布置或即使勉强布置下来，也会存在销售去化慢、经营难度大的情况。为了提高销售型商铺的销售，减少经营难度，有时会采取局部自持主力店的模式，为整体街区引入人流。自持部分以集中式（类似 MALL）形态出现，与销售型商铺形成小 MALL+ 内外街区的形态。层数 2～3 层，且商业街的主入口一般与小区出入口结合。

（2）销售型商铺的销售模式与助销措施

对于销售型商铺而言，销售模式取决于商铺的销售难度，并影响销售后呈现的状态。

大多数产权分散、独立经营的商铺在经营初期往往业态杂乱，掉铺率高。产权分散的商铺，也有经营得很好、很多也成为城市活力和烟火气的代表，一般都需要有良好的客群基础和长时间的业态迭代才能实现。

如果对销售型商铺前期进行一定程度的统一运营，可以避开销售型商铺初期业态杂乱的阶段，更快速达到满租经营、业态丰富的状态。这样既有利于提升商铺销售速度和销售价格，也有利于提升商铺运营阶段的整体形象。

常见的销售模式，见表 2-6。

除了直接销售型以外，还有几种助销措施：

① 先培育后销售模式　商铺在销售前，先由开发商或商管公司进行招商，并经营一段时间。这种方式对商业活力的初期成长有很大帮助，对投资者风险较小，所以商铺可以卖出更好的价格。但是，这种方式对开发商或第三方运营方的商业运营能力要求较高。如果开发商

表 2-6 商铺销售模式解析表

类型	直接销售模式	先培育后销售模式	租售同步模式	
			带租约直接销售模式	售后返租模式
定义	开发商售后不管，业主购买后拥有产权和经营权	由开发商自营或委托商业管理公司先统一经营培育一段时间，待商户进驻营业，商铺价值体现后再出售。开发商售后不管	开发商先招商与商户订立租约，再卖给商户。开发商售后不管	客户购铺同时与开发商或管理公司签订返租协议，在租期内委托其经营。开发商或委托商业管理公司按照租金浮动返还
优势	[对开发商] 无经营压力，运营压力，无售后风险。[对购买者] 有经营自主权	[对开发商] ①可以快速帮助商铺渡过培育期，尽快实现商业价值，有助于商铺销售。②开发商售后不管，后续无经营风险 [对购买者] 扩大客户层面，降低投资门槛，有利于加快销售速度	[对开发商] ①有助于快速销售回款，无需承担返租补贴与相关税费。②经营风险售后即转移。[对购买者] 客户可以在明确的经营范围、租金价收益稳定、短期内收益保证下购买，有保证	[对开发商] ①有助于快速销售回笼资金，但需承租返租补贴，对招商和经营能力要求高。②降低投资门槛，扩大客户面，利于项目快销。[对购买者] 统一招商经营，整体商业形象好、租金回报确定性性强
劣势	[对开发商] 商铺缺乏统一性，业态杂乱，形象差。[对购买者] 开业后经营难度大	[对开发商] 对开发商的招商能力和经营能力都有要求。若经营不好，对销售有影响。[对购买者] 售价相对较高、限制经营自主权	[对开发商] ①出租率和租金影响销售，铺位租金差异、影响商铺销售。②招商租赁能力要求高。[对购买者] 商铺租约限制经营自主权	[对开发商] 售后经营风险捆绑，如后期经营状况未达预期，或成财务负担。[对购买者] 返租承诺若不达预期，如被违约风险大，且无经营自主权

100

或运营方经营不好,反而会导致销售去化困难,面临经营和销售双重风险。

而且此种方式,影响了开发商的销售回款速度,所以并不被广泛接受。

② 租售同步模式　为了快速销售去化,避免先培育后销售的培育周期,提升销售去化速度,常见的策略有带租约销售和售后返租。这两种策略的最主要区别是招商与销售的先后关系。

带租约销售是指商铺在销售之前,先由开发商或商管公司进行统一招商。商铺销售时本身带租约销,由于买卖不破租赁的原则,商铺在售后一段时间内可以保持整体业态组合的完整性。开发商售后不管,与经营风险切割。

这种操作模式,视招商情况与商铺签约租金而定,并影响销售去化速度。带租约直接销售模式,购买方对投资回报清晰可见,很适合投资客,自用经营性的客户则不需要。而且,如果租约过长,也会很大地限制经营自主权。

售后返租模式是客户在购铺的同时与开发商签订返租协议,在租期内委托开发商或第三方经营,超过返租期后再由小业主自行经营的模式。开发商在商铺销售后,会一次或数次集中返数年租金以降低购买者首付;之后再按保底或浮动金额定期返还租金。售后返租模式的统一经营能确保商业定位与业态规划的落位、保证整体商业形象;也能降低商铺购买者尤其是投资客的风险、扩大商铺的潜在购买客群。

这种模式是大批量可售商铺集中售卖时经常采用的方式,成功和失败的案例都很多。是否能实现共赢,取决于商铺本身的区位、周边客群、购买力、招商运营能力能否实现承诺的租金。在返租期内，如果商铺经营状况不达预期，开发商又必须按合同支付约定的返租金额，这些商铺就会成为开发商长期的财务负担。而且，很多开发商与客户签订返租协议的主体商管公司一般注册金额较小，当开发商的返租负担过大超过注册资本时，一些开发商甚至会选择让签约主体的商管公司主动破产的方式为自身及时止损，最后导致双输的结局。

2. 持有型商业

对商业项目进行长期持有，可保持商业项目有序健康运营，也是所有大型商业项目的共识。

对于自有资金比例高、或融资成本低的开发商如凯德、恒隆、新鸿基、太古等开发商，一般采用精准投资，并100%自持的模式。优质的自持物业资产并叠加强大的招商运营能力，可以为开发商带来长期超额收益。以九龙仓开发的香港海港城为例，项目总商业面积约19万方；由于项目区位和交通优势显著，管理团队经营能力强，集团品牌资源广等多方面优势，在2016年海港城年客流量超过8000万人次，世界范围内仅全球最大购物中心迪拜购物中心（46.5万方）可与之匹敌。2016年，香港海港城年营业额占香港总零售额6.5%，在高端和奢侈品商品销售额方面更是占了香港总份额的近三分之一。2016年商场营业额虽下滑至232亿元人民币，但仍然是大陆业绩最高百货商城北京SKP的2.4倍，几乎相当于大陆业绩最高的4大购物中心南京德基广场、上海IFC、深圳万象城、北京国贸的总和。海港城的成功证明把一个优质自持商业做好带来的效益比布局大量商业项目带来的效益更显著。

反映在资产收益率上面就是，优质自持资产的单位投入收益率更高。

自持商业一次性投入较大，开发建设周期较长，导致投资回报周期较长。一般从选址定位到完成土地购置，需时最少1～3年，施工加筹备开业周期3～4年。商业开业后还需要一定的培养周期，租金会随着商业持续开业而逐步提升。一般商业刚刚开业的预期收益率较低，需要经过几次商户更新之后租金收益率会有显著提升。

因此，自持商业对资金实力和运营能力要求很高。很多开发商会把自持商业和住宅一起开发，以住宅销售来持续反哺商业的资金投入，平抑全周期资金投入。

资金成本较高、周转快的商业地产开发商常选择持有商业与销售型物业结合的方式，以销售型物业（如可售商铺、酒店式公寓等）的快速回款，来反哺持有型商业的前期资金沉淀。典型的如万达、龙湖、新城、宝龙等。

3. 持售结合型商业

商业项目中，商业面积指标中既有持有又有出售部分，持有型物业与销售型物业结合，成为持有结合型商业。

持有型物业可带来持续的经营性收益，而且经营良好的话，可以实现物业持续增值，并充分带动周边住宅物业的销售增值。但是持有型物业占用现金流大，资金回正周期长，对开发经营能力要求很高，因此一般只有较大型开发商才会考虑持有商业物业。

销售型物业的好处是投资回报快，开发风险小，不需要商业经营能力。因此，很多开发商尤其是高周转开发商会选择在规划土地允许的前提下，更倾向于销售型商业。但是销售型商业的缺点是，售后产权分散，管理无序，物业形象混乱，无法助力周边物业升值。而且，售出的商业，无法享受土地价值增值红利。

从商业规律来说，自持比例越大，越能提升商业活力和经营质量。但是从开发商资金流和运营能力角度考虑，有时需要通过可售商业的快速回款为自持商业的持续运营提供稳定资金流。因此，持售结合的形式结合两者的优缺点，成为万达、龙湖、新城等高周转商业地产开发商的常用策略。

租售结合商业最重要的是确定租售比，以及销售型商铺与持有型商业的协调联动，实现"1+1>2"的效应。高可售比带来的是快速的投资回报，但也会导致可售商铺销售困难和售后经营难度加大。

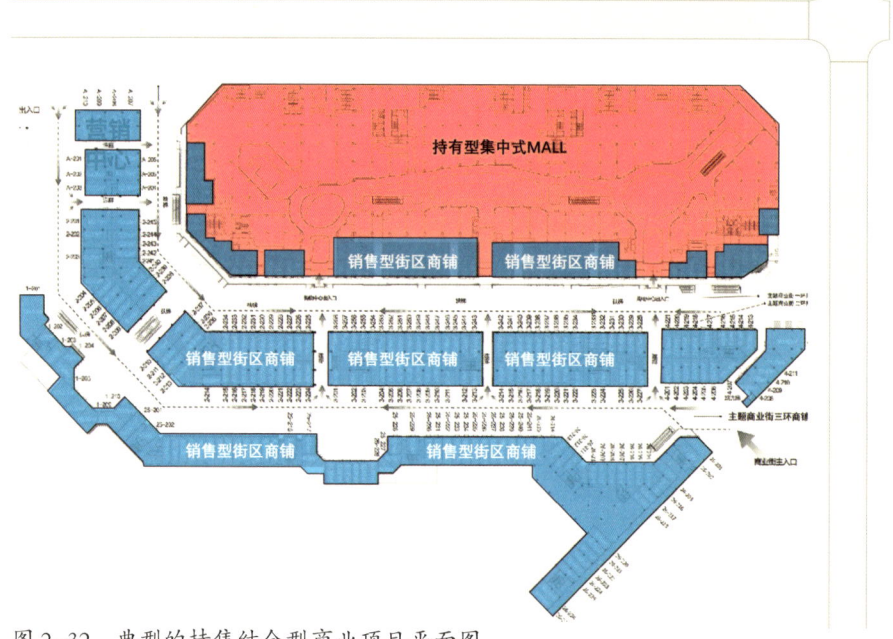

图2-32 典型的持售结合型商业项目平面图

此外，合理的可售比还取决于用地的布置条件，因为销售和持有都需要尽可能的展示面（图 2-32）。

根据笔者研究，持有 MALL 与销售商铺结合的比例与布局，常见主要有以下几种类型，见表 2-7。

表 2-7　　　　　　自持 MALL 与可售商铺结合模式表

可售占比	特　点	典型平面类型图
低可售比 10% 以下	①自持商业占比高并占据最好位置，可售商铺可以较好受到自持商业人流量反哺；可售与自持的经营状况均好性佳。 ②可售商铺一般为沿外街布置的单列底层商铺，商铺的昭示性、可达性好。可售商铺层数一般是单层或一拖二。 ③可售商铺货值较小，对整体现金流反哺帮助不大	
中可售比 10%～30%	①可售占比提高并形成内外街组合，可售商铺形成二环三环的布置，层数以两层为主。 ②可售商铺货值较大、对加快整体投资回报效果显著，因此万达广场+金街、龙湖天街+天街铺等大多采取这种模式	
高可售比 30% 以上	①可售商铺占比进一步提高，单条内街布置不下，要采取多层内街的平面模式。自持部分层数 2-3 层。 ②可售商铺除了临外街和出入口处经营状况较好外，其他商铺自经营难度大，掉铺率高。 ③可售商铺货值大，商铺售罄即可回收大部分前期投资	

【用地规划指标】用地规划指标中规定了可售占比的，实际可售占比不得高于用地规划
可售占比 = 可售 /（可售 + 自持）的面积占比

对开发商来说，确定持售比的考虑因素包括自身资金能力、商业运营能力、所在地商业承载力等多方面因素，具体详见本书第四章"四、销售型商业产品与规划"持售比部分。

确定持售比之后，很重要的就是确定自持商业和可售商铺的平面布局关系，反映资源的分配与人流量的协调联动，是综合指标占比、地块尺寸、道路等级，并综合其他业态综合统筹的结果。自持商业和可售商铺在用地资源分配上，既要保证持有部分自成一体、显著突出，同时尽量拉动可售部分的人流量，又要保证可售部分的展示面，并避免可售部分在经营不佳的情况下，对集中式商业部分影响最小。

三、按规划形态分类

由于用地、业态、体量等多方面因素的差异，商业建筑形态种类非常纷繁多样，要对其进行归类总结难度非常大。

国际购物中心协会在对商业形态进行分类时，也是分成两个大类：封闭集中式商业（MALL）和开放街区式商业（OPEN-AIR CENTERS）。这两种商业类型的核心区别在于是否有封闭的气候界面和公区的空调系统。相同体量的封闭集中式商业和开放街区式商业的建设成本、运营成本会有很大差异，并最终反映在投资回报上的区别。

集中型商业的优势在于人工控制的温湿度环境适宜、全年不受气候天气干扰、商业浓度高，购物效率高；劣势在于体验性下降，差异性不够。街区式商业的优势在于可以节省空调、照明的运营费用和开发建设费用，而且其开放性和适应性强，可以更方便地和生态、景观、游乐等体验元素结合。随着商业总量开发逐渐趋于过剩,且商业面临电商冲击、千店一面的各种问题,对集中型商业和街区型商业都提出了更高要求。

封闭集中式商业和开放街区式商业的优劣,都是相对的。根据国际购物中心协会的数据调研,近几年来,集中式商业整体上体现出比开放街区式商业更好的运营状况,出租率更高,人气更旺。但是,在新冠肺炎疫情全球肆虐的大背景下,由于集中式商业采用中央空调系统会带来更大的疫情传播隐患,各地防疫政策使很多集中式商业运营受影响,出租率严重下滑。相反,开放街区式商业却体现出巨大的适应性,开敞的环境使其受疫情冲击更小,出租率不降反升。在 2021 年的四季度,街区式商业的市场份额甚至超越集中式商业,成为零售市场占有率的主体(图 2-33)。

此外,随着商业总量开发逐渐趋于过剩,且商业面临电商冲击、千店一面的各种问题,对集中型商业和街区型商业都提出了更高要求,见表 2-8。

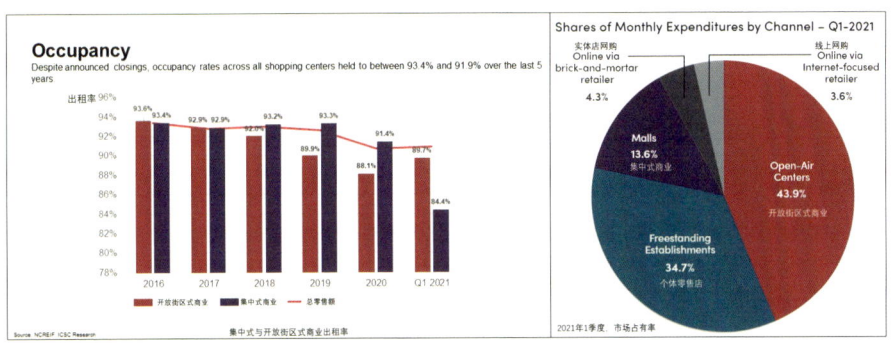

图 2-33 街区式与集中式商业出租率变化 (数据来源:ICSC)

表 2-8　　　　　　　　　　集中式商业和街区式商业对比表

类型差异	集中式商业	街区式商业
选址适应性	①环境气候适应性强，不受气候影响②自生存能力强，对商圈依赖性低，即使在郊区也可以生存运营良好。通过自持运营，更容易聚拢商业活力和人气	①对环境气候有一定要求，气温过高、过低时商业活力受影响；②对城市、商圈依赖性强，自生存能力比盒子型商业项目低，更适合在成熟商圈、人流有保障处
开发强度	人流量更容易引导至高楼层，开发强度高，容积率高	人流量难以引导至高楼层，开发强度不高，容积率较低
流线	①内向型流线，所有店铺朝向内部公区开门，公区空间仅通过出入口与内外联通；②强制性动线，易于组织动线实现对更多店铺的带动	①街区内外流线可顺畅相互流动。每一个店铺可直接对外展示，公区和室外边界模糊或消失；②开放性流线，组织难度大，尤其是竖向流线
形象	有封闭的气候界面，可避免受外界天气影响	完全开放或半开放式立面，没有封闭气候界面
体验	温湿度体验舒适，差异性特色性体验性受限制；商业浓度高，高效便捷	与周边环境可以更紧密结合，体验性更强；商业浓度低，舒适慢节奏
成本	①公区面积大，内装成本投入高；②公区空调、照明运营成本投入高，使用期间运营费用高	①公区面积小或无公区，精装修成本投入低；②公区无空调，使用期间运营费用低

1. 集中式商业

自从第一家全封闭带空调的购物中心——南谷购物中心（Southdale Center）于1956年开业以来，集中封闭式的购物中心通过人工空调营造宜人的室内气候，使商业在购物体验、全天候营业方面有了巨大的提升。从此，集中封闭式的购物中心一直是大型购物中心的主流模式（图2-34）。

因此，基于封闭气候界面的需要，集中式商业外立面一般为封闭

图 2-34 南谷购物中心（Southdale Center）

式立面，同时尽量集中形体以减少立面系数、降低能耗。因此，集中式商业的流线是内向型流线：客户活动范围位于有人工空调控制的中央公区空间，所有店铺朝向公区空间开门，公区空间仅通过几个出入口与内外联通。这样既方便统一管理，又使客户在商场内必须沿着强制动线光顾内部店铺，提升商业转化率（图 2-35）。

对于集中式商业来说，对体量和业态的求大求全与追求流线的简洁高效一直是一对矛盾。目前，集中式购物中心最常见的流线主要是三种：线性动线、环形动线和辐射式动线（图 2-36）。通过这几种流线类型的组合，可以有无限的可能性。详见第四章。

集中式商业可以适用于各种体量、业态类型、气候条件。在一些气候适宜户外活动的地方，有时候也会把集中式商业与开放式露天商

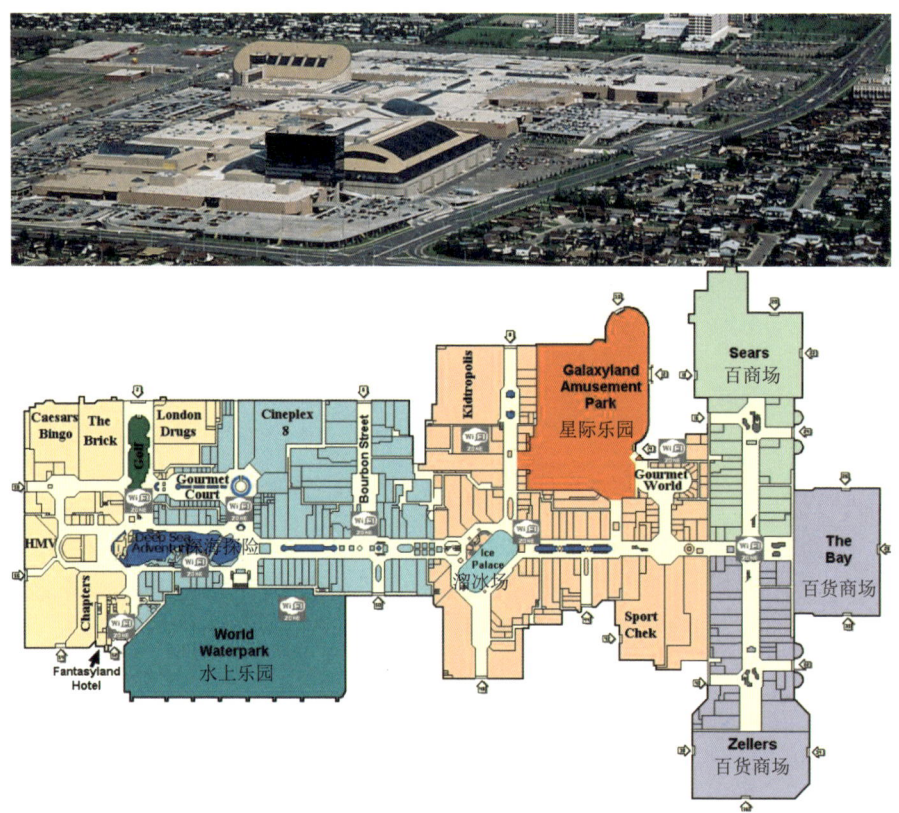

图 2-35 北美最大的集中式购物中心——西埃德蒙顿购物中心鸟瞰与平面

业结合,成为半集中式或混合式。例如泰国 Central Festival EastVille 的换线动线,一部分是封闭式室内区域,另外一部分是半室外露天区域。两种不同区域的组合,形成丰富的空间体验;既可以体验半室外露天环境的轻松惬意,又兼顾室内购物环境的舒适方便,不受风雨影响(图 2-37)。

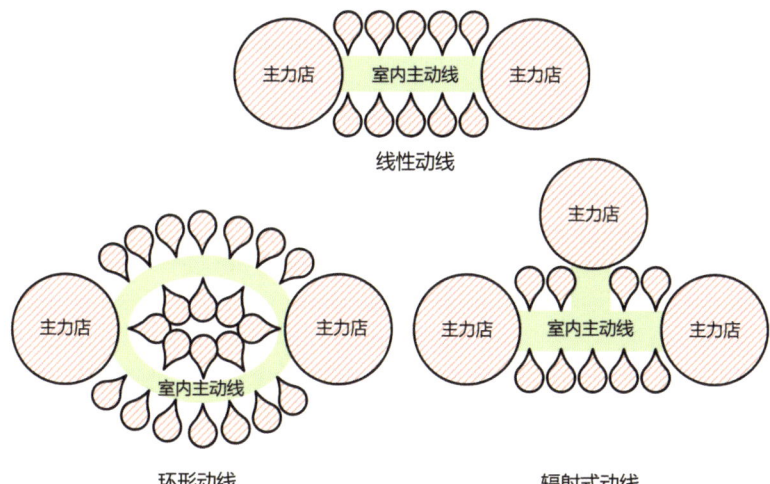

图 2-36 集中式购物中心最常见的流线类型

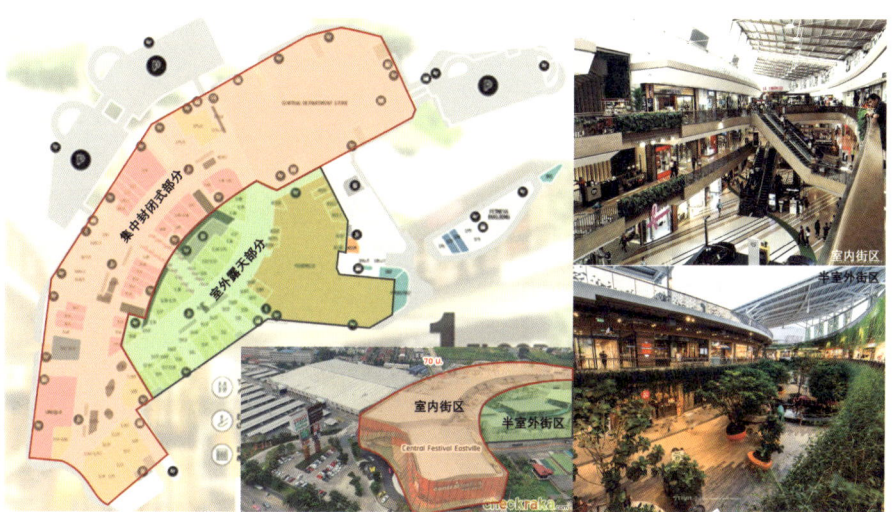

图 2-37 半集中式商业：Central Festival EastVille 平面图

2. 街区式商业

与封闭集中式商业不同，街区式商业全年不需要中央空调，有助于最大限度降低能耗，露天的街区式商业在白天节约了大量人工照明，并最终降低物业整体运营成本。运营成本的降低为房地产开发商和租户创造了双赢局面，最终都会体现在投资回报上。

街区式商业的另一个好处在于与室外直接连接，尤其当室外有重要的景观资源、人文资源时，这种开放性带来的融合共生，可以诞生独特的购物场景。典型的如紧邻大慈寺的成都太古里（图2-38），紧邻南京总统府的1912街区。

街区式商业的流线是外向开放的，街区内外流线可相互顺畅流动，每一个店铺都可直接对外展示，公区和室外边界模糊。所以，街区式商业既可统一招商运营管理，也可将商铺售出由各商铺独立经营。

图2-38 街区式商业——成都太古里

街区式商业既有自持的，也有可售的。自持型与可售型街区式商业的产品设计逻辑完全不同。

自持式街区式商业的业态招商运营模式和自持的集中式商业类似，除小面积店铺外，也会布置大面积主力店，作为吸引人流的泵机。这些主力店布置方式与集中式商业类似，都是利用主力店的人流吸引效力，使到达主力店的必经动线覆盖其他商铺。因此，主力店一般会放在流线的端点、楼层的高区、地下层（如果有地下商业）或场地中央。通过主力店的动线锚固效应，使得主力店动线上的小店铺可以充分借到主力店的"光"。

对自持运营的街区式商业来说，开放性既是优势也是劣势。既要充分利用开放性优势，最大化地吸引周边人流，又要避免主力店带活的商业人气过早外泄，导致小商铺不能充分借到主力店的"光"。而且分散型街区商业室外通道没有空调，冬天寒冷季和夏天炎热季中午商业体验大受影响。自持型街区式商业对招商和经营能力的要求甚至比集中式的 MALL 难度更大。

自持型街区式商业的典型案例如上海瑞虹新城月亮湾、成都太古里。欧美一些气候适宜、适合户外活动的城市，街区式商业布局更为广泛。在商业级别上以社区级居多，但也不乏大型城市级购物中心，如洛杉矶 Westfield Century City。

【案例】城市级街区式商业——洛杉矶 Westfield Century City

体量：商业部分高 3 层，建筑面积 130 万平方英尺（约 12 万方）。

业态：主力店包括 Nordstrom、Bloomingdale's、Macy's、Gelson's

图 2-39　自持的街区式商业——洛杉矶 Westfield Century City

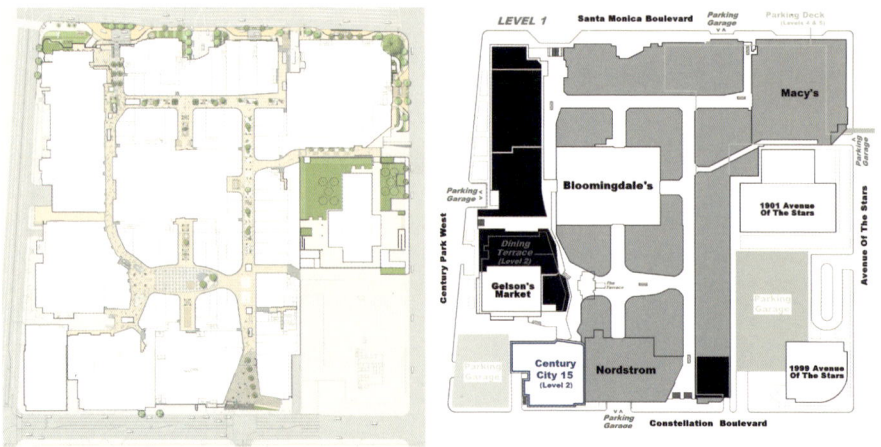

图 2-40　自持的街区式商业——洛杉矶 Westfield Century City 平面与主力业态

超市和一个包含 15 屏幕的 AMC 影城。此外还有 200 多家商店和餐厅，商户包括 Tiffany & Co、H&M、苹果、微软、特斯拉、Banana Republic、Tumi、The Container Store，等等。

Westfield Century City 最早于 1964 年开业，其后经历多次改造、翻新和扩建。最近的一次于 2017 年完成。

Westfield Century City 依托洛杉矶气候适宜户外活动的特点，充分发挥开放式商业的优势，布置了大量景观空间、室外活动和休憩场地。位于中央的名为 Atrium 的户外活动场地可容纳 1000 人，会定期举办演唱会和各种活动，场地可根据需要进行快速改造。

这种开放式、度假般的游逛体验，提供了与集中式购物中心截然不同的体验（图 2-39～图 2-41）。

国内自持型街区式商业的典型案例如上海瑞虹新城月亮湾，总建筑面积 70000 方，是一个以"生活·音乐·家"为品牌内涵的社

图 2-41 自持的街区式商业——洛杉矶 Westfield Century City 的户外公共空间

图 2-42　上海瑞虹新城月亮湾鸟瞰

图 2-43　瑞虹月亮湾平面图

区级商业，业态主要以商业、餐饮及娱乐为主（图 2-42、图 2-43）。

可售型街区式商业在平面布局、形态规划上与自持型截然不同。可售型街区式商业的可售店铺为控制销售总价，扩大购买人群，一般面积段比较统一，以 40～60 方左右的小面积铺位为主，基本不布置大主力店。为了改善可售商铺的运营状况，提升销售速度，会进行持售结合。典型的如各种万达金街，新城吾悦金街等。具体详见第四章。

3. 复合式商业

街区式商业与集中式商业各有优劣势，将两种商业形态有机结合，可以兼顾集中式商业的效率与街区式商业的丰富体验，是提升商业活力和效率经常采用的方式。

根据街区式商业项目是可售还是自持，集中式商业与街区式商业进行结合的策略与目的截然不同。如果街区式商业项目为可售商铺，集中式商业与街区式商业结合的目的在于提升可售商铺的销售去化率并提高售价；同时也要避免可售部分在存活不佳的情况下，对集中式商业部分影响最小。具体可参见本章上一节"持售结合式以及持售比"。

在集中式商业与街区式商业均为自持的情况下，集中式商业与街区式商业结合的目的在于提升产品丰富度，打造更加多元丰富的购物体验。

集中式商业与街区式商业的组合方式，根据平面与剖面的类型划分，有水平组合式（Block by MALL）、垂直组合式（Block on MALL）、内外组合式（Block in MALL）三种类型，见表 2-9。

表2-9 集中式与街区式商业组合方式

类型	水平组合式	垂直组合式	内外组合式
类型特征	①最常见类型，街区式商业与集中式商业在平面上组合。②MALL和街区在流线上相互承接，以集中式商业保证人流吸引力和商业效率，以街区式商业打造特色名片和差异化体验。如果再与景观、休闲购物公园（Shopping Park）进一步打造结合，可以进一步打造购物公园（Shopping Park）。③对用地条件要求高	①街区式商业与集中式商业在垂直方向上组合，在集中式商业动线末端屋顶布置街区式商业，打造特色化街区式商业，作为目的地型动线节点。②打造特色化街区式商业，作为目的地型动线节点。③街区体验没有最大化发挥，且屋顶设备用房对街区体验影响大；一般在用地紧张时采用	①街区式商业布置在集中式商业内部，在集中式商业的便利性和气候舒适性基础上，把街区式商业的特色化、差异化体验展现出来。内部流线兼具集中式商业的环形动线和街区式商业的空间布局。②景点化打造，空间沉浸化设计，可以实现戏剧化的景太奇效果
平面类型			
剖面类型			
案例	深圳万象天地、上海新天地、深圳壹方天地、上海前滩太古里	上海静安大悦城二期 上海长风大悦城	长春这有山

118

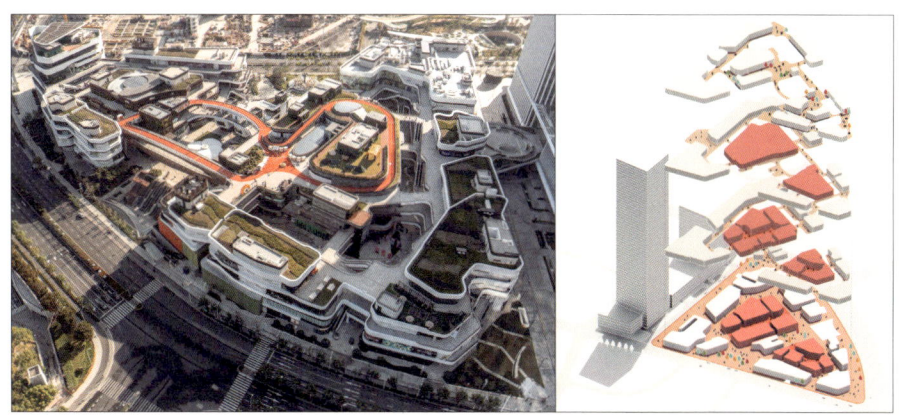

图 2-44 前滩太古里鸟瞰与布局

（1）水平组合式

将街区和 MALL 结合，既可以让消费者体验感层次更加丰富，又可以在蓄客能力上互相补充。组合之后，既有尺度宜人的街区，可以体会城市中难得的"慢节奏"，又有集中式 MALL 的高效便捷、不受气候影响。集中式商业与街区式商业在平面上结合的典型案例有新落成的上海前滩太古里。

将街区和 MALL 结合，关键要找到一个完美的平衡点——"慢节奏"的尺度与"高效率"的便捷，封闭与开放，体验与盈利的平衡点。

前滩太古里总建筑面积约 12 万方，采用开放式、里巷交错的建筑布局，以开放式街区围绕中央的封闭式盒子，形成"街区+MALL"的布局形式，以大的环形动线，将分散的地块、街区和集中式 MALL 整合起来，形成形散神聚的整体（图 2-44）。

（2）垂直组合式

很多项目为取得更丰富的购物体验而把街区式商业和集中式商业结合，但是又受制于场地有限无法在平面上展开，只能把商业街放在

图 2-45　商业屋顶场景活动

购物中心屋顶。位于屋顶的商业街区由于处在流线末端，必须把屋顶商业街区打造成目的型商业，这样才能在保证自身人流量的同时尽量服务更多人群，让客户在游逛完集中式商业后，在流线尽端感受到不同于室内商业的体验。引导人流到屋顶，不仅可增加人气还可以让商场动线更活跃，体验更丰富（图 2-45）。

屋顶商业街区类型见表 2-10。

在屋顶设置街区，在技术上需要解决的问题包括结构柱网和屋顶设备机房布置。

由于屋顶街区的下层商业空间一般受到中庭等大跨空间影响，因此屋顶商业街区的结构落柱布置会受到较大限制。此外，商业建筑的屋顶设备机房占据空间较多，餐饮排油烟和屋顶空调机组对屋顶商业

表 2-10　　　　　　　　屋顶商业街区类型表

屋面运营模式	特　征	类型案例
公共配套型 无营业性业态	①免费开放，也无会员积分要求，为项目提供人流吸引点和差异化场景。 ②无业态植入，无稳定收益来源。 ③由于屋顶层无稳定收益来源，难以支撑高昂的运营维护费用，这种屋顶形式一般以易维护为主	屋顶花园，屋顶观景台，屋顶亲子活动场，屋顶萌宠运动场，屋顶跑道，等等
自主运营型	①定期举办各类节庆活动，保持持续的新鲜感和吸引力。 ②无业态植入，无稳定的直接收益来源。以部分活动收费或者使用会员积分兑换等方式，平衡屋顶业态运营维护成本	屋顶音乐剧场，屋顶花园农场（自维护），屋顶儿童乐园（自维护）
业态引入/合作型	①引入室内场地无法运营的业态商户，提供差异化服务。 ②屋顶有持续稳定收入，可供提供丰富的活动	屋顶农场，屋顶餐厅，屋顶马场，屋顶儿童乐园（收费），屋顶摩天轮，屋顶集市，屋顶酒吧街，等等

街区的影响也很大，需要统一协调处理。

（3）内外组合式

以集中式商业为皮，街区式商业为内容，形成 Block in MALL 的商业形态，是实现街区式商业与集中式商业深度融合的手法。这种商业形态融合的目的在于借助集中式商业的封闭外壳，既可以实现内部街区式商业 24 小时舒适的气候空间，避免街区式商业易受风雨气候影响的弊端；又可以通过场景布置打造完全沉浸式的空间，避免客户"出戏"。

此外，为了将容积率低的街区式商业塞进高容积率的集中式商业，一般需要将水平延展的街区式商业在竖向上"叠起来"，因此一般采用螺旋形动线设计。

长春这有山项目和伦敦西田购物中心（Westfield London）是典型的案例。

【案例1】长春这有山

产品策略：24小时不闭店夜经济＋沉浸式文化体验商业，以文化为差异化切入点。

项目位于吉林省长春市朝阳区红旗街与同德路交会处，处于长春市传统商圈中心区域，紧靠长春电影制片厂旧址，与街对面的万达广场直接竞争。项目总用地面积约12 000方，总建筑面积73 600方。建筑高度30米，地上和地下各4层。其中，负2至负4层为停车场，负1至1层为山洞组团，2～4层为山坡组团（以餐饮、休闲娱乐为主），地上4层还有60间左右客房的酒店区（图2-46）。

这有山在商业流线设计上把传统分层式商业空间改成立体的连续动线，以盘山而上的单一动线串联起所有品牌店铺及建筑景观，保证客流到达每一品牌店铺的同时也节约了大量交通动线面积，这一点与

图2-46 长春这有山外立面

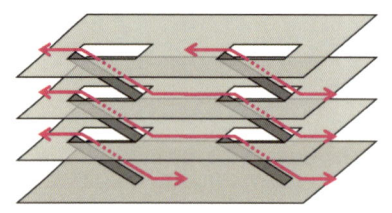 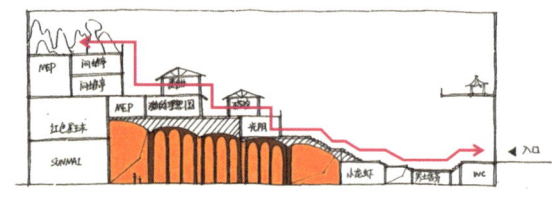

图2-47 传统商业垂直动线（自绘）　图2-48 长春这有山垂直动线

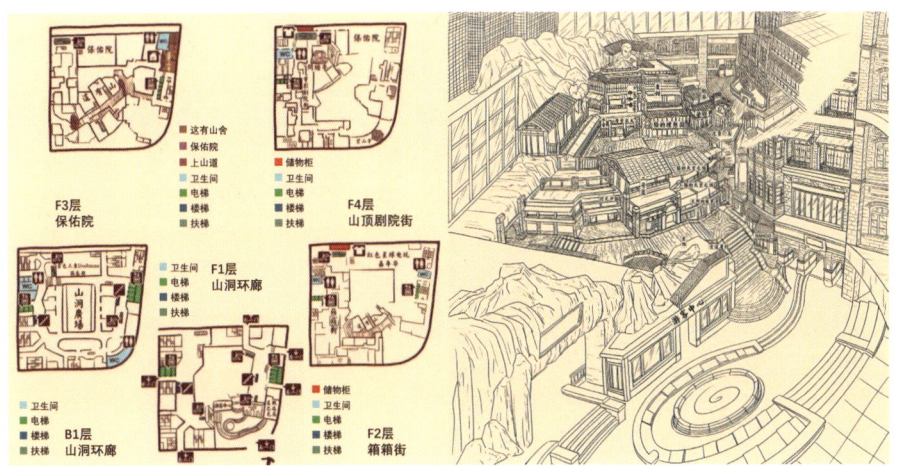

图 2-49　长春这有山各层平面图

泰国曼谷 The Commons 异曲同工（图 2-47～图 2-49）。

在竖向流线上，为了最大限度弱化建筑楼层的横向分隔感，带动人流量纵向流动，营造出自然山体的感觉；这有山将大部分楼板错位，并且将扶梯电梯、中庭扶手拦河等不应出现在古代场景里的内容都藏在非常隐蔽的位置，且多利用商铺内部或小型垂直交通辅助。通过这些措施，塑造了一种极度纯粹的体验感。

连续向上的单一动线，让楼层界限模糊，可以极大提升每一个层次的商铺价值，让更多层次享受首层人流热度，让高区不再冷。

由于紧邻长春电影制片厂旧址，在商业空间氛围打造上借鉴了电影蒙太奇的手法和影视布景方式，在场景营造上把长春传统街市的场景移植进来，在动线上串联各种集市场景，最后在山顶设置可以收取门票的核心景观——"问蟾亭"。一个静谧的"行者"，注视手里托举的金蟾，整个雕刻群就叫"问蟾亭"。登上问蟾亭即可纵观项目全景，因此问蟾者这个艺术雕塑，也成为这有山项目极具辨识度的名片。"问

图 2-50　长春这有山室内场景

图 2-51　长春这有山室内场景

蟾亭"既有吸引人们目的性到达的功能，同时赋予空间一些古典和宗教的意味，让游客拾级而上的这一行为，颇具登山朝圣的意味。"问蟾亭"在商业上也是成功的，每年门票收入不菲。

在连续的单一主动线基础上，以类似游戏支线剧本的方式组织串联各个空间，每一个空间都有清晰独特的场景特征，让人仿佛在游戏中穿梭一般游走于不同场景中。这些空间通过一座座山门区分开来，由低至高分别对应了生活用品及夜生活区（L1+B1 这有洞），小吃区（L2

箱箱街)、娱乐区（L2 红色星球）、重餐饮区（L3 保佑院）、影视+文创区（L4 剧院街）等业态功能分区。同样，这些功能分区除了 L1 和 B1 的"这有洞"之外，其他分区同样无法清晰界定楼层。

这有山让人们可以在别有洞天的场所内，得到休闲度假、观光购物、登山漫步等多种体验，实现购物与城市微度假的结合。

场景化、沉浸式的方式，使体量不大的这有山项目焕发出巨大魅力，超越了传统的商业边界，兼具购物和景点的属性（图 2-50、图 2-51）。

【案例 2】伦敦西田购物中心

项目地点：英国汉默史密斯 – 富勒姆伦敦自治市

开业时间：2008 年 10 月 30 日

开发商 / 投资商：澳大利亚西田集团（Westfield Group）、德国 Commerz Real（德国商业银行旗下的地产公司，德国最大的商业不动产

图 2-52　Westfield London 鸟瞰

公司之一），各占50%权益。

运营商：西田集团（Westfield Group）

占地面积：约17万方，总营业面积（GLA）约15万方。

商铺数量：345个，主力店5个（Debenhams百货、马莎百货、House of Fraser百货、Next、Waitrose超市、Vue影院），停车位：4500个。

欧洲有悠久的拱廊街历史；这种有顶棚遮蔽风雨的各式拱廊街，既能兼顾逛街体验又能满足无风雨的舒适性，成为城市的商业活力中心。伦敦西田购物中心内部横平竖直的街道，近似室外的街道尺度和自然光；其空间原型本质上是封闭式的拱廊街。拱廊街本质上是Block in MALL的空间模式，让人在街区空间的舒适尺度下兼顾集中式购物中心的高效便捷（图2-52～图2-57）。

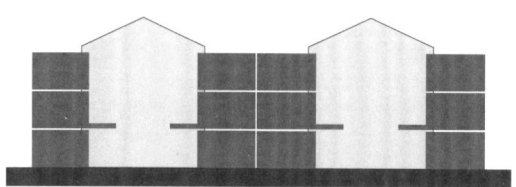

图2-53 Westfield London空间模型——Block in MALL（街区 + 顶棚 自绘）

图2-54 Block in MALL空间原型——拱廊街（街区 + 顶棚）

Westfield 购物中心只有三层高,在街道尺度的动线上覆盖连续的镂空天顶,仿佛连续的拱廊街,形成 Block in MALL 的空间模式。首层直通室外,二层有连廊连接,并将二、三层全部设计为 7.5～8m 高的

图 2-55　Westfield London 室内街

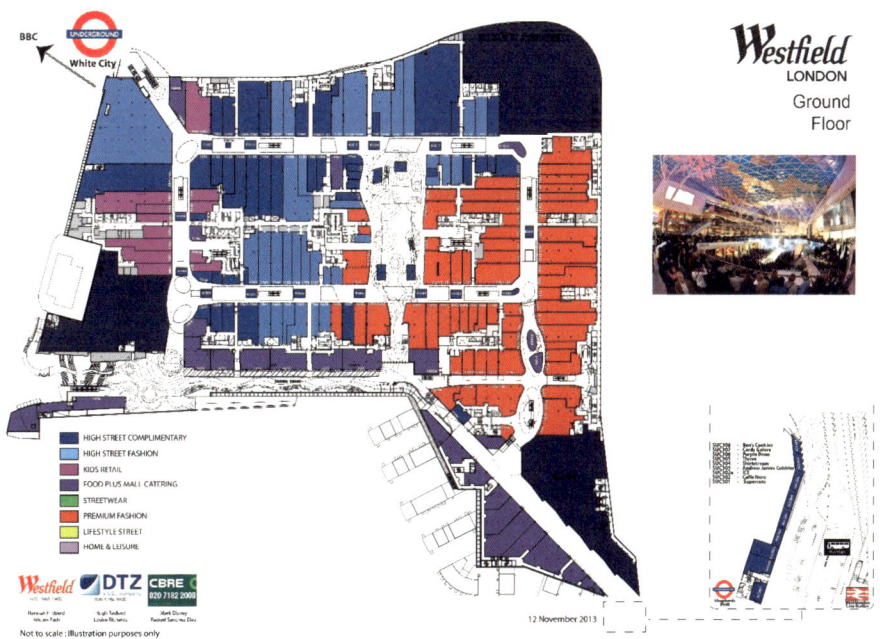

图 2-56　Westfield London-G 层平面图

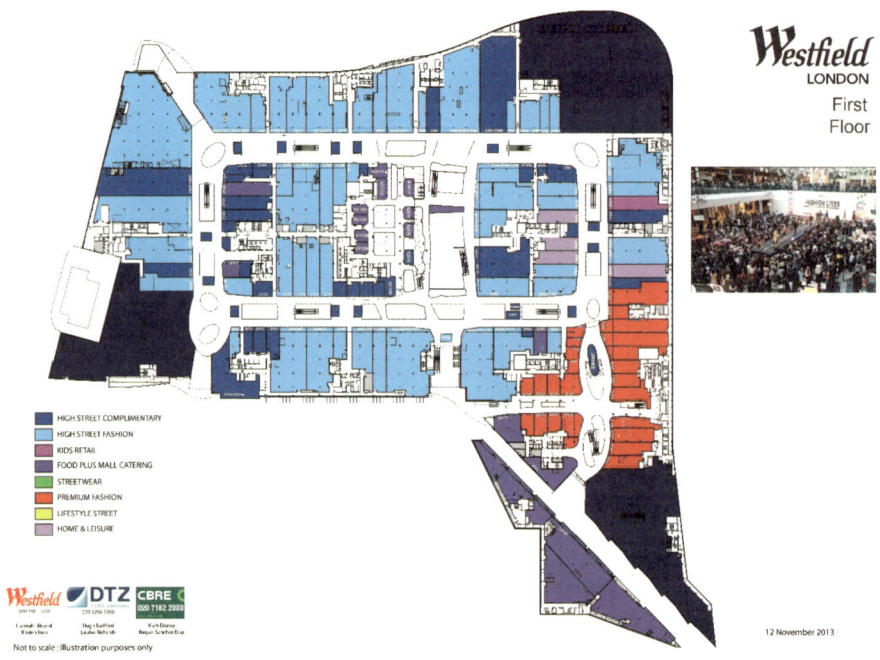

图 2-57 Westfield London-1 层平面图

两层通高商铺,最大限度还原了街道的空间尺度,复刻了伦敦的拱廊街逛街体验。两层通高的店铺面、高大门头、通透墙体、丰富展示面也留给品牌更大的设计空间。

Westfield 的成功,也证明了 Block in MALL 的空间模式在大型集中式购物中心应用的强大潜力。

四、按市场形象定位分类

根据商业项目的外在形象是否具有鲜明的文化特征、地域特征等,是否以满足特定客群审美为出发点,商品品类的特定性可以将商业分为主题型商业和综合型商业。主题型商业的策略在于锚定客群、守正用奇,综合型商业的策略在于全面覆盖、雅俗共赏。

主题型商业的优势在于特征鲜明，客群清晰，其弱势在于辐射面不够广，容易被全品类的综合型商业抢走人流。

综合型商业优势在于全面覆盖、雅俗共赏，最大限度保证经营安全性，但缺点在于空间产品差异化不足，容易陷入同质化竞争。

1. 主题型商业

主题型商业以满足特定主题、特定客群审美消费特征为出发点，通过在空间设计、场景营造等方面发力，以期实现差异化的竞争优势。

主题型商业的主题选定，以及场景营造的打动力对商业的成功影响很大。

主题型商业在主题选择上既可以针对特定客群，比如儿童类、女性类、运动类等，形成该客群方向上品类丰富，挖掘度深的产品特征。同样，也可针对特定空间文化调性、立面以及空间风格着手，以期以文化、艺术为商业进行赋能。

主题型的本质是一种双向筛选机制，是针对特定客群、特定场景、甚至特定业态的定向匹配。主题型的商业，通过策略性的取舍，避开竞争红海，或取得差异性的竞争优势。

对于一些处于大商圈激烈竞争下的中小型体量商业，为了避免被周边的强劲竞争者完全吸走客流或者为其客群提供差异化服务，采取主题型的策略是一种巧妙的生存之道。

（1）泰国 Terminal 21

作为旅游业发达，购物中心竞争激烈的泰国，由开发商 Land and Houses 投资开发的 Terminal 21 系列项目是主题型购物中心的典范，在竞争红海的商圈中独树一帜。目前开业的 Terminal 21 有三处，分别位于曼谷、芭堤和 Korat（图 2-58～图 2-61）。

Terminal 21 系列项目全部采用航空旅游主题，每个楼层都以各国著名旅游城市的代表性场景为灵感。迥异的异国风情，可以让人在一个商场里仿佛逛遍各个城市（国家）。

曼谷的 Terminal 21 位于曼谷商圈中心地带，面积约 5.5 万方；共有九层，各楼层主题分别是加勒比海岸、罗马、巴黎、东京、伦敦、伊斯坦布尔、旧金山及洛杉矶。芭堤雅的 Terminal 21 项目建筑面积约 4.5 万方，共有 6 层，从下到上各层主题（风情）分别是巴黎、伦敦、意大利、

图 2-58　曼谷、芭堤和 Korat 的 Terminal 21

图 2-59　Korat Terminal 21 室内

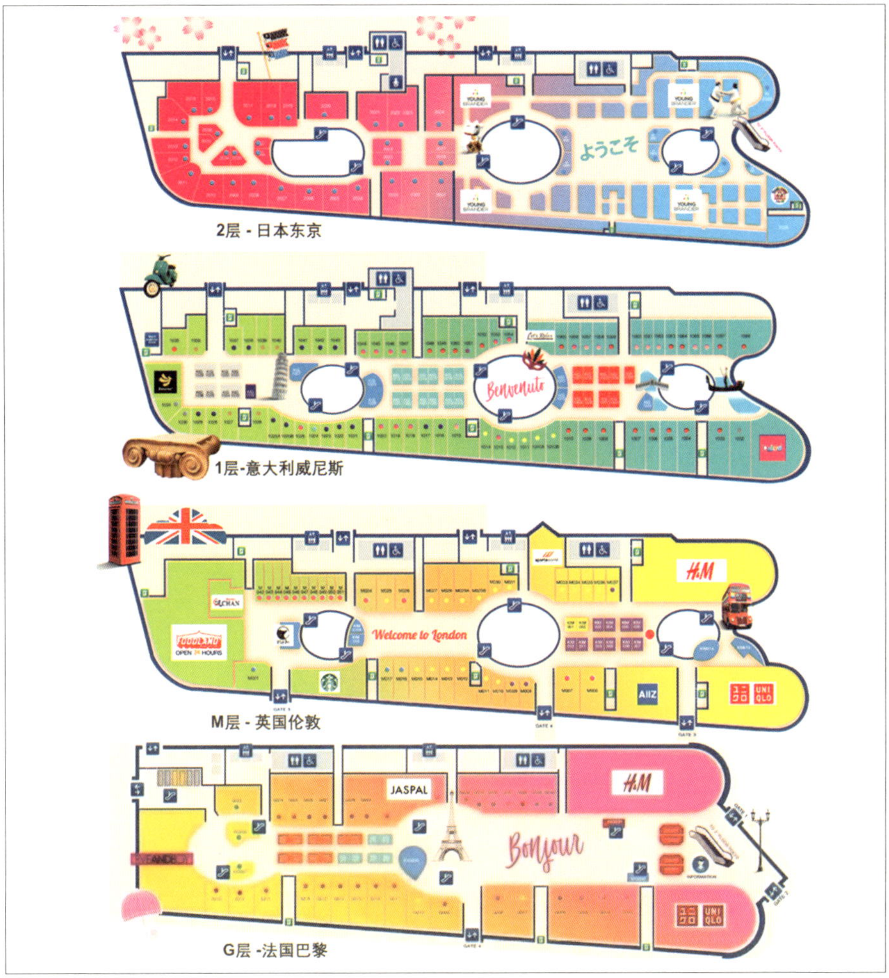

图 2-60 芭堤雅 Terminal 21 局部楼层平面图

图 2-61 芭堤雅 Terminal 21 室内

131

东京、旧金山、好莱坞。

这种特色主题型购物中心，既呼应泰国作为国际型旅游目的地的背景，也在周边商圈激烈竞争下，脱颖而出，出奇制胜。

（2）日本福冈博多运河城

占地面积：约34 700方；建筑面积：约234 500方；

主要业态：零售、大型专卖店、剧场、电影院、酒店、办公、餐饮、展览和娱乐设施等。各业态占比：酒店（52 600方）占23.4%、零售和餐饮（59 199方）占25.2%、剧场（18 830方）占8%、办公926 761方）占11.4%、其他公共设施和停车场（77 110方）占32.8%。

博多运河城（キャナルシティ博多）是以商业为核心功能的城市综合体，以运河为主题，独创性地打造出购物空间与滨水游憩体验融合的城市目的地。项目在商业零售空间中，以运河和峡谷串联起一系列亲水性极佳的公共休息和观演空间。

博多运河城建筑造型独特，立面色彩绚丽，以蜿蜒的运河为中心设计的弧形外立面，极具视觉冲击力。综合体的各部分沿运河两侧布置，两侧商业界面以垂直绿化和水景丰富视觉效果。运河两侧布置各种喷泉和夜间彩灯，运河上串联各种开放性空间，并定期举办各种活动及表演。顾客在购物的同时，还可免费欣赏音乐喷泉秀、艺术表演，使项目本身休憩属性大大增加（图2-62、图2-63）。

博多运河城独创的运河主题模式，成为融合商业与景观、休闲与旅游为一体的商业综合体，让其获得巨大成功，成为福冈市的城市目的地。

图 2-62　博多运河城平面图与鸟瞰

图 2-63　博多运河城内景

2. 综合型商业

以满足全客层、主流客群审美和一站式消费需求为出发点的商业。由于不再以特定客群、特定业态为出发点,而是从业态和客群丰富性出发。因此在空间形象和场景打造上,都采用相对主流的视觉和空间处理手法。

在业态配置上,也不再以特定品类为主,而是涵盖了零售类、娱乐体验类、生活休闲类等多种业态,满足不同客群的消费需求。

主流的大型购物中心，由于要充分考虑客群的丰富性和多样性，一般都以综合型为主，实现对各类客群的最大限度覆盖。

五、按商品级次定位分类

按商品级次进行分类，是从店铺客单价、目标客群购买力维度进行定位分类。按照客单价和购买力依次降低，可以分为三类：①精品型商业/购物中心，②时尚型商业/购物中心，③家庭生活型商业/购物中心。城市级购物中心，一般以精品型购物中心为主；区域级和社区级购物中心，一般以时尚型、家庭生活型购物中心为主。

精品型商业/购物中心的客单价和购买力最高，一般以高端奢侈品零售店引领，并组合其他各种中高端业态。时尚型商业/购物中心的客单价和购买力居中，以中高端珠宝服饰类、电子类、配饰类零售为引领，并组合其他中端业态。家庭生活型商业/购物中心的客单价和购买力最低，一般以家居日常用品销售为主，并组合其他餐饮、配套服务类业态。

1. 精品型商业

一般位于城市核心地段或处于城市级商圈，主要客群为全市范围内的高端消费者，由于高端消费者一般消费频次较低，因此一个城市的精品型商业/购物中心数量不会多。

在业态上，一般以国际奢侈品品牌为引领，并结合中高档珠宝、时装服饰、配色化妆品等业态。由于精品型商业/购物中心的核心品牌具备很强的城市级吸引力，自生存能力强，因此经常与办公、酒店、配套服务功能等结合，打造为城市级的地标商业。

【案例】上海尚嘉中心

上海尚嘉中心处于"新虹桥—天山"商圈核心位置，同时临近中山公园城市级商圈。尽管商圈周边项目多、竞争大，但尚嘉中心依靠其高端商业定位和高水准的硬件与运营能力，同周边商业业态形成错位竞争。

项目整体建筑面积约14万方，其中商业面积约4.9万方，其中LG2-L4层（地下、地面六个楼层）为购物中心。上海尚嘉中心初始投资方中有LVMH集团，因此在LVMH集团的带领下，PRADA、DIOR、梵克雅宝、Piaget、IWC、万宝龙等国际一线奢侈品品牌相继入驻。

上海尚嘉中心商业是典型的精品型购物中心，面向强消费能力的高端客群，同时辐射商圈内追求潮流时尚的消费者（图2-64、图2-65）。

总体功能定位：区域级商业、西上海高端商业中心门户。

图2-64　上海尚嘉中心外景

图 2-65　上海尚嘉中心室内空间

商品级次定位：精品型商业；高端、奢华、潮流。

商业业态定位：集高端零售/品质餐饮/精品生活服务于一体。

品牌组成上，国际一线 29%、国际二线 14%、国际三线 6%；国内一线 22%、国内二线 18%、非品牌 11%。国际和国内一线约占一半，是精品型商业的特征。

业态组成上：

商铺数量占比：零售 65%、餐饮 28%、娱乐 2%、配套 5%。

商铺面积占比：零售 67%、餐饮 27%、娱乐 1%、配套 5%。

2. 时尚型商业

时尚型商业/购物中心的客单价和购买力居中，主要以满足中高端客群的消费需求为主。在品牌上，一般以国际知名中高端的珠宝服饰类、电子类、配饰类零售为引领，并结合其他中端业态。由于时尚型商业/购物中心的核心品牌吸引力一般，为了提升商业吸引力，必须与其他更多业态组合，以丰富的业态品类来提升整体影响力。

因此，时尚型商业/购物中心一般体量较大、客流量较多、具有较强的影响力和号召力。

典型案例如上海 IAPM、上海 Luone 广场等。

3. 家庭生活型商业

家庭生活型商业/购物中心的客单价和购买力最低，辐射距离较近；因此在客群锚定上，一般深耕片区，客群以周边家庭客群为主。在业态上，以家居日常用品销售为主，并结合百货超市、家居家饰、餐饮配套等业态，形成家庭一站式购物中心。

（1）泰国 Central Festival EastVille

Central Festival EastVille 是一个家庭生活型购物中心，主要客群是周边 3 千米左右的中高端住宅区居民，尤其是亲子型客群。此外，还包括少量附近写字楼上班的白领和 Soho 一族。

图 2-66　Central Festival EastVille 的屋顶跑道与儿童堆沙区

因此，Central Festival EastVille 购物中心的整体设计，特别注重家庭消费人群的需求，设置了儿童乐园（Kids club）、儿童专用厕所、儿童堆沙区、免费儿童推车等，以便儿童在父母就餐和购物间隙，可以享受沙滩和玩耍设施（图 2-66）。

此外，针对家养宠物的流行，购物中心不仅有服务于宠物全方面需求的宠物集合店，还设有户外宠物活动区，提供免费宠物推车、宠物卫生间、自动宠物粮贩卖机等服务。各种带娃遛狗的顾客，使得 Central Festival Eastville 整体氛围不再像传统商业那样拘谨，真正成为社区邻里休闲散步，社交会客的活力中心（图 2-67）。

作为一个家庭型购物中心，Central Festival Eastville 在业态划分上，配套比例达到了 40%，远超一般购物中心配套比例，零售比例仅 30%（图 2-68）。

在品牌配置上，Central Festival Eastville 主打中端大众化消费，没有引进知名的大品牌，而是通过各种覆盖从儿童到老人的全年龄主力店铺来持续吸引客流。除 Central 百货、电影院、精品超市、Central Food Hall 美食广场、家电卖场、健身中心和儿童乐园等主力店铺外，Central Festival Eastville 还设置了复合型书店 B2S Think Space(思维空间)，满足周边白领家庭及办公人群周末和平时的学习需求。

Central Festival EastVille 在屋顶上，设置了长约 200 米的屋顶跑道 Sky Run，每天从早上 7 点开放到午夜，满足顾客健身夜跑，散步社交的需求。

Central Festival EastVille 提供了大量公共空间、绿色空间，将购物与社区居民的生活场景、生活方式融合，成为生活氛围浓郁的非典型

图 2-67 Central Festival EastVille 宠物乐园

图 2-68 Central Festival EastVille 一层业态分布

购物中心。

（2）上海七宝万科广场

位于上海市闵行区的七宝万科广场项目，是典型的家庭生活型购物中心。项目总建筑面积 23.76 万方，其中地上建筑面积约 12.7 万方，

图 2-69　上海七宝万科广场

地下建筑面积约 11 万方。

项目主要客群为周边社区全年龄段家庭消费客群，业态上主要包括时尚服饰、居家生活、美食餐饮、运动健身、亲子娱乐、教育培训、美容美体等家庭生活型业态（图 2-69）。

城市功能定位：区域级购物中心。

市场形象定位：综合型购物中心。

商品级次定位：家庭生活型购物中心。

第三章 商业产品定位与创新

一、商业产品理念的出发点

商业地产项目成功的前提是产品定位准确，切准客户和市场的需求并获得认可。商业项目一旦定位错误，就会带来根本性的失误，后期难以补救。每年，我们都会看到很多商业项目出现定位失误，经营惨淡甚至烂尾停业。

商业地产项目的定位方式很多，笔者根据主流观点的划分方式，认为可以从城市功能、经营方式、规划形态、商品级次、市场形象等几个维度展开，详见图3-1。

在确定商业地产项目功能定位时，需要充分地综合考虑城市能级、商业体量、所处商圈、周边客群、交通可达性等各方面因素，才能更

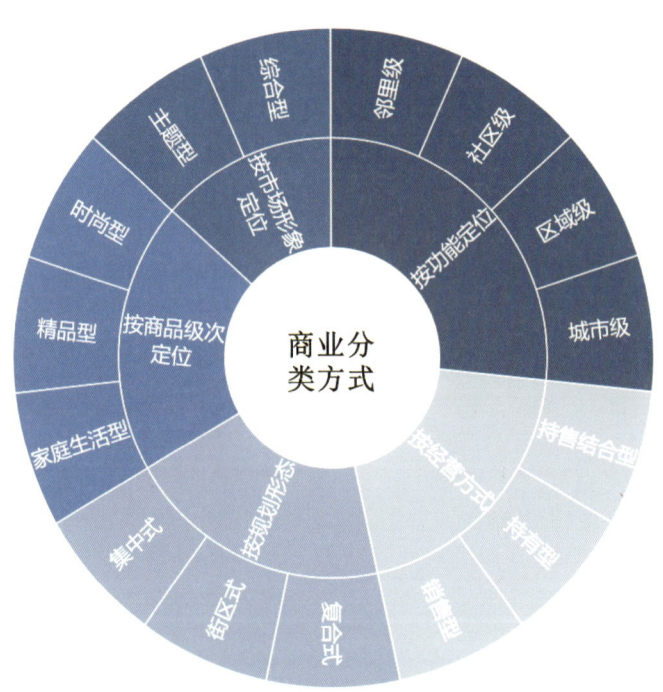

图3-1 商业分类方式图

为精准地判断项目定位到底是城市级、区域级、社区级还是邻里级商业。

在确定商业地产项目的经营方式时，需要综合考虑销售和持有的投入和收益产出比，综合比较短期收益和长期收益；才能明确是持有还是销售，以及项目的最佳持售比。

在确定商业地产项目的规划形态时，需要综合考虑用地条件、气候条件、容积率、交通流线、租金收益率等多方面因素，才能确定采用集中式、街区式、复合式商业形态哪一种更适合。

在确定商品级次定位时，需要综合考虑城市能级、商业体量、所处商圈以及周边竞品、周边客群消费水平等因素，才能确定家庭生活型、精品型、时尚型哪一种级次更适合。

在确定项目市场形象时，需要综合考虑商业体量、所处商圈以及周边竞品、周边客群等因素，才能确定主题型和综合型哪一种更适合。

从投资—开发—运营的全周期看，商业项目的开发和运营两条主线是商业项目成功的关键主线，并都与项目定位紧密关联。有些开发商也会在运营一段时间后，把项目整体打包出售退出，完成"投融管退"的全流程。

从开发条线来讲，确定商业地产项目的产品定位可以从以下三个角度入手，即：城市、客户、产品。城市研究是基础，客户是导向，产品是实施路径；三者紧密结合，才能最大化发挥土地价值，精准锁定客群需求，提供最精准的商业产品；最终实现客户价值满足，开发经营指标，土地社会价值三者的最优化。

1. 城市视角

用地是商业项目在地性的依据，是商业定位的底层基础。对于用地的研究分析，核心在于明确该地块上，可以开发什么样的产品，把土地价值发挥最大化。土地的内涵不仅包括红线内的用地本身，更包含了红线外的交通可达性、周边客群、消费结构等各方面因素。所以，很多开发商信奉地段论，拿到一块优质的商业土地，则项目成功了一半。

土地研究的视角从大到小逐次推进，可以分别从宏观、中观、到微观进行解读，详见表3-1。

表3-1　　　　　　　　城市背景研究关注点列表

宏观城市层面	城市体量能级	确定城市能级的现状与增幅，判断未来发展趋势
	城市相关政策	政府政策对商业项目未来走势的影响
	城市发展规划	通过城市规划，判断城市发展前景，调整商业规划定位
	城市消费水平	判断经济发展水平、衡量居民消费能力
	城市产业结构	产业结构，尤其是第三产业占比，反映当地消费活跃度
	主要商业结构与业态资源	①采集城市商业环境，研究城市的商业结构是百货、购物中心、还是以临街商业为主，如何构成。②城市商业的各能级品牌入驻情况与经营规模，本土品牌，直营代理情况，经营渠道情况
	主要商圈与重点项目	城市重点商业分布，并对重点项目进行考察研究，包括区位、体量、定位、租金、交通、业态分布、重点品牌等
中观区域层面	周边辐射人口	根据项目体量，确定辐射范围，并统计辐射范围内的人口
	发展现状与规划	通过区域规划，判断片区发展前景，并校准商业规划定位
	交通现状与规划	片区交通可达性、到达方式、辐射范围、来客方向
	区域商业环境	要明确所处商圈与竞争商圈，找准商圈内外的竞争对手
	竞争对手分析	研判竞争对手的商业定位、体量、租金、交通、业态分布、重点品牌等，此外还包括经营策略、经营业绩、经营趋势

续 表

微观用地层面	用地尺寸、指标	用地可建设指标、开发强度、沿街长度、视线遮挡四周有无高架桥，大型城市绿化带
	交通条件	四至快速路、轨道交通、公交到达情况；道路四至可达性、道路等级
	建设条件	供水电煤气可靠性、限高、地下施工条件、周边影响

不同功能能级的商业地产项目对土地背景分析的广度与颗粒度不同。不同功能能级商业地产项目的土地背景分析广度不低于其客群辐射范围。从宏观、中观到微观，各个层次详解如下。

（1）宏观城市层面

不同的城市能级不同，这种差异也会部分反映在消费能级上。除了城市能级排名之外，城市消费水平高低，还与城市的房价收入比、基尼系数、人均消费水平等因素关联，见表3-2。

表3-2　　　　　　宏观城市研究关联因素表

调研类别	调研分项	目　标
城市体量能级	城市面积	确定城市能级的现状与增幅判断未来发展趋势
	人口总量	
	现有商业体量	
城市相关政策	宏观经济政策	政府政策对商业项目未来走势的影响
	金融政策	
	土地政策	
	人口政策	
	政府五年发展规划	
	产业发展政策	
	三产比例	

续 表

调研类别	调研分项	目标
城市/区域发展规划	道路交通规划	①通过城市规划，判断区域发展前景 ②通过城市规划，调整商业规划定位
	轨道交通规划	
	土地使用规划	
	城市商业发展规划	
	人口未来规划	
城市消费水平	人均可支配收入	①判断经济发展水平 ②衡量居民消费能力
	社会消费品零售总额	
	城乡居民储蓄存款	
	恩格尔系数	
城市产业结构	三产比例	产业结构，尤其是第三产业占比，反映当地消费活跃度

在城市内部，成熟发展地区和发展中区域的消费能级也差别很大。城市成熟区域土地价格高，人流量大，居民消费能力强；商业培育期短，整体收益有保障。城市待发展区域土地价格实惠，人流量较少，居民消费能力不强，商业培育期长。为了更准确地确定商业发展现状和前景，必须进行充分的城市调研。城市调研的范围要适当高于商业项目辐射范围。

（2）中观区域层面

中观层面主要是商业地产项目所在区域，包括区域发展现状与规划、区域发展交通现状与规划、区域商业环境、区域竞争对手分析等，见表3-3。

表 3-3　　　　　　　　　中观区域商业环境分类表

调研类别	调研分项	目标
区域主要商业结构	商圈分布，商业体量	分析城市/区域现状商业结构
	商业品牌档次、构成	
	商业形态构成	
重点商业项目（竞争对手）	项目位置	分析城市/区域现状商圈与重点项目的商业环境，了解项目竞争情况，指导项目定位
	交通条件	
	开业时间	
	市场定位	
	建筑面积	
	商业面积	
	楼层分布	
	业态占比	
	具体品牌	
	销售额、租金水平	
	租金年限	
	售价水平（销售式）	
重点商家与品牌资源	重点品牌	分析城市商业资源，指导业态定位
	本地品牌	
	经营规模	
	业态品类	
	直营代理情况	
	经营渠道	

（3）微观地块层面

按照商业地产项目界面价值，价值高设置多层、大面积商铺；次要界面设置单层或多层商铺。按照总商业面积做强排布置研究。

地块价值四大判断要素：

① 用地条件　包括用地规模、形状、整体性、地形特征、高差变化、可进入性、视觉可见性、地段周围环境等因素，见表3-4。用地的物理状况对购物中心规划和建筑设计至关重要，一些不足之处需要在规划和建筑设计中采用各种手段予以弥补。

表3-4　　　　　　　　　　用地条件分类表

用地形状	用地须完整、规整、长宽比适宜。 零碎用地不宜建设大型集中式商业，适宜建设开放式街区商业
平整性	高差不宜过大，避免增加排水组织、场地高差组织的难度
交通可进入性	周围道路等级、路边是否可开口，高峰期拥堵情况 有无市政隔离设施；周边有无立交桥、河流、山川等阻隔
视觉可见性	周边有无大型的桥梁、高架、建筑等遮挡 临街面宽度
周边情况	周边施工情况、围挡情况 周边的噪声、粉尘、气味影响

② 地铁公交　地块周边是否有利于人流到达的因素，如地铁、公交、天桥等，这些因素决定社区商业的人流起点、人流聚集点。人流排序：地铁＞公交＞天桥。

③ 周边地块属性　周边社区、学校、幼儿园、商业、办公建筑对商业价值的影响，能否带来有效消费人群，决定社区商业每天的人流终点、人流方向。商业价值排序：商业＞办公＞住宅＞学校。

④ 道路等级　道路等级越高，车行速度越快，越不利于停留，不利于社区商业的商业价值；相反，尺度相对宜人的城市支路对商业氛围营造较好，小路做外街，快速路做内街。社区商业的体量越大，对城市道路的通行能力需求越高。此时，道路的易通行性，主要来客

方向，道路是否有双黄线以及绿化隔离带等都对社区商业的交通便利性有影响。

以万达为例，万达在进入一个新的城市或区域时，会对城市和片区的宏观数据做深入研究。城市级或区域级的万达广场在选址时，对于宏观—中观—微观层面的要求如下[1]：

① 宏观城市层面　城市年GDP在1000亿元以上，社会消费品零售总额≥300亿元；市区人口≥100万人。

② 中观区域层面　项目周边3千米范围内，常住人口30万人以上，保证日均到访人流量5万～6万人次；位于城市中心区或所在区域处于城市发展脉络上；交通便利，有主干道连接城市核心区。

（注：数据可能有更新）

③ 微观用地层面　用地位于主次干道上，但干道不能是城市快速路或高架路，否则商业车流疏散只能走其辅路。周边公共交通便捷，包括公交、轨交、城铁等；公交站点最好布置在用地周边，途经公交线路8～10条以上。至少三处地下车库与城市交通接驳出入口。主干道沿街面长度300米以上，地块进深方向超过150米；最好四面临街，且周边不宜有城市高架、绿化隔离带、河流、山体等阻隔。市政供水、供电、供热满足使用要求。高容积率、低绿化率、高建筑密度。

2. 客群视角

商业零售的本质是把特定的产品卖给特定的客户。客群导向的核

---

[1] 大连万达商业地产股份有限公司. 商业地产投资建设[M]. 北京：清华大学出版社，2013.

心点在于明确产品为谁服务；精准地找到适合的客群，锁定客群需求，把客群的消费能力发挥最大化。因此客群视角关乎商业项目开发的导向，是商业项目定位决策的依据。

客群角度的考虑因素，以宏观层面的城市市辖区经济规模、人口、社会零售总额为主要指标，辅以职工工资、人均储蓄、生活支出指标加以修正。

宏观人口数据与城市能级结合考虑，是确定商业档次和规模的重要考虑因素。

在宏观客群数据基础上，再抓取微观客群数据，对消费客群进行精准描摹，有助于更加精准地定位。基于项目的体量和辐射范围，在此范围内对潜在消费客群进行分析调研得出的微观客群数据，是精准匹配商业的依据。

客群角度的考虑因素，微观层面包括项目辐射范围内的常住人口数量与增长率、人群结构、消费能力与频次、消费习惯、教育情况、职业特征、客群分布，等等。

通过辐射范围内的人口总数，根据人均最佳商业面积指标，可以测算这一地区可以支撑的商业总体量。再通过辐射范围内的人口消费能力和消费频率，可以测算这一地区可以支撑的商业零售总额。因此，从客群角度出发，反推该地块当下可以支撑的商业体量与消费金额，可以作为产品定位决策的依据。具体见表3-5。

足够数量消费环境的调研，可以帮助清晰描摹项目潜在消费者的特征轮廓，帮助确定商业项目的定位，业态组合，品类组合。

表 3-5　　　　　　　　　客群研究关注点列表

宏观城市层面						微观区域层面					
经济规模	人口规模	社零总额	职工工资	人均储蓄	生活支出	常住人口数量与增长率	人群结构	消费能力与频次	消费习惯	教育情况	职业特征	客群分布

注：表头实际为13列（宏观城市层面6列 + 微观区域层面7列）。

3．产品视角

经过对土地的深入分析和客户的精准定位，最终通过商业产品的呈现，最大化地发挥土地价值，最大化地发掘客户的消费能力，并实现整体经营指标的最大化和社会价值的良好呈现。

商业地产项目可以按照功能定位、市场形象定位、商品级次定位、经营方式定位、规划形态定位等五种方向进行划分，每一种分类方式见表 3-6，具体分类方式详见第二章。

表 3-6　　　　　　　　　商业项目分类表

定位方式	定位细分	分类依据
城市功能定位	城市级	根据商圈区位、交通可达性、商业体量等确定商业地产项目的功能定位能级
	区域级	
	社区级	
	邻里级	
市场形象定位	主题型	根据覆盖客群是全覆盖还是部分精准覆盖
	综合型	
商品级次定位分类	精品型	从店铺客单价、目标客群购买力高低维度定位分类
	时尚型	
	家庭生活型	

续表

定位方式	定位细分	分类依据
规划形态分类	集中式	根据商业地产项目体量、容积率、经营方式、流线等综合确定最佳规划形态
	街区式	
	复合式	
经营方式分类	销售型	依据土地出让条件,以及开发商基于现金流、运营能力、回报率等综合因素权衡
	持有型	
	持售结合型	

对商业地产项目定位来说,没有最好的,只有最合适的,这可以反映在总体投资收益率上。定位正确的结果,往往殊途同归,定位错误的案例错得千奇百怪。

以恒隆广场系列为例,在上海恒隆广场和港汇恒隆广场取得巨大成功之后,恒隆地产将这一模式相继复制到沈阳、天津、无锡、济南等城市,却在很多地方遭遇水土不服。因为其在二线城市,依然采用在上海恒隆广场"世界级购物中心"的定位,导致很多商铺定价过高,超过当地的普遍消费能力。项目在商铺开业后掉铺率过高,被迫调整定位走"接地气"的路线。这属于商品级次定位发生偏差。

有些出于经营方式定位失误,导致适合持有的优质地段项目做成了散售的小商铺;不仅没有发挥土地价值优势,也会导致接盘购买的客户开业经营困难(参见本章"三、持售结合型的持售配比")。

二、商业容量测算

为了明确商业最佳的产品策略,找到城市—客群—产品的最佳解决路径，就需要进行充分的商业容量测算。

在商业客群分析中，既要从宏观层面对城市市辖区经济规模、人口、社会零售总额等进行数据采集，也要从微观层面对项目辐射范围内的常住人口数量与增长率、人群结构、消费能力与频次、消费习惯、教育情况、职业特征，客群分布等进行研究采集。

其中辐射范围内的常住人口数量这一指标反映了商业存活的市场基础。商业辐射范围内的常住人口数测算，常见有三种方法：①消费人口测算法，②消费坪效测算法，③人均可支配收入测算法，详见表3-7。

表3-7　　　　　　　　　　商业容量测算表

测算方法	计算公式	精度	适用范围
消费人口测算法	区域商业容量 = 项目辐射区域常住人口 × 区域内人均商业面积 项目最大可开发体量 = 区域商业容量 − 区域已建商业量	低	适合快速判断区域商业容量的理论上限，简单易操作
消费坪效测算法	区域商业容量 = (项目辐射区域人口 × 人均消费额 × 消费频次) ÷ 预测坪效 项目最大可开发体量 = 区域商业容量 − 区域已建设体量 项目坪效 = 总营业额 ÷ 总商业建筑面积	中高	与商业级次挂钩，与投资回报挂钩。基于扎实的市场调研，对项目容量的测算更准确
人均可支配收入测算法	区域商业容量 = (项目辐射人口 × 人均可支配收入 × 市民人均购物额占比) ÷ 平均坪效 项目最大可开发体量 = 区域商业容量 − 区域已建设体量	中	以政府披露数据为计算依据，数据通常为全市范围全部消费阶层的；针对特定区域特定阶层数据不足，数据指向性不足

以上几种方法，都只能是基于现状的状况，对未来的消费人口、

消费坪效做出预估；虽然仍具有一定的主观性，但是依然可作为重要的参考依据。

1. 消费人口测算法

通过计算项目辐射范围内的人口数量，根据人均商业面积指标，计算该地区内商业承载力。消费人口测算法适合快速判断区域商业容量的理论上限，简单易操作。由于在计算项目辐射范围时是简单地根据距离一刀切，没有考虑由于河流、快速路等导致的辐射范围受损，以及偶得性客群的购物可能性。而且人均商业面积指标是一个针对现状的粗略的经验性数据，因此计算准确度较低。

计算公式：

区域商业容量 = 项目辐射区域人口 × 区域内人均商业面积

项目最大可开发体量 = 区域商业容量 − 区域已建商业量

操作步骤如下

（1）根据项目级别，确定项目辐射范围

商业的辐射范围与商业体量、城市能级直接相关。根据国际购物中心协会的标准，各级别商业的辐射范围，如下：

邻里级商业的核心服务范围是周边 5 千米左右。

社区级商业核心辐射的是周边 5 ～ 10 千米之内。

区域级购物中心的核心辐射范围一般是周边 8 ～ 24 千米。

城市级购物中心的核心辐射范围至少是周边 8 ～ 40 千米。

不同国家和城市，由于购物习惯、交通方式等的不同，在商业的服务范围上会有差异；可结合实际情况进行修正。根据商业级别确定辐射距离，以项目地为圆心，以辐射距离为半径画圆圈，作为计算依据。

（2）根据选定范围，计算周边人口数量

根据网上公开资料，查询周边地块用地面积、建筑面积、住宅套数等指标，按照常规的人均配比，反推人口数量。

① 住宅人数测算　小区总建筑面积、总套数可以通过链家、安居客等房产网站查询得到。如果查到总套数，可以按照常规 3.2 人/户进行计算，反推总人口。如果查到总面积，可以根据 35～50 方/人进行测算（根据户型特点及档次进行判断）。如果查到的信息更完善，为了更加准确，可以结合户型配比，入住比例进行更准确地判断。

② 办公人数测算　办公建筑都有相应的级配标准。根据查询到的办公建筑面积，档次标准和人均指标，对人口进行反推。一般办公楼人均面积 10～15 方，最低不小于 4 方；高端办公场所会到 20 方/人。

③ 学校人数测算　通过班级数量，结合每个班级人数，进行测算。

（3）汇总人口信息，计算商业容量

国际通用的人均商业面积指标为 1～1.2 方，有些城市每年也会发布城市规划人均商业指标的统计数据，可以作为当地的数据参考。

如果项目处于城市成熟区域，可以通过普查获得项目所在片区商业圈层内在营业商业物业总营业面积，然后除以该圈层内常住人口数，得出区域内人均商业面积。

（4）核算辐射半径内现存商业体量

在算出基于周边人口的商业容量之后，再减去辐射半径内现存商业体量，就可以计算出项目最大可开发体量。

计算方式为：项目最大可开发体量＝区域商业容量－区域已建商业量

2．消费坪效测算法

这是通过调研当地人均消费金额、消费频次，来摸底消费水平，并根据这一调研结果，结合调研得到的这一片区平均商业坪效，来估算商业容量的方法。对于大型的经营型社区商业，每一个商业体都有一定的销售额扣点。国内商场的扣点一般在20%～30%。每一种业态，每个项目的扣点率，都有所不同。可以根据片区的预估租金，周边平均扣点来反推计算项目平均坪效。

测算步骤：

① 根据项目级别，确定项目辐射范围。并根据选定范围，计算周边人口数量。计算周边人口数量的方法与前述的相同。

② 调研周边商业项目租金，估算周边项目坪效。项目所在地区如果会发布总的零售总额，可以根据总营业额 ÷ 总商业建筑面积，估算周边项目平均坪效，并以此作为新建项目平均坪效的参考。

③ 调研服务商圈内人均消费额、月均消费频次。人均消费额可以从所在的城市、地区发布的年度经济报告当中获取，如果需要更精细的，也可以采用调研的方式进行修正。

计算公式如下：

区域商业容量＝（项目辐射区域人口 × 人均消费额 × 消费频次）÷ 预测坪效

项目最大可开发体量＝区域商业容量－区域已建设体量

项目坪效＝总营业额÷总商业建筑面积

其中对于项目坪效的预测，与项目的投资回报率挂钩。因此，这种算法还可以用于判断投资回报率的实现可行性。

在计算时，根据选取的预测坪效（周边商业平均坪效、最低盈亏坪效、投资预期坪效）的差异，会推导出不同的项目体量和定位策略。

3. 人均可支配收入测算法

将从政府公开渠道发布的消费水平指标作为确定本地消费者的消费能力依据。并根据消费结构，租金情况来测算商业容量。

① 到项目所在城市政府方面的网站。一般在"政府年终报告"中公布本城市"人均可支配收入""市民人均购物额占比"。这两项指标可以说明当地居民的消费能力及消费占比。

② 计算项目辐射范围内的人口数量，方法如前所述。

③ 调研本项目周边同档次商业类项目的坪效，并取平均值。坪效的估算方法，与消费坪效测算法一致。

计算公式如下：

区域商业容量＝（项目辐射人口 × 人均可支配收入

× 市民人均购物额占比）÷ 平均坪效

项目最大可开发体量＝区域商业容量－区域已建设体量

项目坪效＝总营业额÷总商业建筑面积

三、持售结合型的持售配比

当商业项目开发中，商业面积指标中既有持有又有出售部分时，持有型物业与销售型物业结合，成为持售结合型商业。

持有型物业可以带来持续的经营性收益，但是持有型物业现金流占用大，资金回正周期长；对于开发经营能力要求很高。销售型物业的好处是现金流回收快，开发风险小，不需要商业经营能力。但是销售型商业的缺点是，售后产权分散，管理无序，物业形象混乱，无法助力周边物业升值。而且，无法享受土地增值红利。

因此需要根据项目定位，以及开发商自身特点，合理确定可售与自持配比，这对于兼顾项目的短期利益和长期利益至关重要。

在确定租售比之前，首先需要明确，以持有为目的的租售比和以销售为目的的持有，这两种盈利模式、操盘逻辑截然不同，因此持售比也不一样。

在以销售为目的的商业项目中，也会有部分持有；目的是通过持有部分优质资产聚集早期人气，给项目销售提供支撑。持有是手段，而销售才是目的。对开发商而言，销售型商铺是重要的"盈利型产品"，是项目利润的重要来源。所以，在销售策略上，是能卖则卖。而自持运营，更多是卖不动或卖不起价下的被动选择。因此，设计的出发点是商铺好卖，能卖出更高的价格。目前国内多数地产商在处理体量较少的社区商业时，采取的都是这个操作逻辑。

在持有型商业项目中，也可能有部分销售型商铺，目的是平衡现金流。销售是手段，持有才是目的。因此，设计时，黄金位置一定是用来做持有型物业的。典型的如万达金街，通过在购物中心周边布置可售商铺，平衡现金流。具体区别详见表 3-8。

表 3-8　　　　　　　　　持售比确定原则表

操盘逻辑	特　点	持售比确定原则	案　例
持有为主型项目 持有为主要目的 销售反哺自持	主体商业部分长线持有，但是为加快投资回报速度，在早期回收现金流，将部分商铺切小散售	①综合现金流、收益率、资产回报率等测算结果。 ②开发商资金能力越强、持售比越高。如港资开发商常100%持有，万达的可售部分一般不超过30%。 ③可售部分的销售去化能力，可售占比过高，销售难度大。 用地规划指标当中的可售占比（上限）	万达广场+ 金街 龙湖天街+ 天街铺 吾悦广场+ 商铺
销售为主型项目 销售为主要目的 持有助力销售	主体商业部分可售，为加快销售速度，提高售价；将部分商业持有运营一段时间。运营期满后，自持部分商业整体出售退出或切小散售	①综合现金流、收益率、资产回报率等测算结果。 ②商铺销售难度和售价。销售难度低，自持占比越低。一般自持部分面积占比不超过30%，先培育后销售模式除外。 用地规划指标当中的可售占比（上限）	上海万科翡翠公园2049、重庆龙湖新壹街、厦门明发广场，南京明发广场

1. 销售为主型项目与持售比

为了提升销售型商业地产项目的销售去化速度和售价，而策略性地持有小部分商业并经营一段时间，是很多销售型项目的套路。但是这种持有是策略性的，很多也是阶段性的；最终是以总体的销售额，去化率为第一目标。

首先，对销售型商铺来说，部分自持运营，尤其是主力店自持运营，是整体商铺的重要销售卖点。如果没有自持主力店作为人流导入引擎，商铺的销售难度会增加很多，售价也难以提升。自持部分作为人流导入和初期人气聚集的催化剂，起到帮助销售去化，提升售价的作用。自持部分后期会通过切分小铺或整体退出的方式出售。

部分自持的目的在于提供人流导入引擎，发动机强整体才能好。因此在规划布局上，持有部分的位置通常位于位置较好处，且位于流线端头从而充分拉动人流。保证持有部分是优质资产，具有强大的聚客能力，既可以为整个项目带来持续稳定的人流，带活可售商铺，又保证自持部分后续退出时的溢价能力。对于开发商而言，退出时资产的增值比短期的租金更有诱惑力。

当可售商铺体量过大时，即使有部分自持主力店，依然无法从根本上改变产权分散型商铺的经营困局。这种以投资客为主要客群的产权式商铺，最终的结局是大多数经营惨淡，大批量关门歇业。从开发商角度而言，虽然售出后完成了经营风险转移，但是大量空置、经营惨淡的商铺项目也会损害开发商的企业形象。

重庆龙湖的新壹街三街区，是典型的大体量"持有助销"型项目；持有商业与销售商铺的面积比例约为30%：70%。新壹街三街区共有7层，其中地上6层，地下1层。龙湖将自持部分放置在顶楼两层，及地下一层。自持部分面积共计1万方，以类似主力店的方式为剩余70%的销售型商铺拉动人流（图3-2～图3-4）。

由于地处良好的"观音桥商圈"以及部分持有带来的经营保障，新壹街的商铺部分销售非常顺利。但是由于可售商铺产权分割，又没有统一招商运营，虽有广告推广、装修支持等措施，无非是对同一批客户的二次收割而已，可售商铺的失败是必然的。所以营运至今，除首层临街店铺经营较好外，大部分店铺售后即空关。

这些售出商铺经营困难的首要原因在于可售商铺部分面积过大，二层以上商铺缺乏人流到达，自生存难度高，即使有少量自持业态放在顶层，也依然不足以解决这一困境。其次，开发商在售出后，将产权和运营权一并脱手，缺乏统一招商运营管理，将经营风险彻底转移给商铺购买者。

大型的持售结合典型案例还有各地的明发广场，例如厦门明发广场、南京明发广场、无锡明发广场等，基本以经营惨淡收场。以厦门

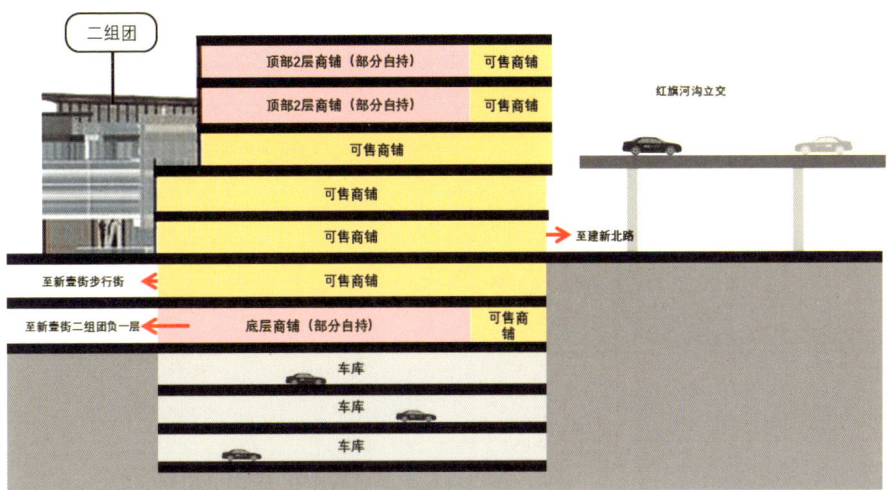

图 3-2　新壹街三街区剖面示意图

图 3-3　重庆龙湖新壹街三街区

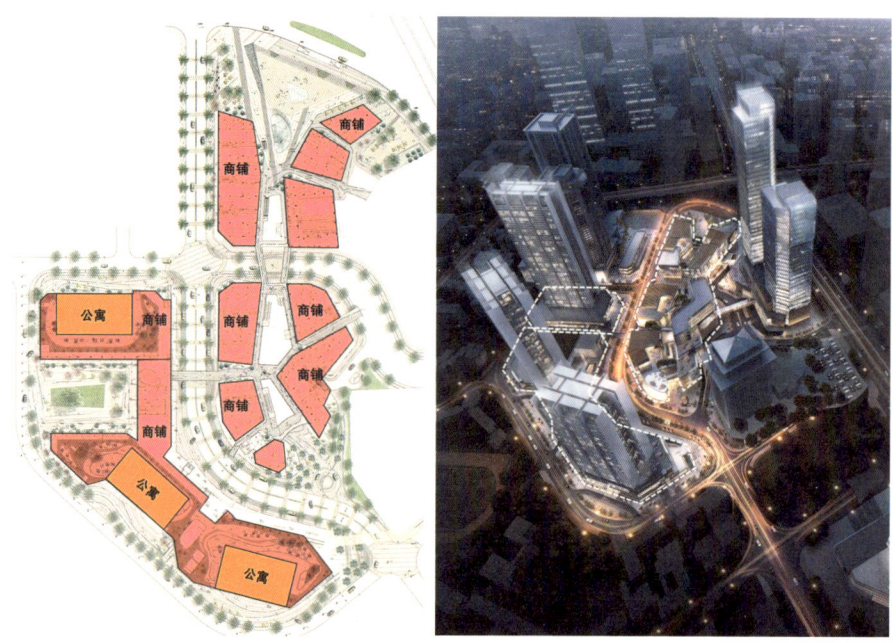

图 3-4　重庆龙湖新壹街三街区（平面图 + 鸟瞰）

图 3-5　厦门明发广场鸟瞰

明发广场为例，项目所处区位很好，位于厦门岛内中心区且临近地铁站，周边居住密度和购买力都很好（图 3-5）。

厦门明发商业广场占地面积 16.64 万方，总建筑面积约 40 万方，业态

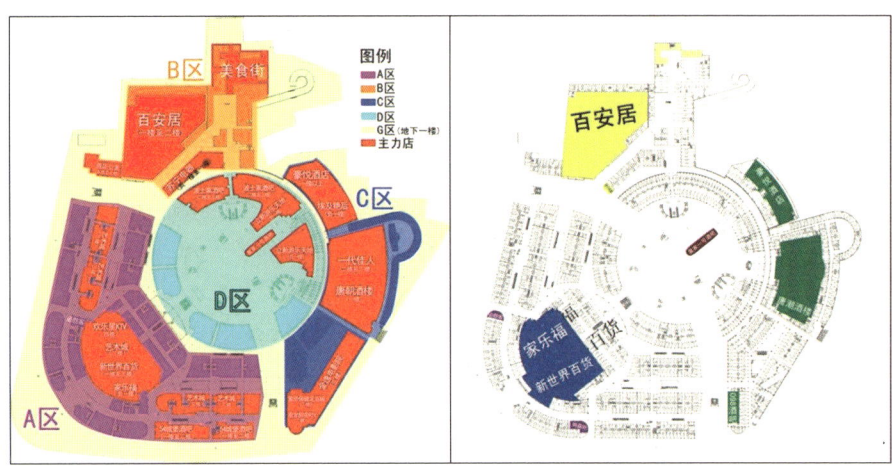

图3-6　厦门明发广场整体业态布置与首层主力店布置

类型包括商业和办公。其中，商铺套数共2518个，总建筑面积214 019.38方，商铺面积以30～60方为主；可售型写字楼共933套，建筑面积64 373.21方。其他产权类型5套，建筑面积53 437.09方（图3-6）。

厦门明发商业广场的持有经营面积占比不足30%，是典型的为了销售而持有。自持的主力店有东百购物中心、家乐福超市、圣铂莱酒店、金逸星城明发店&金逸明发IMAX店、一代佳人国际演艺中心、国美家电、百安居（B&Q）等。但是，项目在规划层面问题很严重，商业内部动线规划非常复杂，内部环形动线共有4层，极易迷路。持有经营的主力店都隐藏在内侧，可见性和可达性不足，导致主力店既无法被看见，也难被找着。而且，持有的各业态分散布置、无法形成合力。

最后的结果是持有经营的主力店本身经营存活都很艰难，原本依托持有业态的可售商铺大面积关门，形成空城、鬼城。唯一经营状况良好的，只有一层临外部城市街道的店铺。

与此情况类似的还有南京明发广场，也是一样的结果。南京明发

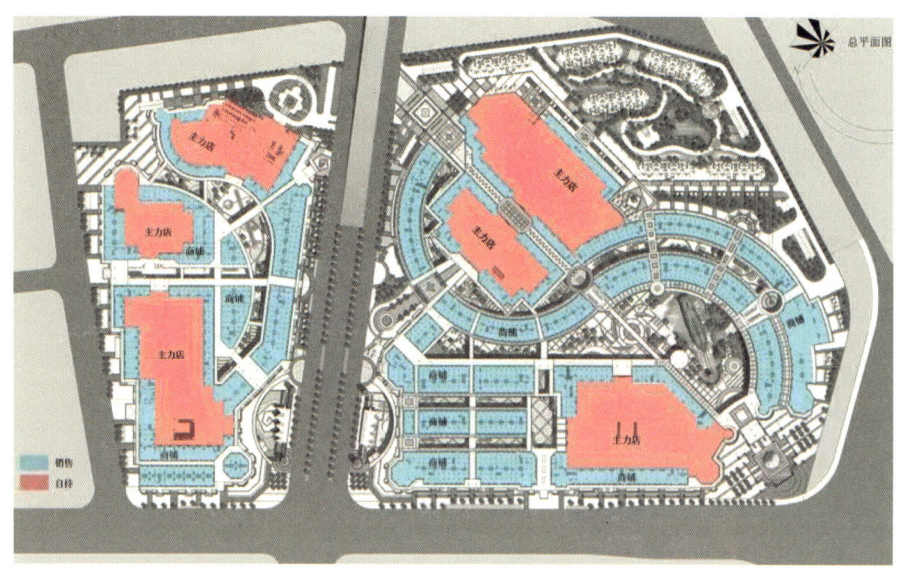

图 3-7　南京明发广场平面业态布置

图 3-8　南京明发广场鸟瞰

商业广场规划用地面积约 18.4 万方，总建筑面积约 42.2 万方。商业地上三层，地下一层，还有公寓式办公分别为 6 层、11 层，酒店 10 层。从商场结构分布来看，除了少量自持的永辉超市、明润家居港的主力店之外，其余全部是销售型商铺、销售型酒店式公寓。主力店部分被环成S形的销售型商铺包围。目前，绝大多数销售型商铺都经营惨淡，无人问津（图3-7、图3-8）。

上述持售结合项目，都是以经营惨淡收场。经营良好的案例，如上海的翡翠公园2049项目（图3-9），把可售商铺与自持商业结合，部分商业短期自持运营，其他部分作为可售商铺直接售出。在规划布局上，可售商铺体量不超过2层，由于周边居住密度高，商铺自生存能力强。自持部分集中布置于展示性和可达性较好的主入口路口处，既用于吸引人气，也保证资产退出的可能性。由于该项目可售商铺面积不大，而且几乎都沿街布置，商铺自生存能力强。在商铺销售良好的同时，自持部分后续也获得了良好的溢价完成退出。

在销售型商业项目中，确定持售比例不仅需要综合考虑前期销售难度、后期经营风险，也要考验开发商开发运营能力和长短期利益的权衡。

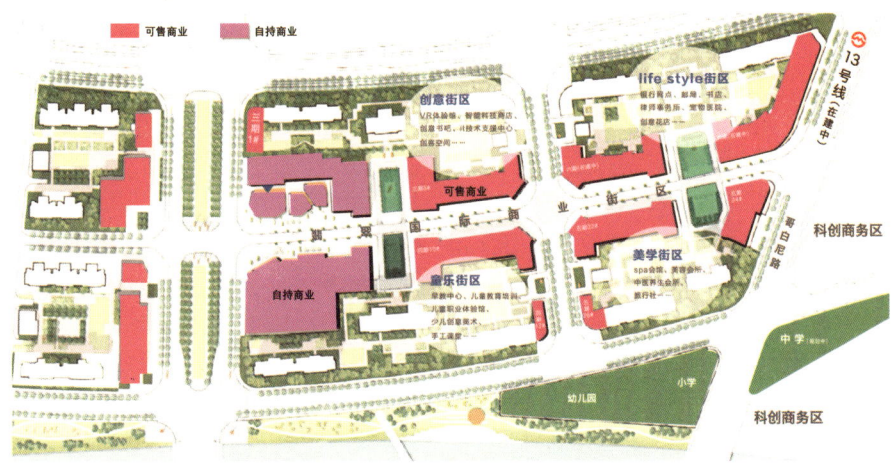

图3-9　上海翡翠公园2049

（1）商铺自生存能力越强，持有占比需求越低

可售商铺的自生存能力，受所处区域、周边消费人群，以及店铺的展示性和可达性等影响。在不考虑自持主力店的前提下，可以大致推算商铺销售后的经营生存状况。

① 如果项目处于城市非成熟区域，人流量少、周边配套缺乏，商铺的销售难度大，生存难度也很大。则需要提高自持部分占比，甚至要对可售商铺采用售后返租模式。

② 当项目处于城市成熟区域且可售商铺数量不大，大多数商铺可以获得良好的沿街展示性和可达性时，依靠城市人流就能获得较好的经营状况。这种情况下，商铺销售难度低，自持部分占比可以减少甚至没有。展示性不好的内街店铺，最好要有主力店作为组织吸引人流的引擎。同时，当项目商业总量较小，采取一层或局部两层的临街布置就可以全部消化时，大多数开发商都会采取全部划小铺出售的方式，不再部分自持。

③ 如果可售商铺体量更大，全部临街布置不下，不可避免会出现内街时，临外街部分，靠近主要出入口部分，靠近主要动线部分比较容易销售。靠内街商铺存活率不高，销售难度大，最好要有自持运营的主力店来吸引人气。在流线布置上，需要充分考虑主力店位置，让主力店人流尽可能多经过各个店铺，提升主力店流线两侧店铺经营情况。常见的主力店业态包括大型品牌超市、百货、影院、量贩KTV、电器商城、电玩城、精品菜场，等等。其中，大型品牌超市带动影响力最强。

（2）从全周期角度权衡投资回报

对于以销售为目的，策略性少量持有的项目，在资源分配上倾斜

给持有还是可售，将决定持有的部分资产是优质还是劣质资产。如果持有经营的部分自生存能力差，既无法带动可售商铺经营，也会导致自持部分退出难度大，甚至资产减值。

部分自持经营的方式，本质上是通过把持有经营部分的价值延后出售变现，来换来其他销售商铺的更高售价和更快的销售速度。由于持有部分以主力店为主，租金收益较低，主要收益在于后期的整体退出溢价。而且后期整体退出的难度、售价也有一定不可确定风险。因此，自持部分占比不会很高，一般不超过30%。如果自持占比较高，依然无法保证可售商铺良好的销售以及售后的经营状况，那就需要从源头考虑，该项目定位为销售型为主是否正确。

所以，确定持售比例要综合销售收益、成本投入、租金收益、自持资产退出溢价以及可行性这些指标，找到整体资产收益率最好的持售比。而且，需要从全周期角度综合权衡，而不能只考虑短期效益。

（3）用地规划指标当中的可售占比（上限）

如果土地有明确要求的可售占比上限要求，以土地出让要求为准。

2. 持有为主型项目与持售比

（1）项目持售比

在持有型商业项目中，也可能有部分销售型商铺，目的是平衡全周期现金流，加快投资回报速度。销售是手段，持有才是目的。在开发商资金雄厚情况下，大型集中式商业项目基本采取"只租不售"模式。例如恒隆、新鸿基、太古等港资开发商，由于融资方式多元、资金成本较低，一般采用100%自持（只租不售）的商业模式。

但是持有型物业现金流占用大，投资回报周期长，对于自持资金不足，资金成本高的开发商来说压力很大。而销售型物业快速回款的资金，为自持商业的长期资金沉淀提供了重要补充。这种模式成为万达、新城、宝龙、龙湖等商业地产高周转开发商的常用策略。

自持 MALL 与可售商铺结合的模式与可售占比见表3-9。

（2）持售比确定原则

对于持有为主的持售结合型项目而言，不同的开发商持售比策略，与企业发展战略、项目特点紧密关联。

以典型开发商为例，万达广场可售商铺面积占比一般控制在30%以内，富力地产的商业项目通常的持有和出售比例为70%:30%。

以龙湖为例，其早期"自持+可售商铺"项目常采用"金苹果5:5"模式，即自持与出售商业占比5:5。后来龙湖基于自身财务情况，持有占比越来越高，常可达70%~80%。

为了便于理解，笔者整理了市场上一些典型项目可售占比，详见表3-10。

所以，总结来说：

① 没有最佳持售比，只有最合适的　需要综合企业发展战略、公司现金流、运营能力、项目资产回报率等各方面因素。开发商资金能力越强，可以支撑的持售比越高。

② 可售商铺的销售去化难度和速度　可售占比过高，销售难度大。在整体规划设计时，黄金位置一定是用来做持有型物业的。次要位置在布置可售商铺时，会受到用地形状、尺寸、容积率、可达性等因素影响，并可据此推算出合理的可售商铺数量上限。

表 3–9　　　　　　　　自持 MALL 与可售商铺结合模式表

可售占比	特　点	典型平面类型图
低可售比 （10% 以下）	①自持商业占比高，可售商铺受自持商业人流量辐射强；可售与自持的经营状况均好性佳。 ②可售商铺一般采用沿外街布置的底层商铺。商铺单层或一拖二，昭示性强、可达性好，一般易经营。 ③自持 MALL 以社区型为主，面积 5 万～10 万方，并占据地块最好的展示面和交通条件	
中可售比 （10%～30%）	①可售占比提高，销售货值高；万达广场 + 金街、龙湖天街 + 天街铺、吾悦广场 + 商铺等广泛采用。 ②可售商铺分二环三环圈层布置，层数两层为主。口部和沿外街商铺受自持商业人流辐射好，内街深处和二层商铺经营难度大。 ③自持 MALL 以社区型或区域型为主，面积 8 万～20 万方。并占据地块最好展示面和交通条件	
高可售比 （30% 以上）	①可售商铺占比进一步提高，销售货值最大化；单条内街布置不下而采取多内街模式。自持部分层数 2~3 层。 ②自持 MALL 以社区型为主，或为帮助销售去化而仅仅自持一些百货、超市、电影院等部分业态。 ③商铺占比过高，整体生存难度大。除了临外街和出入口处少量商铺经营状况较好外，其他商铺如果没有统一经营管理，经营难度极大，掉铺率高	

可售占比 = 可售 /（可售 + 自持）的面积占比
以上占比基于项目操盘策略，若用地规划指标中规定了可售占比，则以用地规划指标为准。

表 3-10　　典型自持 MALL 与可售商铺结合的持售比与布局

项目名称	平面图	商业产品配比
厦门湖里万达广场		自持 MALL：17.4 万方 可售商铺：1.8 万方 可售占比：9.4%
合肥天鹅湖万达广场		自持 MALL：18 万方 可售商铺：4.5 万方 可售占比：20%
潍坊临朐万达广场		自持 MALL：7.5 万方 可售商铺：4.3 万方 可售占比：36%
重庆龙湖铂金岛		自持 MALL：14 万方 可售商铺：4 万方 可售占比：22.2%

续表

其他典型案例持售比

项目名称	商业面积指标	可售占比
成都金牛万达广场	自持MALL：12.94万方 可售商铺：2.6万方	16.7%
大连高新万达广场	自持MALL：17万方 可售商铺：4万方	19%
广州白云万达广场	自持MALL：17.4万方 可售商铺：5万方	22.3%
泉州浦西万达广场	自持MALL：31.8万方 可售商铺：10.96万方	25.6%
潍坊万达广场	自持MALL：16.2万方 可售商铺：5.54万方	25.5%
福州金融街万达广场	自持MALL：11万方 可售商铺：4万方	26.7%
南宁银河龙湖天街	自持MALL：12万方 可售商铺：2万方	14.3%

③用地规划指标当中的可售占比（上限）如果土地有明确的可售占比上限要求，以土地出让要求为准。

四、商业体量过剩的解决策略

商业产品的类型匹配，是在综合各方面因素前提下，选择匹配的商业形态，实现整体价值最大化。其中，很重要的判断标准就是地块周边的商业容量承载力。在制定商业项目定位策略时，要根据地块辐射范围内的商业容量测算，确定地块的可承载商业容量。当用地出让条件中，商业面积指标明显超过本地区周边人口可以支撑的商业体量时，机械地按照用地商业指标来建设商业项目则会导致后期经营难度增大；不论自持还是可售，都难以达到建设之初的投资预期。

很多开发商在激进拿地之后，都可能会碰到这种困局。根据项目所在地情况的差异，破题的策略也不同；一般都是把经营或销售难度大、利润低的产品类型，转换为经营或销售难度小、利润更高的产品类型。例如，将部分商业指标转换为可售商业别墅、可售公寓、办公、主题酒店等形式，以实现项目价值最大化。

【案例】上海绿都绣云里

绿都绣云里位于浦东川沙版块，项目北临崇溪路、南临宝溪路、西临吉春路、东临河滨公园；项目占地面积7.38万方、总建面约20万方、容积率2.0、绿化率35%，由29栋商业、住宅、酒店建筑组成（图3-10）。

图3-10　上海绿都绣云里

项目开盘时,周边居住社区不成熟,但是距离迪士尼度假区约3千米,距离浦东机场约5千米,是迪士尼核心板块5千米范围内,唯一在售独立产权商业街。

项目商业占比非常高,总面积很大,而且都是可售。但是由于周边居民人数少,难以支撑如此大体量的商业运营:不管是自持商业运营,还是商铺销售去化,难度都很大。所以改变操盘思路,以临近上

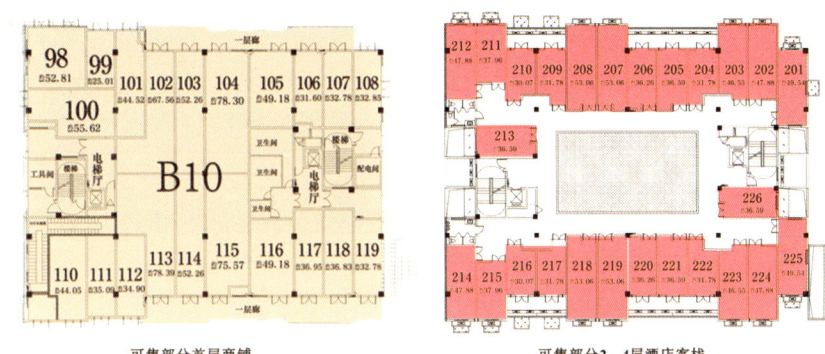

图 3-11 上海绿都绣云里可售部分典型平面图

图 3-12 上海绿都绣云里产品平面

图 3-13　上海绿都绣云里产品分布

海迪士尼为卖点,将主要商业指标转换为民宿酒店客栈,为迪士尼游客提供酒店住宿。同时,把剩余的少量商业指标设置为一层街区式底商,形成一层可售商铺+上层可售客栈结合的模式,使得该项目在开盘时销售去化非常顺利,成为当时上海全市商业项目的成交均价和成交套数冠军。而且,后期运营也取得不错成绩(图 3-11~图 3-13)。

在销售方式上,采用售后返租模式。开发商在 9 年内统一运营,承诺前 2 年稳健投资回报率每年 5%,后 7 年按照实际回报率 1∶9 进行分成。

在统一运营的整体定位上,打造依托迪士尼度假景区,以特色美食商业街、酒店客栈为主的海派石库门风情商业街区。立面风格采用海派石库门建筑风格,为酒店客栈提供氛围基础。

第四章 商业规划与设计

不管是持有型商业，还是销售型商业，商业项目的整体规划是项目整体运营、投资预期实现的基础。整体规划一般遵循"业态规划在前、建筑规划在后"的原则，尤其是商住办等多业态高度混合的综合体项目，在总体规划层面明确各业态功能分区、交通组织，是接下来建筑规划的前提，也是开发分期、经营指标、效果呈现的基础。

本章从业态分类及特征、流线规划和产品力提升等角度出发，论述商业项目的规划与设计。

一、商业业态种类与规划

根据"业态规划在前、建筑规划在后"的原则，对于多业态混合开发的综合体项目，先根据总体业态规划确定总体规划布局与外部动线组织，再结合商业体内各租户的业态规划确定内部平面布局与动线组织，如图4-1的六本木新城总体规划布局。

在这一环节，通过大量的业态规划强排和指标测算，综合比较各种方案的经营指标，最终确定业态规划。

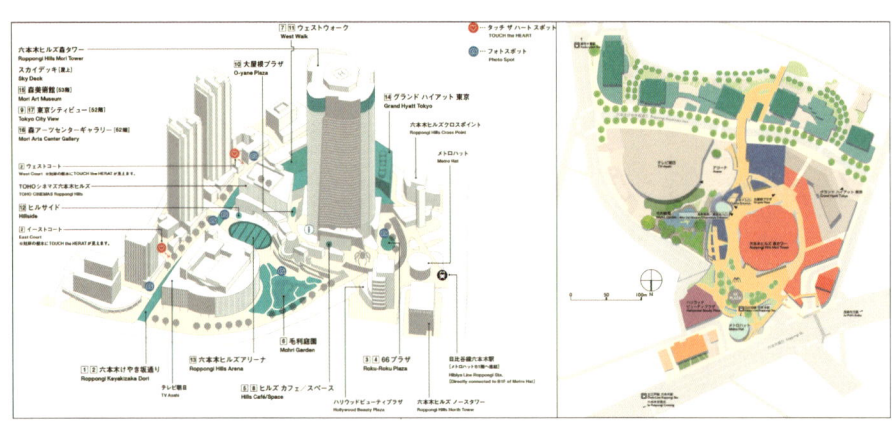

图4-1 六本木新城总体规划布局

对于仅有单一商业业态的项目,则直接结合商业体内各租户的业态规划确定内部平面布局与动线组织。

1. 租户业态种类

店铺种类千千万,依然可以根据其提供服务类型的不同进行分类。目前主流市场针对商业业态的分类方式很多,此处根据主流分类手法,将其分为以下四类:零售业态、休闲娱乐业态、餐饮业态、体验服务业态,见表4-1。

表 4-1　　　　　　　　　　业态种类表

种 类	细 分	特 征
零售业态	包括各类百货、超市、便利店、专门店、专卖店等	零售品类的完整性决定了是否能充分满足生活用品购物需求
休闲娱乐业态	电影院、KTV、溜冰场、电玩、酒吧、健身馆等	参与性、互动性强,群体消费和重复消费率高,可以增强购物中心丰富性、活跃性。注意娱乐业态选择与上下游关联业态的互动导客关系
餐饮业态	中餐、西餐、咖啡、水吧、美食广场等	聚客能力强,一般位于购物中心较高楼层,充分拉动人流。注意轻重口味的丰富度,避免客群过度重复,并尽量发掘地方特色餐饮资源,缩短餐饮培育期
体验服务业态	儿童教育、培训类、宠物类、美容美发SPA等	消费者黏性强,单次消费时间长,通过会员卡方式可以形成稳定持续的消费客群

各种业态的选择及配比需根据商业的功能定位、级次定位、形象定位确定。

销售型商业的业态缺乏整体规划,业态结果是小业主自发选择的结果,一般餐饮占比高,零售业态一般以便利店、水果店等配套型为主。对持有型业态而言,运营方为了保证整体业态相对完整,在业态布置上都会尽量保证一定的覆盖。

对持有型商业而言，业态选择会综合考虑租金水平、业态完整性、面积需求、消费频次、楼层需求等多方面因素。

根据笔者总结，常见业态的租金水平与面积需求，可粗略示意如图4-2。

同时，由于市场形势以及消费习惯的变化，不同业态的面积占比以及租金也会随之变化。最典型的案例如近年的教培类租户。

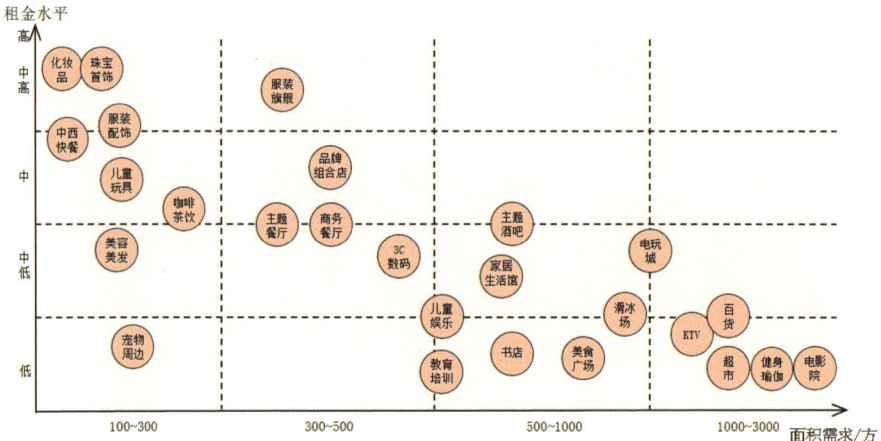

图 4-2　常见业态的租金水平与面积需求图

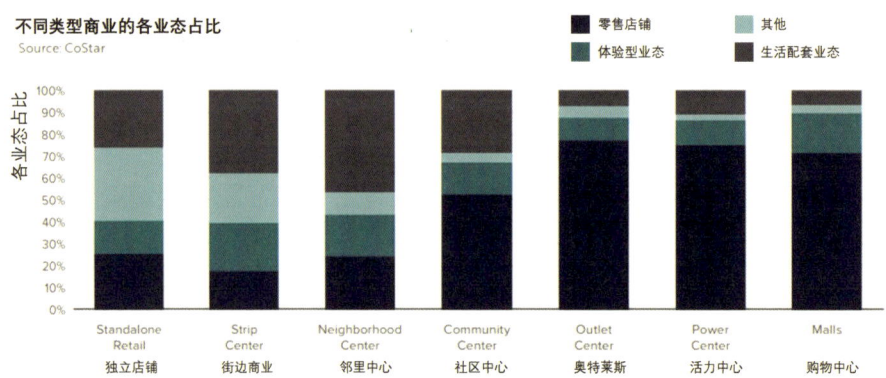

图 4-3　不同类型商业的各业态占比（数据来源：costar）

此外，不同级别的商业，在各业态的配比上差异很大。根据 costar 对北美大量商业的统计，不同类型商业的各业态占比如图 4-3 所示。整体而言，商业项目的等级越高，辐射距离越大，配套性业态的占比越低。所以，邻里型和社区型商业的生活配套业态占比较高，而奥特莱斯和购物中心这种辐射距离较远的高能级商业，零售业态占比最高。

2. 持有型商业租户功能类型分类

购物中心租户的业态类型品类丰富，面积需求和租金收入贡献差异很大，可以根据租户在购物中心中的角色和功能，大致从租金贡献、人流贡献、品牌引领、面积消化等四个维度，进行分类，见表 4-2。

表 4-2　　　　　　　　　商业租户类型表

租户类型	店铺类型	面积需求	布置位置	坪效
人流贡献型	一般以主力店为主，自身人流吸引力强，通常承受租金能力相对最低，租期时间长。如娱乐类主力租户：影院、电玩、冰场、展览、量贩KTV等；零售类主力租户：百货、超市；餐饮类主力租户：美食广场、酒吧等	面积要求较大，如综合性百货要求面积2000方以上；社区超市1000～3000方以上；电影院面积一般2000方以上	流线尽端，地下层或顶层	低
品牌引领型	一般为主力店或次主力店，各业态中的旗舰品牌如电子类的苹果零售店、珠宝奢侈品店等，可提升整体商业档次。承租能力较强，一般给予较好的商业位置	上海星巴克烘焙工坊，约2700方，杭州湖滨银泰苹果旗舰店，3000方，七宝万科广场苹果直营店，1167方	临街或临主入口	中、高

续 表

租户类型	店铺类型	面积需求	布置位置	坪效
租金贡献型	租户中的主流，比如各类品牌店、一般专卖店、中西快餐、临时租户等。 承租能力相对最高，品类丰富度高，租期时间较短，更换频率高。 一般是购物中心租金单价最高的部分，对项目整体业绩有着重要影响	一般以150方以下小铺为主。 正常情况下，购物中心小铺率数量占比需达60%以上，面积占比需达15%以上	各层流线上	高
面积消化型	主要用于消化购物中心中的富余楼层或面积，承租能力一般很低，品牌号召力一般	面积较大	高楼层、边角位置	低
配套功能型	以服务配套型业态为主，满足综合性购物中心的功能补充，如银行、展示、登机处（虹桥天地）、儿童托护类等。 一般承租能力较低	面积较小	位置一般处	低

以上分类是为了更好进行标签化划分，一般租户在购物中心内的功能很多时候是复合的。品牌引领型租户，一般也是租金贡献型租户；人流贡献型租户一般也是面积消化型租户。

3．租户级别分类

不同商业业态在商业中承担的角色是不一样的。根据单店铺的不同，可以分为主力店、次主力店、中小店铺等不同类型。

（1）主力店

主力店，英文叫anchor，常把主力店称之为"锚店"或者核心租户。主力店为核心租户，对客流带动、品牌引领、项目运营安全起核心作用。

主力店对商业体的客流吸引尤其是高区、冷区的客流吸引影响很大，也对项目整体定位和经营安全起到主要支撑作用。

主力店的位置、数量对整体流线组织影响极大，主力店是主动线的锚（图4-4、图4-5）。

以最早的双主力店美国南谷购物中心（Southdale）为例，两侧百货

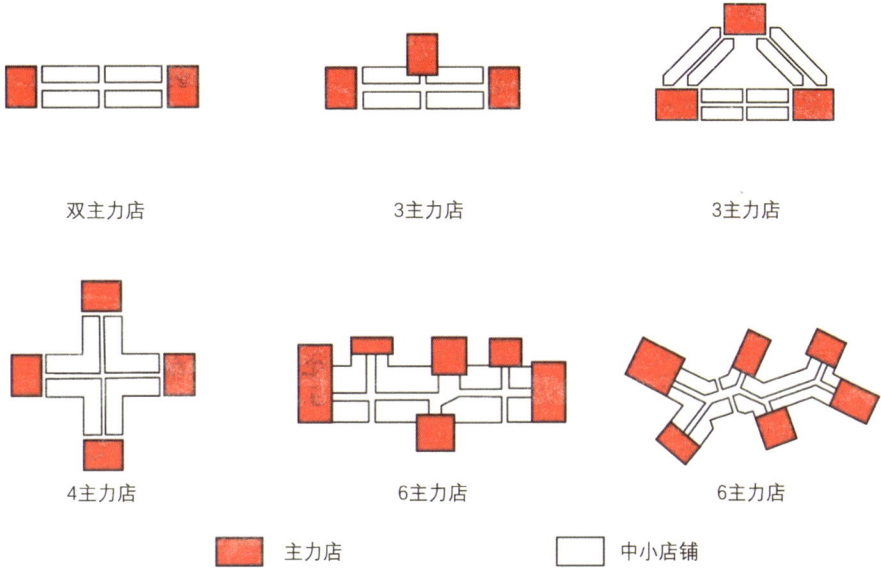

图4-4 典型购物中心主力店与动线关系示意图

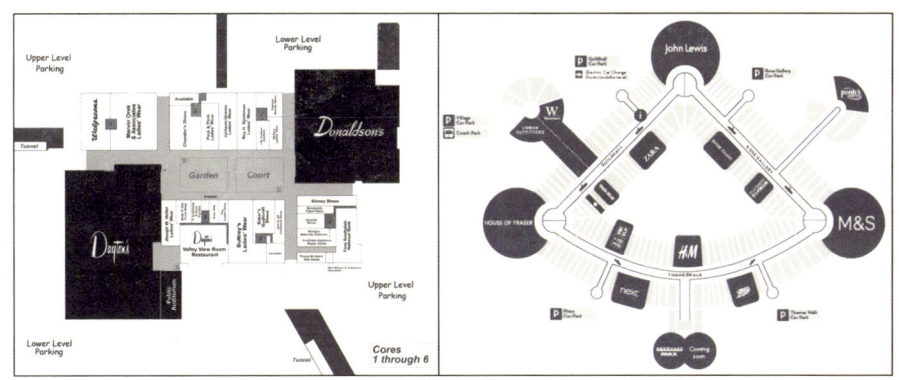

图4-5 典型的双主力店与3主力店与动线关系平面

公司主力店呈"杠铃"形布置，动线两侧连接各小商店（专业零售商）。

随着购物中心面积越来越大，为了更高效地连接更多主力店和中小店铺，出现了"T"形、"十"字形、环形等各种动线。但是，不管动线形式和平面布局怎么样，主力店都是平面布局和动线组织最主要的锚固点。如典型的三主力店案例英国蓝水购物中心，也是在三角环形动线的角点，布置了三个百货公司主力店；并在各主力店的连线上接各中小店铺和次主力店。

主力店是购物中心中面积最大的租户，面积一般不低于3000方，业态类型包括娱乐类主力店（如影院、电玩、冰场），零售类主力店（如百货、超市），餐饮类主力店（如美食广场）等（图4-6）。由于主力店一般为高频消费、低单价、低利润率的业态，因此主力店的租金承

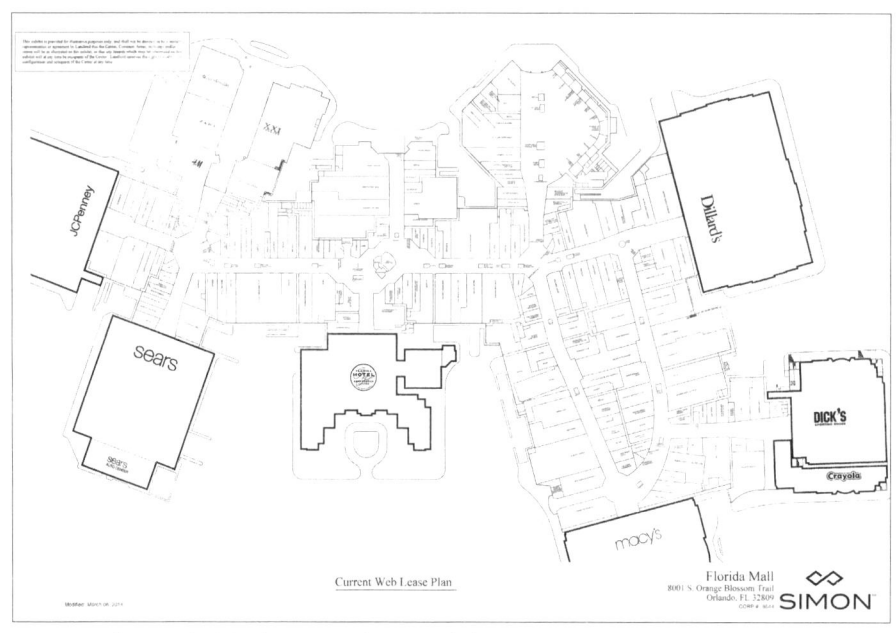

图4-6 佛罗里达购物中心平面（6主力店）

载力低，对商业体的租金收入贡献也较低。而且由于主力店自身装修成本较高，一般采用长期租约以保证自身经营安全，因此未来租金上涨也有限。

（2）次主力店

次主力店是指 1000 方≤可租赁面积<3000 方的店铺。常见的以快时尚类品牌为主，比如 H&M、优衣库旗舰店、ZARA 旗舰店，等等。

由于主力店一般签约期长，更换可能性较小，业态灵活性很低。次主力店的存在能够弥补主力店业态灵活性不足的弊端，通过定期引入新的次主力店，活跃业态品类丰富度和灵活性。

因此，次主力店在项目定位及业态组合下，需要在客流带动、品牌引领、收入贡献等方面起到一定的作用。同时，它也是商业进行业态更新迭代时的旗手。

（3）中小店铺

面积比次主力店小的中小店铺是商业体中租户的主体，业态类型囊括了各类品牌店、一般专卖店、中西快餐、临时租户等。中小店铺客单价一般较高，租户承租能力也相对最高。因此，中小店铺的租金收入一般是购物中心租金单价最高的部分，也是购物中心收入的大头。

中小店铺中最常见的租赁面积不大于 150 方的店铺叫小铺。购物中心的小铺数量占比合理，是商业品类丰富度的保证，也是利润的保证。由于小铺一般租期较短，更换频率高，一定的小铺率也是商业业态新鲜度的保证。不同级别、不同规划形态的商业，中小店铺占比不同（图4-7）。

笔者调研国内的大型购物中心，一般购物中心小铺数量占比（小

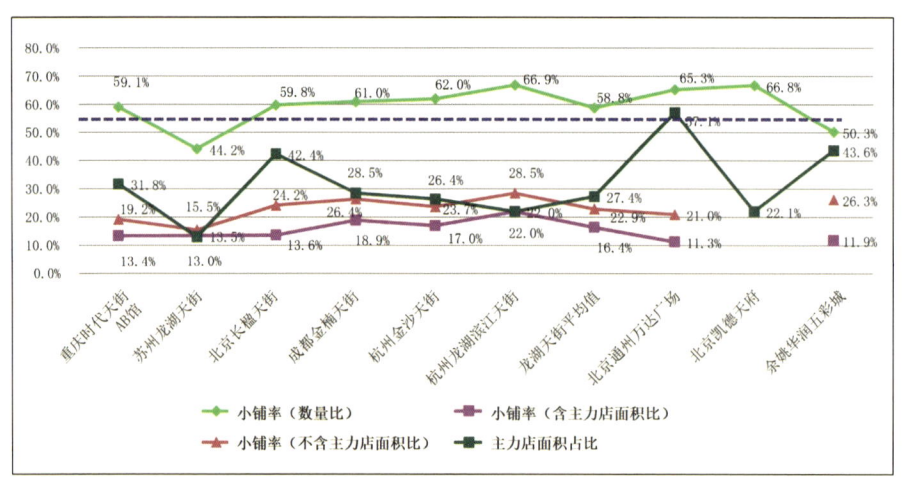

图 4-7 常见购物中心的小铺占比图

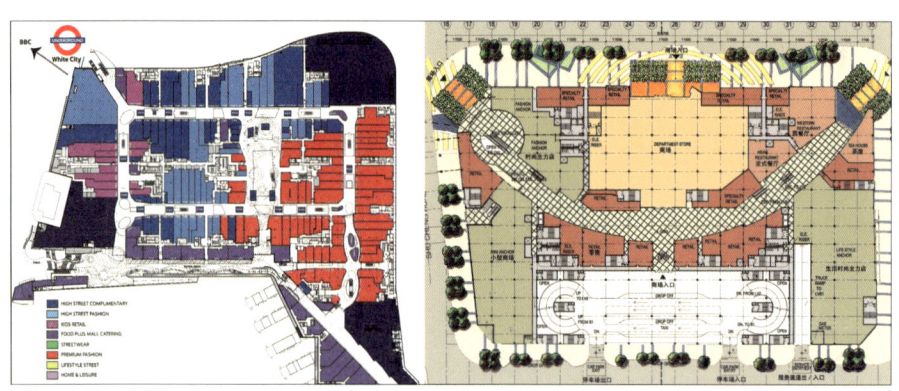

图 4-8 国内外商铺面宽、进深比差异

铺率）控制达 50% 以上，面积占比（不含主力店）需达 15% 以上。

标准小铺一般面宽为一个柱跨，宽度 8.4～10 米常见。国内的商铺面宽进深比较小，店铺最常见的面宽进深比为 1:1.5～1:2，一般不超过 1:3，标准小铺的铺内面积一般为 150 方左右。

欧美购物中心的面宽进深比，经常可见达到 1:3～1:4（图 4-8）。

4. 业态组合与规划

业态的有机组合包括业态选择、业态配比、业态衔接三个层面的内容。

（1）业态选择

商业项目的业态选择，是商业定位呈现的落地化，是以商业的功能定位、市场形象定位、商品级次定位为导向完成的。同时，业态选择也需要与商业的物理条件及客户类型、消费习惯等结合匹配。

业态选择一般有以下考虑出发点。

1）整体定位导向　商业的业态选择要服务于项目整体定位，只有这样才能实现整体业态的匹配性和梯度性。定位包括以下几个层面。

① 基于整体功能性定位　商业的能级与吸引力是以内部的店铺业态来承载的；不同能级的商业，其承载的基本功能及扮演的角色也相差很大。城市级商业、区域级商业、社区级商业、邻里级商业的功能性定位不同，业态选择差别很大。位于市中心区的城市级购物中心，需要零售购物、餐饮、休闲娱乐、体验服务等功能业态完备。区域型购物中心也需业态完备，并需要与周边人群深度耦合。社区型购物中心，目的性消费较强的零售类业态、餐饮类业态和配套型服务业态会比较多。郊区型购物中心，主题性消费更强，娱乐体验类消费业态则更加丰富。

② 基于商品级次的定位　按照商品级次，可以分为三类：精品型商业/购物中心、时尚型商业/购物中心、家庭生活型商业/购物中心。这三种级次的商业项目，在店铺客单价、目标客群购买力等维度上差别很大，相应地也会影响业态选择。

精品型商业/购物中心的客单价和购买力最高，一般由高端奢侈品零售店引领，并结合其他各种中高端业态。时尚型商业/购物中心的客单价和购买力居中，由中高端珠宝服饰类、电子类、配饰类零售引领，并组合其他中端业态。家庭生活型商业/购物中心的客单价和购买力最低，一般以家居日常用品销售为主，并结合其他餐饮、配套服务类业态。

此外，目标客群的人群结构、消费能力、消费习惯及消费倾向，也会影响业态种类选择及各业态的配比。

2）坪效利润导向　租赁目的在于盈利，商家的承租能力评估是业态和品牌规划的重要前提。

不同的业态，其行业的平均盈利能力有很大区别。通常情况下，低毛利业态的客流带动能力比较强；而高毛利业态的客单价相对较高，承受租金能力较强，但客流量有限。为了实现整体坪效的最大化，需要在高毛利业态和低毛利业态方面平衡组合，以低毛利业态拉动客流，用高毛利业态获取租金。

同时在业态布置上，把客流带动能力比较强的低毛利业态作为目的型消费放在流线末端，带动流线上的高毛利业态。

（2）业态配比

为了合理分配商业购物中心的租赁面积，需要明确各业态的合理配比，以兼顾品类丰富性和组合的高效性，最终实现商业总体效率的最大化（图4-9、图4-10）。

业态配比包括面积配比和店铺数量配比。

业态配比的确定有以下原则：

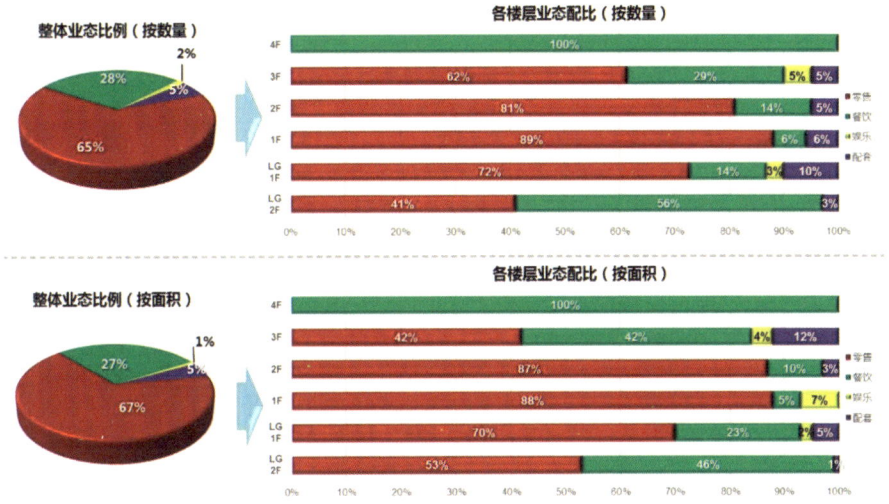

图 4-9　某购物中心业态配比

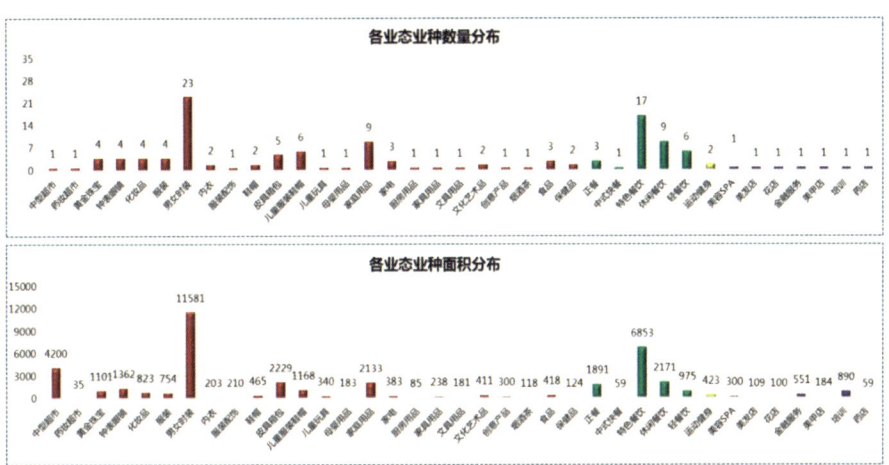

图 4-10　某购物中心业态配比

① 适用性　根据不同业态的要求，匹配相应的面积。主力店、次主力店的面积需求比一般业态大很多，增加一个主力店，就会对整体业态配比产生巨大影响。

② 高坪效　低坪效的业态尽量消化一些末端、死角等低价值面积，

187

各业态在满足面积需求的前提下，尽量把面积更多分配给高坪效业态，以提高整体坪效，实现租金收入最大化。

③ 互补性、差异性　避免业态重复、内部竞争，尽量实现与周边竞品的差异化、特色化。

（3）业态衔接

业态有效衔接是通过相关联业态店铺的毗邻设置，确保客流动线紧密流畅连续，提升购买转化率，实现总体销售收益的重要途径。

各业态相互衔接时能否顺畅融合，关系到顾客消费的舒适性及流畅性，并进一步影响顾客在购物中心逗留的时间。业态的衔接设计，需要深入研究消费需求关联性，掌握影响消费者购买行为的心理活动，通过业态呈现对消费者的心理预期进行合理引导和满足。

业态的互融相关性通常情况下从两个角度进行思考：

① 功能互补性　功能特征明确统一、互融互补成为一个整体的业态毗邻设置；例如电玩城与儿童体验类业态适宜毗邻设置，食品与药物之间不适宜相邻组合。

② 目标客群的一致性　对目标客群的消费需求可以进行系统性分类，并根据不同客群的消费需求特征划分不同的消费主题区域，进而以此进行功能业态的组合衔接。

二、持有型集中式商业流线规划

对所有的商业项目而言，交通组织有三种层次：首先是地块红线内与红线外的城市级交通，其次是地块红线内的场地交通组织，最后是商业室内的内部动线组织。

1. 外部动线组织

对于商业综合体项目，不同业态对于城市交通的要求不同。在业态规划的确定过程中，需要与城市外部交通紧密结合。地块红线内与红线外的城市级交通是确定总体规划的重要影响因素。确定总体业态规划的同时，场地交通组织也基本完成。

针对自持的区域级以上购物中心而言，外部交通规划需考虑的因素可参考表4-3。

表4-3　　　　　　　　　　外部交通因素表

分项	子项	注意事项
红线外因素（城市级）	周边道路	①根据周边核心客群的主要到达方式，协调处理商业建筑入口。 ②尽量把主入口面向等级最高的道路，在次要道路上设置机动车出口。 ③保证开口处没有市政隔离设施
	公交站点	①公交站点服务半径300米，保证公交站点覆盖。 ②站点与项目开口距离宜大于30米，宜设在项目开口下游位置
	非机动车设施	①当距地铁较远时，应设置共享单车停放区，如市政没有可使用空间，建议在红线内设置。 ②物业人员、商业店铺工作服务人员的非机动停车需求较高，应协调非机动车进出地库流线的顺畅程度
	人行设施	人行设施人流量顺序：地下通道＞行人天桥＞地面过街。 对临近地铁的项目，要争取地下通道与地铁联通
	红线外落客区	①主要道路上1～2处，每点位3～4个落客位。 ②采用港湾式侧边停车，港湾深度3米，弧线半径6米，每车位尺寸3米×6米
红线内因素（场地级）	机动车开口与坡道	①出入口数与停车位数匹配，并向交管部门争取出入口数量和道口宽度最大化。 ②出入口位置设置满足地面交通设计参数，有利于地下车库交通组织与管理。 ③机动车到达后尽快下地库，减少地面机动车移动范围，减少与地面非机动车、人流交汇。 ④按照不同超市主力店的要求，在靠近超市入口/百货等主力店附近设置接送停车位，同时在接送大巴停靠区域设置等候区，休息座椅及庇护性设施

续表

分项	子项	注意事项
红线内因素（场地级）	红线内落客区	①临近商业建筑至少设置2个机动车落客区（如红线外布置，包含在总数量内），每处3-4个落客位。至少一处落客区可实现无雨落客进入。 ②路边的港湾式上落客区建议深度3米，每车位尺寸3米×6米。 ③内置式上落客区建议结合商业门厅布置，落客一侧宽度建议7米（不小于6米），通车一侧宽度不小于4米，回车环岛宽度不小于6米
	人行流线	避免场地高差、绿植、水景等影响人流进入；使各个方向来的人流最快、最顺畅地进入商业体内
	快递流线	①快递收发点优先考虑布置在B1层，其次考虑布置在外场红线以内，非城市展示面的后场区域。 ②如布置在B1层，应避免与人和机动车互相干扰；如布置在外场红线以内则该位置应避开商业客流主入口、机动车进出口，同时，应靠近货梯和后勤通道
	新业态外送	①为新零售业态预留独立外送通道。一般布置在B1层（借用货运坡道），并靠近超市及货运通道。 ②主力业态（如盒马，Fresh），考虑布置在L1层
	外卖流线	①在红线以内安排60～120方，作为外卖车停车点集中管理（如有规划要求的非机动车区也可使用）。 ②停靠点位不小于2个，满足不同来向的需求，位置应避开商业客流主入口，机动车进出口，且靠近货梯。货梯预留直接对外开门条件。 ③尽量避免减少外卖流线与客梯、商业公区流线的冲突
	地下车库	①车库出入口数量与停车位数量挂钩，满足规划和交通便利性要求。 ②进出口设计的合理性，有条件的话实现出入口"单进单出"，车库内部道路"单循环"交通形式，尽量避免交叉口，使车行效率更高。 ③人行走道与车行通道之间建议有明确区分，避免人车混行。 ④预留大型超市、家居建材超市、大型货柜车的车行线路，保证其转弯半径和卸货位置的回车场地。 ⑤保证货运车、垃圾清运车满足宽度、净高、坡道、转弯半径、荷载等要求。 ⑥一般垃圾车不允许进入地面车行流线，只能通过地下车库进出商业项目体，而且进出时间必须限制
	非机动车	①非机动车主要使用人群是附近居民及商业项目内各主力店员工，停车尽量在地下室解决，减少地面非机动车停车位（规划必须的除外）。 ②地面非机动车停车位布置，尽量靠近城市次干道或地铁出入口，并与超市及百货入口尽量靠近

2. 商业内部流线规划原则

集中式商业的内部流线，是商业建筑的整体骨架，是商业客流量组织和业态落位的基础。商业流线的组织，对商业项目的成败影响巨大。在确定商业内部流线时，除了综合考虑用地形状尺寸、商业体量、业态组织等因素外，还需综合协调满足以下原则。

（1）商铺可视性最大化

商铺被看到才能吸引顾客来消费。商铺的可见性决定着商铺租金价值的高低。可视角度既包括平面动线可视角度，也包括中庭垂直可视角度。

在布置动线，控制中庭位置和尺寸以及拦河时，应保证更多商铺实现可见度最大化。弧形的动线形状，就是为了实现更多的展开面和更大的可视性。为了保证可视性最大化，要尽量提高流线的明确性，避免出现迷路。

（2）商铺可达性最大化

保证顾客沿水平和垂直动线行进时，可便捷到达尽可能多的店铺，避免动线布置出现尽端、死角和低效的回头路。动线布置时应关注所有店铺之间的均好性。可达性包括水平动线的可达性和垂直动线的可达性。

在可见的基础上，经过最少道路转换的路径可达性最高。

（3）空间体验丰富化

为了避免商业空间过于单调呆板，应在商业动线上串联丰富的空间，营造轻松愉悦的丰富空间感受。丰富的空间与丰富的业态组合匹配，实现商业体验的多样化。

（4）商业流线长度适宜

顾客的步行距离受体能限制，步行距离过长，到了疲劳期需要中断休息。顾客不会每一层都完全走完，对于不感兴趣的楼层会直接搭乘扶梯尽快离开。

结合国内外大量项目案例，室内主动线的合理长度以 280～350 米为最佳，一般不超过 450 米。这样既能满足店铺数量和多样性，又能避免动线太长带来疲劳感。

平面流线总长和店铺平均进深是一对矛盾，平面流线总长是矛盾的主要方面，店铺平均进深则处于从属地位。

（5）不走回头路

走回头路会导致顾客步行精力的低效消耗，减少了顾客的舒适游逛距离，因此要尽量避免客户走断头路、走回头路。购物中心动线的理想模式是一次性逛完每层的全部店面，而不需要走重复的道路。为了避免回头路，尽可能采用环通动线，使顾客在自然状态下(不需要拐弯等大幅度改变行进方向)逛完每层的全部店面。

3. 商业水平动线与竖向动线组织

（1）水平动线——锚点(主力店/主入口)结合

主力店的品牌号召力可吸引大量客流。因此，在平面动线规划上一般都将主力店布置于动线两端，引导顾客在主力店之间来回穿梭，进而带动整条动线上的其他商铺，提升顾客消费可能性，提升集中式商业租金水平（图 4-11）。

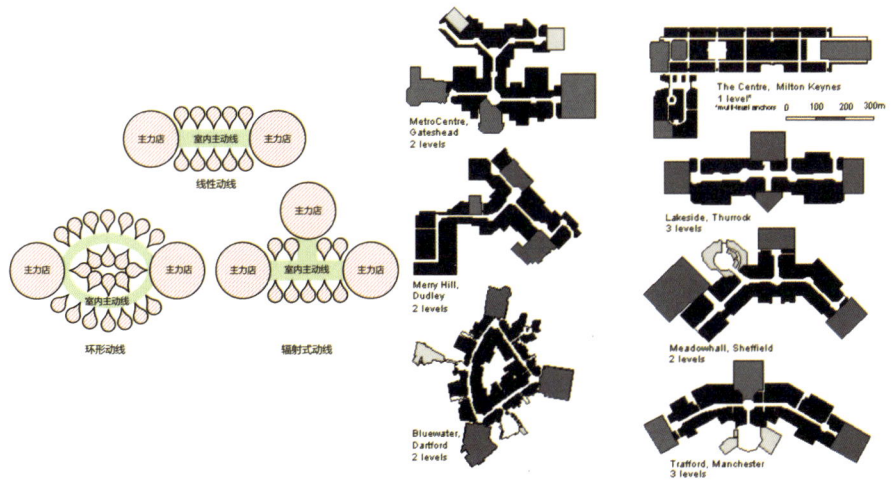

图 4-11 水平动线组织与主力店的关系以及典型案例

（2）垂直流线——强力提升、花洒式降落

集中式商业首层动线组织旨在吸引人流尽快进入，因此在主入口布置上会精准衔接主要人流来向，并尽量保证人流来向上不被景观/高差/构筑物等阻挡，实现来向流线的最顺畅。在业态布置上，也会在首层布置品牌号召力强的业态。

垂直动线组织，采用类似接力抽水的方式，将水强力揽到高处，再像"花洒"一样慢慢顺流而下，经过各层（图 4-12）。

通过在顶层布置主力店、美食广场、电影院等人流吸引力强的业态，将人流吸引至高区。客户消费完后，会顺着扶梯逐级而下，滋润各层店铺。为了更好地接力吸引人流往上，也会在中间楼层布置一些主力店业态，同时通过中庭直梯或观光电梯等方式，将人流快速顺畅引导至高区。

各层动线布置旨在让客流在商业内部循环起来，像血液循环系统一样均匀流经每一间商铺，以达到整体商业价值最大化。

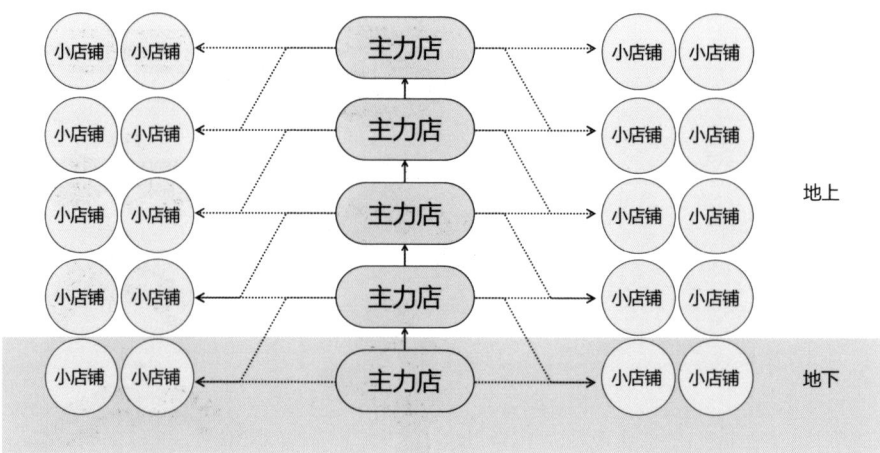

图 4-12　垂直动线组织与主力店的关系模式图

此外，为了进一步拉动高区的人流量，有些项目也会把停车楼在垂直方向摞起来，客户停车后步行至各层商铺，比如深圳华润万象城。这相当于通过停车位设置，把人流引向高区。

三、持有型集中式商业水平动线分类

商业动线设计是购物中心设计的核心。商业动线是大量人流在室内、室外移动点阵的合计，是众多随机移动的个体形成的稳定流线。

动线设计的基本原则是将店面开设于步行交通量最大的流线上，并使该流线集中于某些通路，以形成回路。流线设计首要的一点就是避免顾客走重复的道路，一次性逛完商场内所有商铺。

商业动线从平面上分类，可以分成线形动线、环形动线、辐射式动线和组合式动线四种（图 4-13）。

不同动线形式，以及适用的用地情况、建筑面积、业态配置见表 4-4。

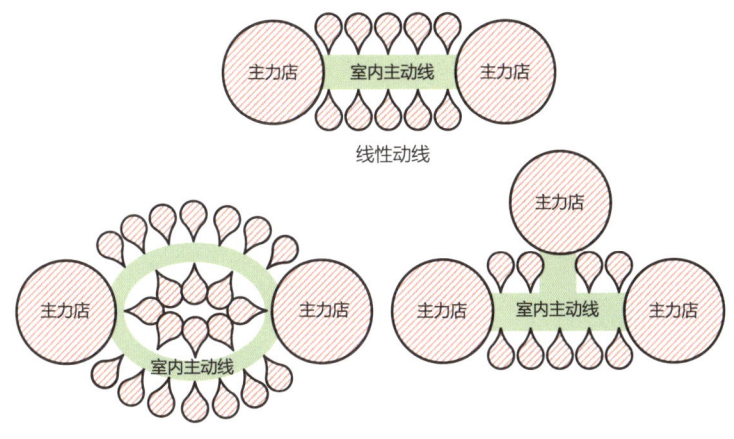

图 4-13 常见商业动线分类图

表 4-4　　　　　　　　　　商业动线分类表

类型	线形动线	环形动线	辐射式动线
类型延伸	一字形动线、L形动线	口字形动线、O形动线、日/田字形动线	T形动线、十字形动线、Y形动线
动线特点	①路线合理紧凑、清晰明确，方向感强，店铺可视性均好。②线状动线循环性差，易造成购物空间呆板乏味，空间狭长而缺乏变化	①环状动线形式循环性好，顾客不走回头路，商铺均好性强。②环状动线往往长度较长，易导致视觉疲劳。③空间经过分区后，可以增强趣味性	①动线灵活，场地适应性强，可适应大尺寸地块。不同分叉可衔接多个主入口。②导向性差易迷路，循环性较差。③易出现主次动线，商铺均好性较差，动线易形成尽端和死角。④空间经过分区后，可增强趣味性
平面尺寸	①用地平面窄长，长宽比3:1~2:1最佳。②窄边进深一般60~80米居多，一般不超过120米。③超宽则需在主动线两侧布置主力店/次主力店/停车场消化进深	①地块近乎方形，长宽比1:1~1.5:1。②窄边宽度约150米。③可适应大尺寸地块	①地块适应性强，适合有多个人流主入口的地块。②可适应大尺寸地块

续 表

类型	线形动线	环形动线	辐射式动线
主力店位置	动线两端布置两个主力店，进深过大时也会在中间布置主力店	布置于四角或端部	各辐射形动线末端
适用规模	单层面积0.5万～1.5万方以上	单层建筑面积1.5万～2万方以上	单层建筑面积1.5万～2万方以上
案例	深圳KKMALL（一字形动线） 上海万象城（一字形动线） 上海虹桥天地（L形动线）	上海莘庄印象城（日字形动线） 北京颐堤港 上海月星环球港（日字型动线）	七宝万科广场（T形动线） 杭州万象城（T形动线） Cross Creek 购物中心（十字形动线）

1. 线形动线

线形动线是购物中心中最高效、常见的动线类型，动线组织简洁高效，适应性强（图4-14）。通过单一主通道将各大小店铺串联组织在一起，主通道两侧为各个不同品牌的中小店铺。为了组织人流，一

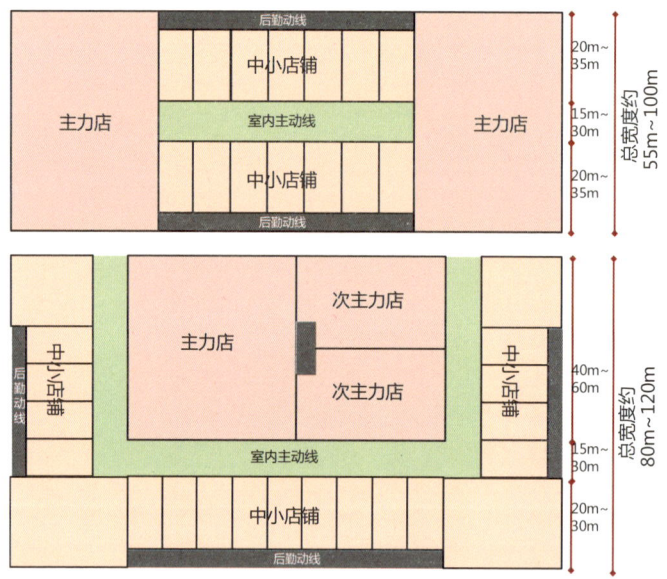

图4-14 端头主力店与侧边主力店+线形动线的类型标准图

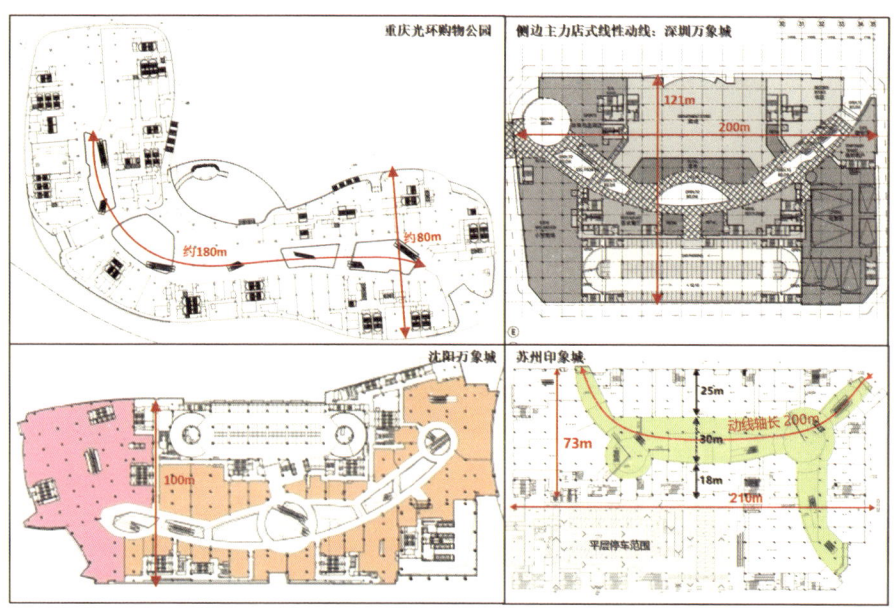

图 4-15 端头主力店 + 线形动线的案例

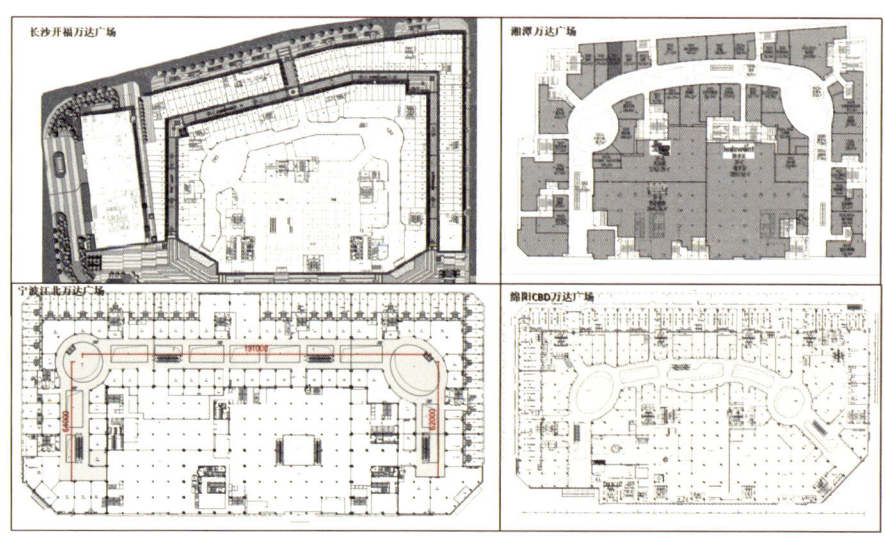

图 4-16 侧边主力店 + 线形动线的案例

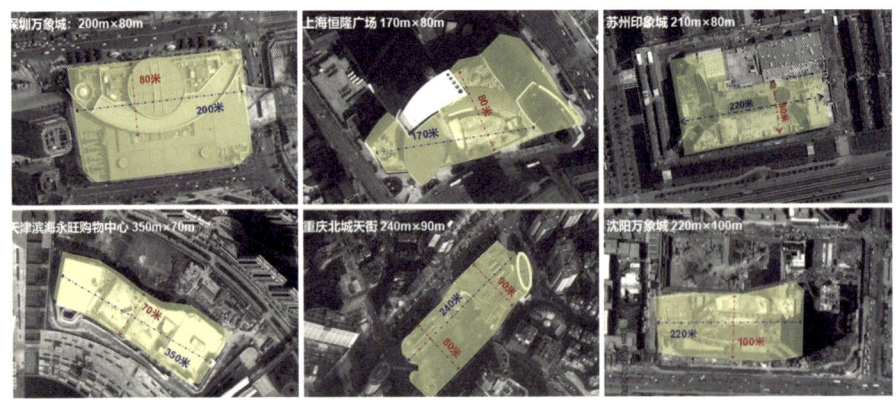

图 4-17　线形动线平面尺寸案例

般会布置两个主力店于动线两端,作为系统人流的引擎拉动整条动线的人流。当有更多主力店或进深过大时,一般也布置在流线侧边(图 4-15 ~图 4-17)。

受制于店铺进深面宽比不能太大,线形动线两侧店铺的最小面宽一般为单一柱跨。线形动线的购物中心能够适应的总进深受到影响,一般进深约 55 ~ 100 米。为了适应更多样的用地尺寸,会通过布置较深的主力店来消化进深,因此线形动线会出现各种变形,包括 "门" 形动线、"L" 形动线、"F" 形动线等。

(1)优点

① 线形动线使布局合理紧凑,店铺间可视性与均质性较好;

② 路线清晰明确,方向感强,顾客步行往返一次就可以逛遍集中式商业的每家店铺。

(2)缺点

① 线状动线的购物中心对短边方向的厚度消化能力不足,主要适用于窄长地块或狭长形集中式商业。

② 线状动线循环性差，顾客会有走回头路的感觉，容易造成购物空间呆板、乏味与单调，空间狭长而缺乏变化。

2. 环形动线

由于线形动线两侧的厚度消化能力受限，为了提高商业项目的单层面积，势必要增加动线长度。将较长的线形动线首尾串联，形成环形动线，既满足了提高购物中心单层面积的需求，同时也提高了商业动线的回环度，避免了动线过长、走回头路的问题（图4-18）。

环形动线围绕核心空间（店铺或中庭空间）形成闭合动线且一般不设分支，商铺沿主通道两侧或一侧布置，主力店通常布置于四角或端部。

（1）优点

① 环状动线用地适用范围广泛，适用于地块可建厚度大，形状为方形或近乎方形的用地。

② 环状动线自身可以形成闭合回路，故可避免顾客走回头路。环状动线形式循环度好，商铺均好性强。

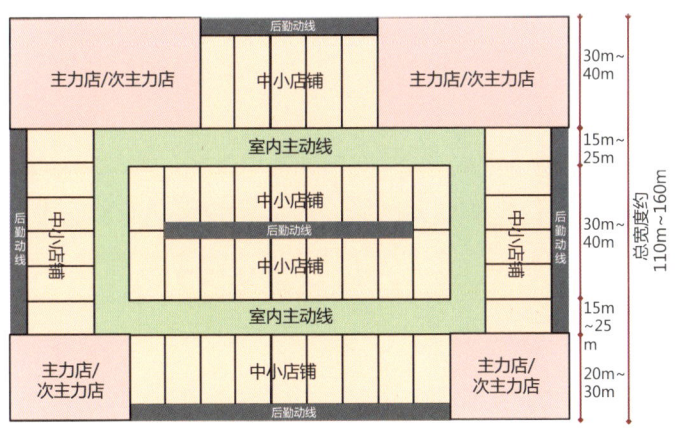

图4-18 环形动线标准类型平面图

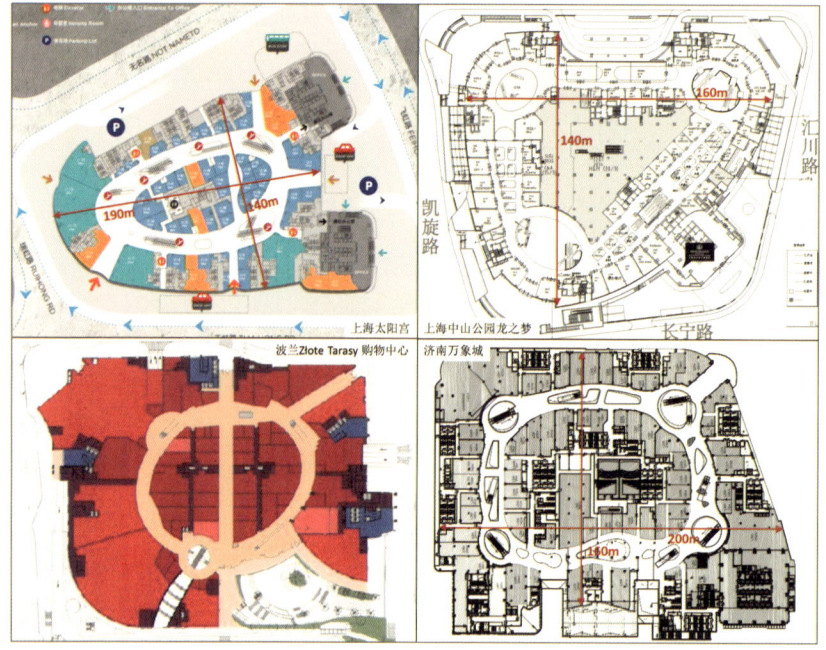

图 4-19 环形动线案例平面

环形动线的最大优点在于可以减少店铺平均深度,适宜的店铺深度可以布置更多中小面积商铺,从而可以实现较好的经营坪效(图 4-19)。

(2)缺点

① 在大型购物中心中,环形动线往往步行距离较长,甚至超出消费者的疲劳极限,使得消费者一次不能完成整个环路动线。对于狭长形环形动线来说,为了减弱由于动线过长带来的疲劳感,会在环形动线中间增加联系,形成"日"字形动线,如上海月星环球港(图 4-20、图 4-21)。

② 连续的环形动线,带来枯燥感和空间方向感缺失。由于环形动线空间天然地存在空间连续均质,缺乏起点终点感的特点,导致环形动线在空间打造上,较难打造重点节点空间。

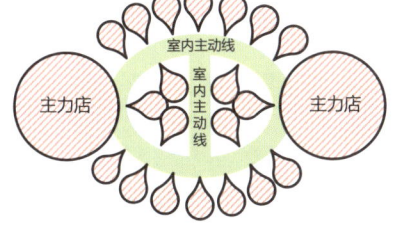
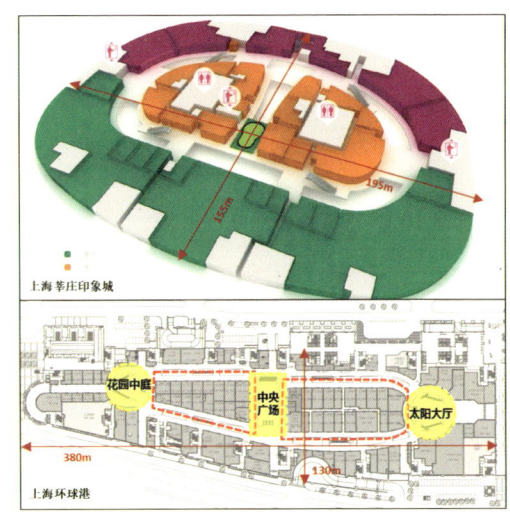

图 4-20 "日"字形动线　　图 4-21 "日"字形动线案例

（3）空间创新

① 环形动线+节点主空间　为了对冲环形动线空间连续均质的缺点，可将环形动线某一节点打开，并与室外景观结合，形成"环形动线+节点主空间"的布局，可以打造出对比更具戏剧性的空间体验，可参考北京颐堤港。

② 环形动线+中央节点空间　在环形动线的中央区域，布置节点空间，既保证环形动线的高效经营，同时位于核心区的节点空间由于其向心性，也可以最大化地带动人流。典型案例如新加坡星耀樟宜综合体（图 4-22～图 4-27）。

星耀樟宜项目占地 1.4 万方，商业区面积约 9 万方，商业布局呈环形动线。在环形动线的中央区域，布置具有超高绿视率覆盖的室内花园——森林谷（Forest Valley），商业区的屋顶花园（Canopy Park），雨旋涡（rain vortex）等景观。森林谷位于环形动线中央区域，为五层

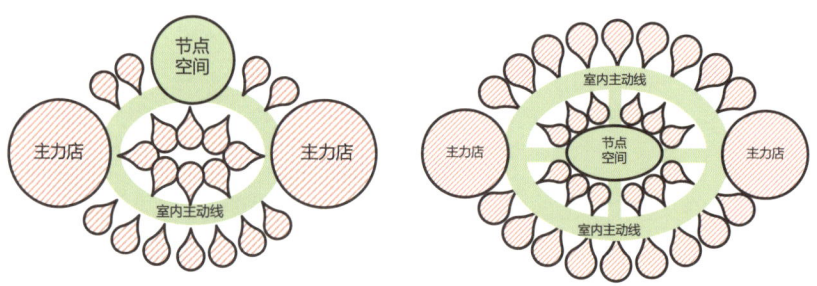

图 4-22　环形动线 + 节点主空间模式

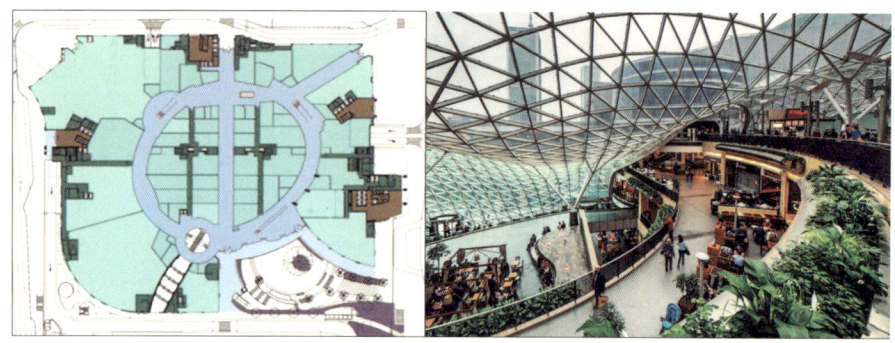

图 4-23　波兰 Złote Tarasy 购物中心——环形动线 + 节点空间

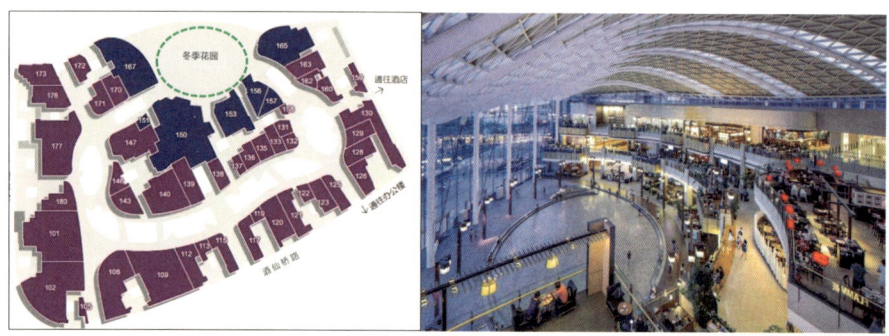

图 4-24　北京颐堤港——环形动线 + 节点空间

逐级退台式谷地，并满覆热带型景观。屋顶花园和森林谷汇集来自世界各地的 2000 棵乔木、棕榈植物和超过 10 万株灌木。雨旋涡位于建筑中心，40 米高的巨大瀑布从玻璃屋顶中心的孔洞穿越多层花园倾泻而下，创造出令人叹为观止的视觉效果，是目前世界上最高的室内瀑布。

图 4-25　星耀樟宜综合体中央节点空间

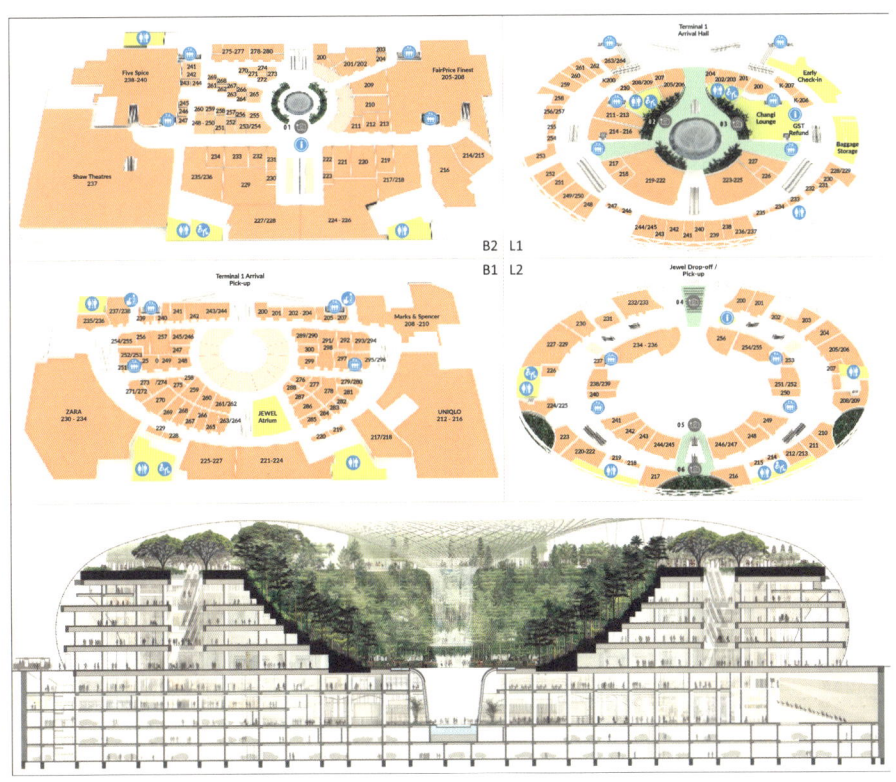

图 4-26　星耀樟宜综合体——环形动线+中央节点空间

图 4-27　星耀樟宜综合体——室内商业场景

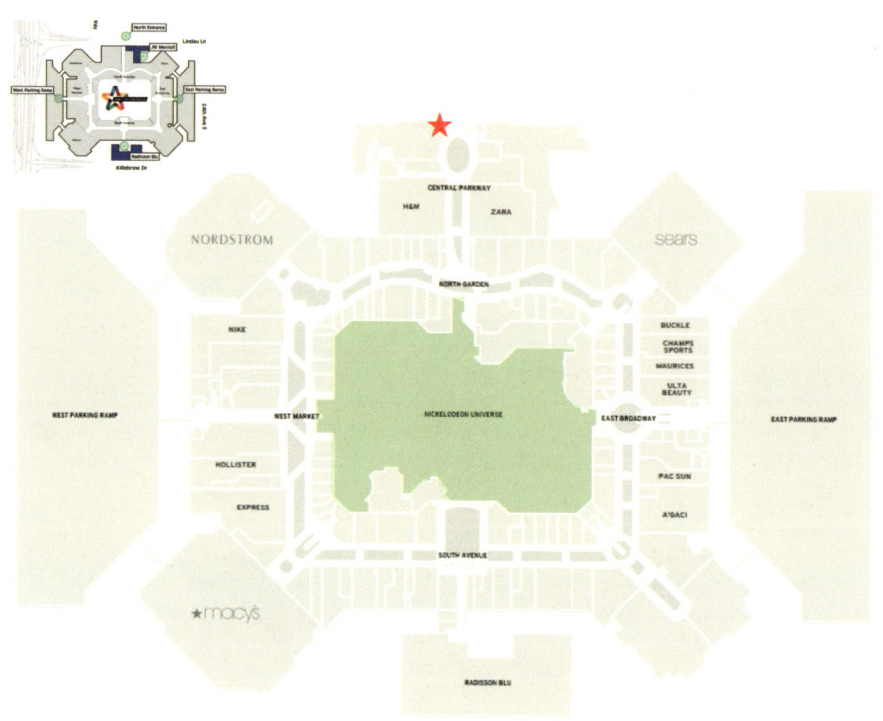

图 4-28　Mall of American 中心区的尼克主题公园内景

图 4-29　Mall of American 室内

环形动线 + 中央节点空间的布局，并在中央节点空间打造出高密度室内花园，既保证商业的经营使用效率，更打造出震撼的沉浸式室内景观空间。

类似的案例还有美国 mall（Mall of American），在环形动线的中央区域设有尼克主题公园（Nickelodeon Universe），使顾客在购物之余还可以享受丰富的游乐设施（图 4-28、图 4-29）。

3. 辐射形动线

在用地尺寸宽度较大的情况下，由于线形动线两侧的厚度消化能力受限，为了提高单层面积使用率，增加垂直分支动线，形成多条线形动线交汇的模式，就形成辐射形动线。辐射形动线的每个分支都可以使动线覆盖面更深，减少商业店铺的平均进深。

同样是辐射形动线，场地宽裕的郊区型购物中心与用地集约的市中心购物中心，在流线组织上差异很大。以 Cross Creek 购物中心为代表的美国郊区型购物中心，由于用地宽裕，所以建筑层数低，整体布局松散，购物中心平面长度、宽度更大，在购物中心外围布置了成片的地面停车区（图4-30）。

以杭州万象城为代表的市中心购物中心，用地紧凑高效，停车全部地库解决。购物中心平面长宽也更加紧凑。购物中心为使入口与道路交叉口结合，常使支动线与路口衔接。

辐射形动线满足了提高商业单层面积使用率的需求，同时每个方向的动线有助于在首层与各主要人流来向衔接，在二层以上通过在动线端头布置主力店/次主力或人流贡献型租户，实现动线的人流量拉升。辐射形动线的每个动线空间可以适应多种业态布置，具有极强的适应性，常用的分类有T形、十字形、Y形等。

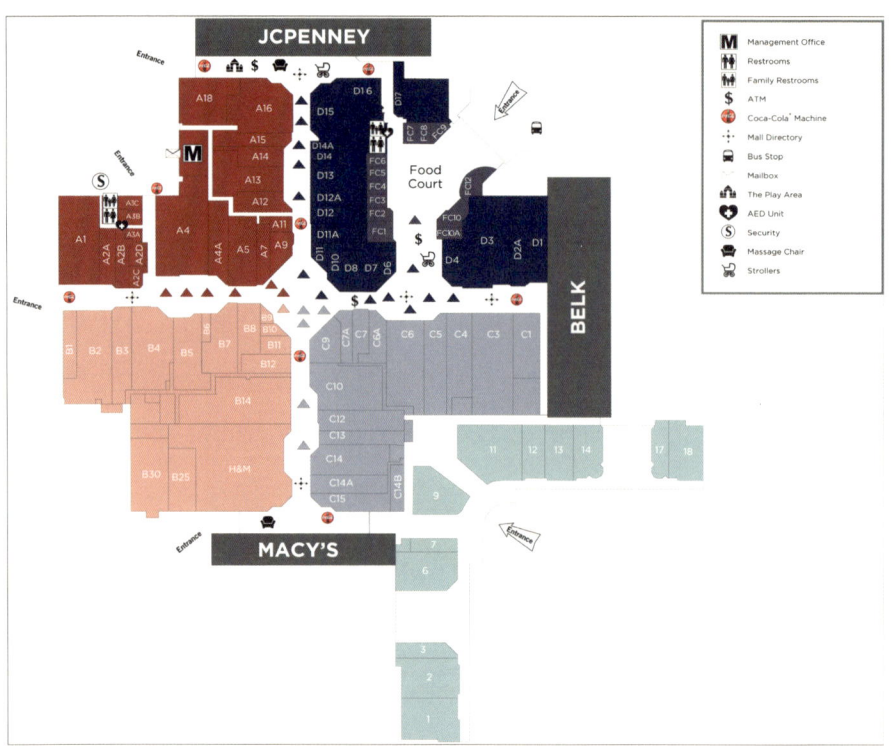

图4-30　Cross Creek购物中心平面图

辐射形动线以核心中庭空间或节点为中心，向其他方向辐射延伸，自然划分出若干业态空间以及零售单元（图4-31、图4-32）。

辐射形动线的各分支动线在中央主空间交汇，空间天然地具有极强的向心性，便于把主空间打造成活力中心和亮点场景。

因此，辐射形动线的最大优势就是空间向心性强，在中央空间可以很方便看见并直达分支空间。同时，各分支空间的独立性又便于分别打造差异性的节点空间。

辐射形动线的最大劣势在于空间的平均深度依然很大，导致深度过大区域必须布置面积大的店铺。大进深店铺面积占比较大，而这些大面积店铺单方租金较低，进而导致整体租金坪效受影响。

图4-31 辐射形动线标准类型平面图

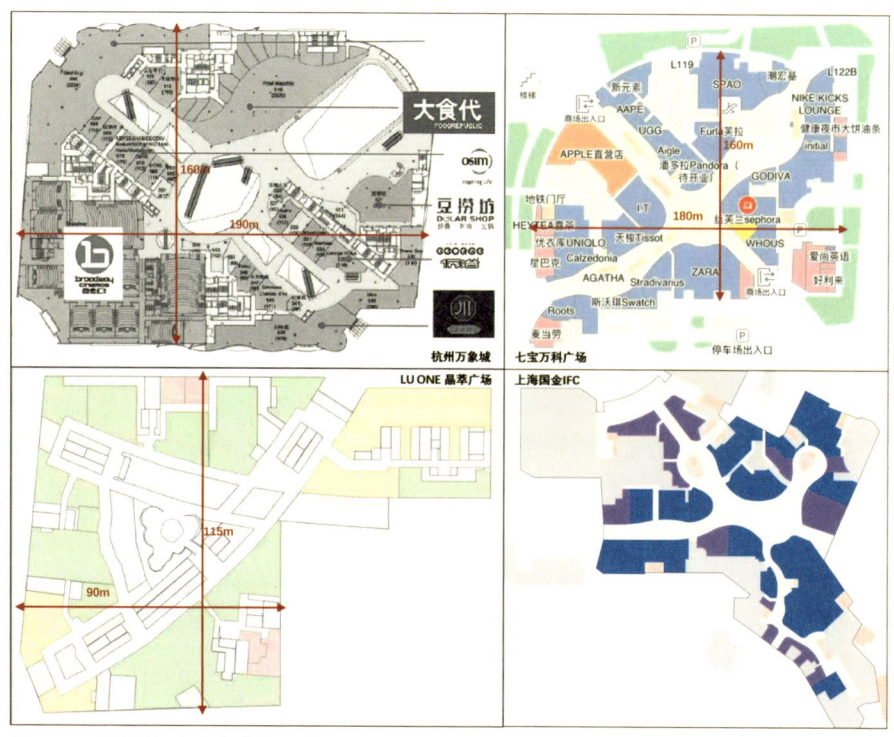

图 4-32 辐射形动线案例

（1）优点

① 空间向心性好，主空间视觉焦点性强。

② 辐射式枝状动线便于从主动线中伸展出不同的枝状子动线，其组织动线灵活性强，使用率高，可以充分发挥其导客分流优势。

（2）缺点

① 辐射式枝状动线循环性差，店铺均好性弱，部分次动线店铺可视度不高。

② 辐射式动线的一些流线端头易形成尽端式空间，如果处理不当，很容易形成断头路或商业死角。

③ 商铺平均进深较大，大进深店铺面积占比较大，而这些大面积店铺单方租金较低，进而导致整体租金坪效受影响。

4. 组合动线

上述三种动线是最常见的动线类型，基本上涵盖了各类大型集中式自持商业的主流动线形式。当购物中心规模过大，单一的动线形式无法组织整个集中式商业的水平动线时，就会采用多种动线组合形成复杂多变的组合动线，将不同的空间与空间组团区分或联接，形成复杂的商业空间（图4-33）。

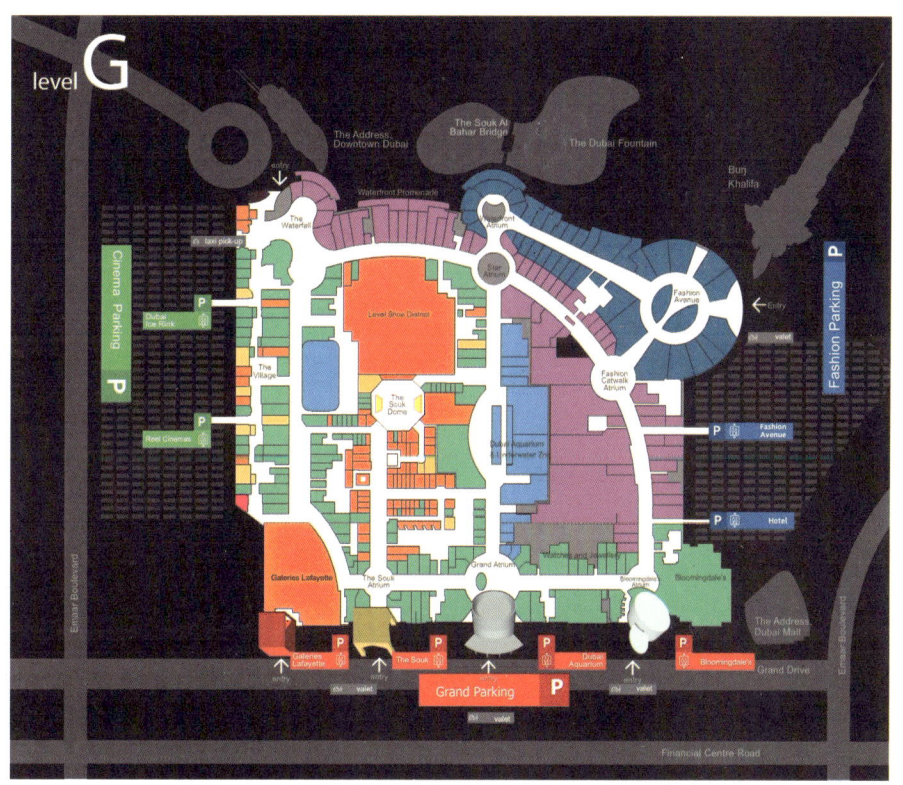

图4-33 组合动线（辐射式动线+环形动线）——迪拜购物中心平面图

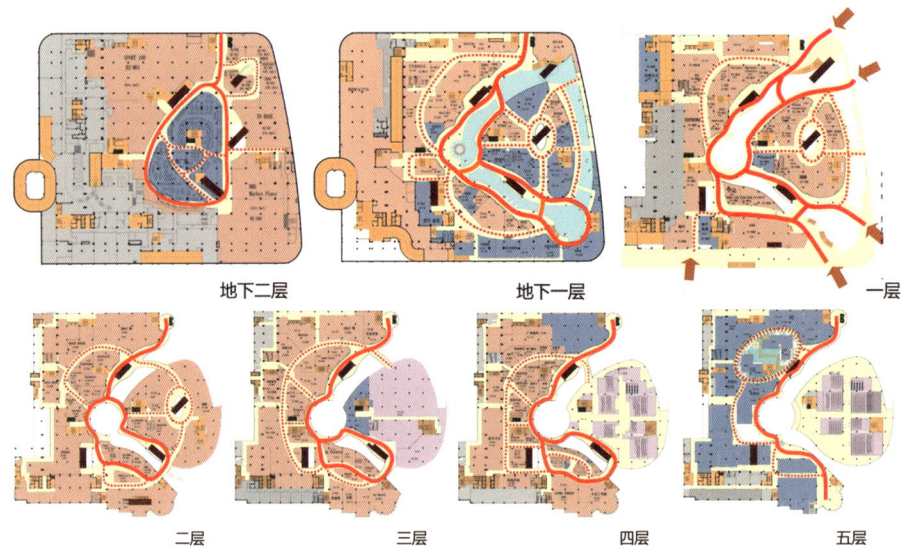

图 4-34 组合动线（辐射式动线 + 环形动线）案例——南京水游城

组合动线常用于超大型购物中心的商业动线规划中，通过环形、线状、辐射式枝形动线形成复合的网络动线系统，解决体量巨大的商业建筑动线组织问题（图 4-34）。

组合动线在应用时需注意避免动线过于复杂，导向性差，可视度不高，循环性较差等问题。如果顾客很难清晰定位自己所处的位置，弄不清哪些店铺已经光顾，就容易导致动线深处的店铺可达性、可视性不足。

5. 商业平面动线匹配

在拿到一块商业用地的时候，项目需要综合周边交通、业态组织、用地尺寸、经营效率等多方面因素，综合确定商业动线。一般需要经过大量的强排方案比选，确定最优解。

其中，主要的 3 个原则如下：

（1）基于用地尺寸的最佳平面

确定商业动线的首要因素是用地条件，包括尺寸、形状、长宽比等，表 4-5 可以作为参考。

表 4-5 　　　　　基于用地尺寸的商业动线匹配表

用地可建范围尺寸		适用动线	案例
短边可建进深 ≤ 100 米		线形动线 如：一字形动线、L 形动线	一字形动线：深圳 KKMALL、上海万象城 L 形动线：上海虹桥天地
100 米 ≤ 可建进深 ≤ 120 米	长宽比 ≥ 1.5	线形动线 + 副动线 如："门"形动线，E 形动线，F 形动线等	宁波江北万达广场 苏州印象城
	长宽比 ≤ 1.5	环形动线 如：口字形动线，O 形动线、日 / 田字形动线 辐射形动线 如：T 形动线、Y 形动线	环形动线： 上海莘庄印象城 辐射形动线：北京西单大悦城
120 米 ≤ 可建进深 ≤ 200 米	长宽比 ≤ 1.5	环形动线 如：口字形动线，O 形动线、日 / 田字形动线 辐射形动线 如：T 形动线、十字形动线、Y 形动线	环形动线：上海南翔印象城 MEGA 辐射形动线：杭州万象城、上海七宝万科广场
	长宽比 ≥ 1.5	环形动线 如：口字形动线，O 形动线、日 / 田字形动线	环形动线：上海星月环球港
可建进深 ≥ 180 米		组合动线 如：环形动线嵌套辐射形动线	迪拜 MALL

注：① 可建范围为建筑退界线以内的可建设区域
　　② 对于类三角形、类扇形用地平面，参考相同长宽比的等面积矩形

（2）基于店铺经营效率最大化

对于可建宽度较为狭窄的购物中心而言，线形动线是最优选择（图4-35）。对于商业可建宽度较厚（如≥100米）的购物中心而言，线形动线、环形动线和辐射形动线都可以布置得下。此时，不同动线之间的优劣对比对于动线的选择就至关重要（表4-6）。

确定动线优劣的首要依据在于其能否实现整体经营效率的最大化。

就商业价值而言，中小店铺的单方租金＞次主力店＞主力店。

判断店铺动线是否能实现整体经营效率的最大化首要在于其能否尽可能增加中小店铺的数量，减少大面积店铺、进深大店铺的面积占比。因此，通过动线规划实现店铺经营效率最大化，方法在于减少店铺平均深度，增加中小店铺面积占比。

以环形动线和辐射形动线为例，由于环形动线覆盖面更广，因而店铺平均深度更佳，中小店铺数量占比高。而辐射形动线的端头会出现数个面积大、进深长的大铺。

因此，在相同条件下，环形动线的经营效率会高于辐射形动线。

（3）动线首尾相连成回环，避免回头路

购物中心动线的理想模式是沿着主动线一次性逛完所有店面，而不需要走重复道路，也不需要大角度拐弯。

因此，从动线组织上，首先不能有不成回环的直线末端动线，这样会导致顾客走回头路，进而降低购物兴趣。反面案例如深圳COCO PARK，主动线虽然也是线形动线，但动线宽度过于狭窄，无法通过在动线中央布置小中庭等方式设置双侧线形动线进而实现回环。

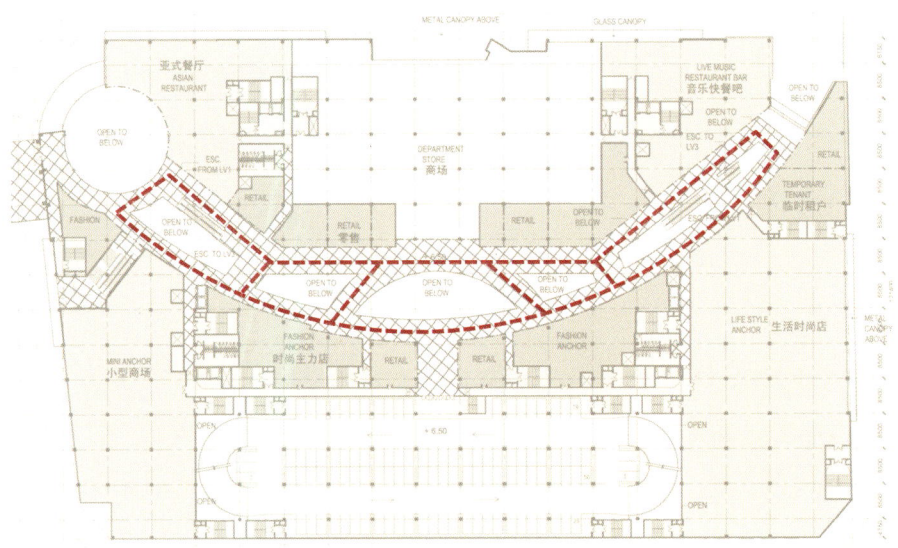

图 4-35 深圳华润万象城平面图

表 4-6 环形动线与辐射形动线优劣对比表

动线名称	环形动线	辐射形动线
标准平面		
优劣	【优势】平均进深适宜，中小店铺数量占比高；整体坪效更高。 【劣势】空间方向感弱，主空间打造难度大	【优势】空间方向感强，主空间效果好。 【劣势】动线端头会出现多个面积大、进深大的大铺。中小店铺数量占比低，降低整体坪效

213

对于线性动线来说，需要保证动线的公区宽度，通过在主动线上布置连续的次中庭，保证客户可以沿着线形动线两侧依次游逛，实现首尾相连。这种动线使用效率高，动线清晰，不容易迷路，成为使用最为广泛的动线形式。典型案例如深圳华润万象城。

其次，在动线组织上，要使动线平滑过渡，避免动线大拐弯，尽可能使顾客在动线上的每一个点都能看到更多店铺。

四、销售型商业产品与规划

销售型商业项目的经营模式、盈利模式和持有型商业项目完全不同，两者在动线规划、产品关注点等方面差异很大。

销售型商业项目缺乏统一经营和业态规划，各店铺业态之间缺乏协同整合，各店铺内部竞争与外部竞争同时存在，由此导致每一个商铺都只能自力更生、各自为战。

因此在规划和产品上，为各个店铺最大可能实现资源分配的均好，避免店铺出现流线、视线与使用上面的硬伤，同时充分预留经营条件就尤为重要。

1. 销售型商铺客户特点

销售型商业的购买客群包括直接经营者，也包括投资型客户。

针对买来经营的客户而言，商铺日后的经营状况好坏是客户选择商铺的最主要决策依据，这一类客户会从经营使用角度，对商铺的各方面经营条件进行衡量。由于经营型客户业态的多样化，对面积的要求也相应多元，因此部分商户会选择大面积商铺。经营型客户一旦购入，经营持续时间长。

针对买来投资的客户而言，商铺的竞争对象包括周边商铺甚至住宅。投资型客户购买商铺的原因一方面是由于住宅面积大、总价较高，另一方面也是由于限购的原因。由于商铺首付占比一般高于住宅，因此需要尽量控制商铺总价，保证尽可能多的可售商铺购买首付支出低于周边住宅。因此投资客优先考虑的是销售总价，其次才是经营。因此小面积、低总价的商铺是投资客首选，也是市场上最主流的产品策略；最常见的面积段是40～75方。

但是，整体而言，目前市场上供应的大量可售商铺经营状况都很差，大量商铺出售后缺乏统一管理，商业面貌杂乱不堪。很多商铺尤其投资客购买的商铺为了避免空置，低价招入建材、五金等与原本业态规划冲突的店户，导致整体商业面貌凌乱，租金下降，关铺率高，并由此陷入恶性循环。

2. 销售型商铺产品价值提升

为了提高销售型商铺的产品力和经营状况，提高销售去化情况，可以从总体规划层面、商业规划层面和产品层面三方面入手。

（1）总体规划层面

为了提升可售商业的人流导入，商业动线尽量与必经动线结合，借必经人流提升商业人流量。例如，将可售商业流线与周边住宅、学校、办公等的必经流线结合，通过强制流线的人流引导，提升整体商业活力。

同时，商业建筑出入口要临近主要街道与主要道路，靠近主要人流入口区域。

图 4-36 上海瑞虹新城——住宅归家动线与商业动线结合

以瑞虹新城商业街为例,在住宅与街区式商业的流线组织上,让住宅的归家动线与商业动线结合,回家路上一定要经过商业街(图4-36)。强制动线使街区商业的活力更好。

(2)商业规划层面

① 可视性越大,店铺价格越高,俗称金角银边草肚皮。可售商铺售出后,各店铺独立对外经营;因此店铺的可视性、可达性对店铺的销售难度、售后运营难度具有巨大影响。因此,要尽量保证更多店铺获得沿街展示面,尤其是临主街展示面。

疏散楼梯、公共服务用房等设施应放在电梯后面或者价值不高处,避免遮挡商铺沿街面。

有内街的商业,直接沿街面的(第一层皮)商铺价值最高,最内侧(第三层皮)商铺价值次之,中间(第二层皮)商铺价值最低(图4-37)。因为直接面向街面的商铺,行人可以在路上直接看到,所以价值最高;最内侧商铺人流只能从"第一层皮"的"缺口"看到,价值次之;中间商铺只有当人流进入内街转过头后才能发现,价值最低。

② 可达性越大,店铺价格越高。首层价值最高,逐层价格递减。因此,要尽量争取首层面积最大化。

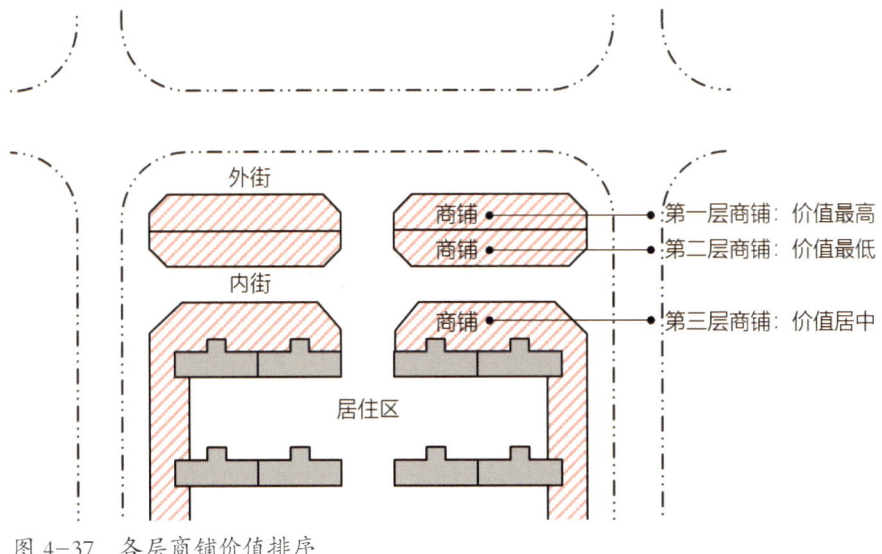

图 4-37　各层商铺价值排序

商铺价格逐层向上递减。以商铺均价作为一个基数，一层商铺价格是均价的 120%～150%；二层商铺价格是均价的 60%～80%；三层商铺价格是均价的 40%～60%。

首层商业面积应尽可能最大化，2 层以上商铺面积尽量减少。如果商业总面积较大，1-2 层商铺容纳不下而出现局部三层及以上的商铺，要尽量把层数多的商铺布置在主入口、街角等人流集中处。因为，只有主入口、街角等处的人流才能满足较高商铺的人流量要求。

此外，要通过交通布置等方式尽量把人流往上引导。对于二层及以上的商铺，要考虑配置独立门厅、直达电梯、扶梯等方向提升人流，促进销售和以后的运营。

一般二层的商铺，也常采用一拖二打包销售形式，带动二层面积的销售去化。

为了便于消费者顺畅抵达商铺，避免商铺与周边道路出现较大高差，要尽量保持商铺与道路处于同一平面上。若实在无法避免，可以通过路肩等实现过渡。同时，避免因为规划水景、绿化带等阻碍商业的人流动线。

③ 动线简洁清晰不走回头路，商业界面连续不中断。

商铺布局尽可能动线简洁清晰、不走回头路，避免出现袋状尽端式等商业死角。

此外，商业界面的连续性会影响动线的连续性。尽可能实现商铺界面连续性，尽量避免被公共服务用房（如社康中心、服务站、卫生间等）打断。

综合来看，不同位置商铺价值排序如下：

a. 外凸商铺价值大于凹入商铺——展示性高；

b. 转角商铺价值大于中间商铺——可视率高；

c. 广场商铺价值大于街道商铺——可视性高；

d. 入口商铺价值大于内部商铺——可视率、可达性高；

e. 首层商铺价值大于二层商铺——可达性好；

f. 流线末端尽头商铺价值最弱——可达性最差。

（3）产品层面

1）控总价原则　可售商铺的客群既有真实经营客户，也有投资型客户，在总价控制上需要兼顾两种客群的需求。对投资型客户而言，可选的投资标的既有商铺，也包括周边商品住宅。由于商铺首付占比一般高于住宅，需要尽量控制商铺总价，保证尽可能多的可售商铺购买首付支出低于周边住宅。

尽量减少大面积商铺的数量和占比，因为面积过大意味着销售去化难度大。

2）小铺原则　可售商铺产品主要面积段，以面积 40～75 方的小铺为主。这种面积的商铺可以满足标准的餐饮铺和零售铺的使用需求，平面布局高效，市场接受度高，销售难度低。可售商铺面宽一般为半个柱跨，以 4.2～5 米面宽最常见；面宽和进深比一般是 1∶2～1∶3。

在平面使用场景上，以餐饮为例，商铺约后 1/3 区域用于后厨区，中间 1/3～1/4 区域用于布置收银区以及可能有的楼梯和卫生间，最外侧用于客人落座堂食区（图 4-38）。

除了标准店铺外，为了促进二层商铺销售，经常采用一拖二方式把两层叠加销售，从而导致店铺面积翻倍。

3）赠送面积最大化原则　商铺要在满足当地规范的基础上，通过天井、庭院、外摆、提高层高等方式，提升面积赠送率，增加商铺产品力，

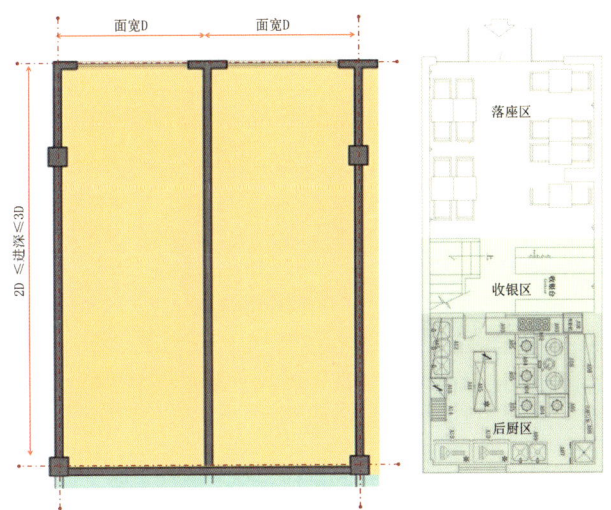

图 4-38　标准商铺平面以及餐饮落位平面

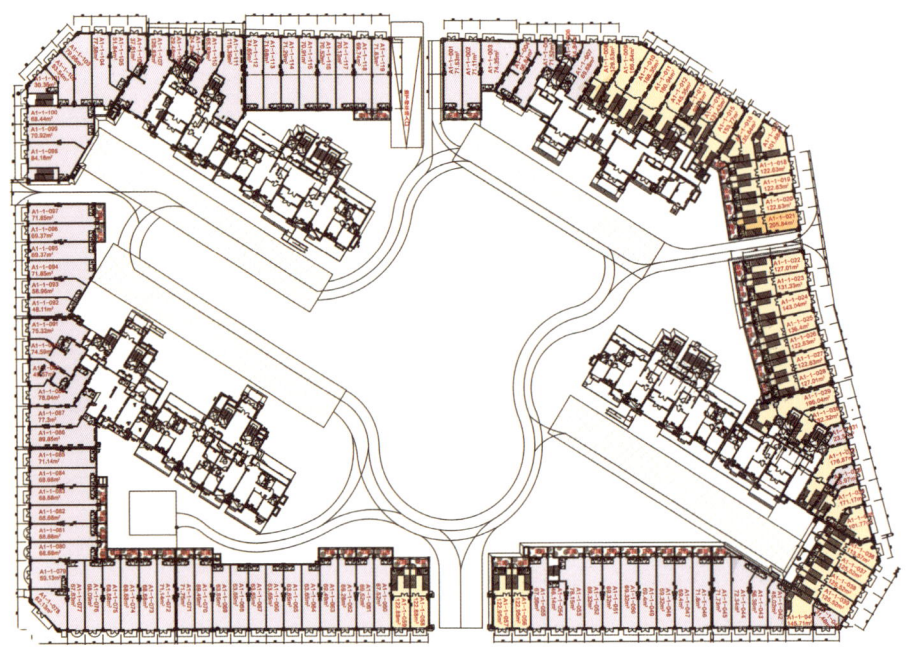

图 4-39 某项目可售商铺平面图

实现赠送面积最大化原则（图 4-39）。

① 加大层高，增加赠送面积

商铺一定要在当地规范允许情况下把首层层高做到 4.5~6 米，满足隔层用作两层的可能性。因此，设计师在确定商铺层高时，应充分研究当地设计规范，在规范允许前提下实现层高的最大化，尽可能为业主增加改造的可能性。二层既可满足仓储需求，也可满足居住需求，形成下店上住的格局。因此，为了更方便进行隔层搭建，需要预留隔层条件；同时在平面和立面上为隔层搭建做好预留。例如一层预留楼梯梁，便于业主后期改造（图 4-40）。

② 赠送后院

对商铺和住宅紧靠的项目，在空间允许的情况下利用住宅和商业

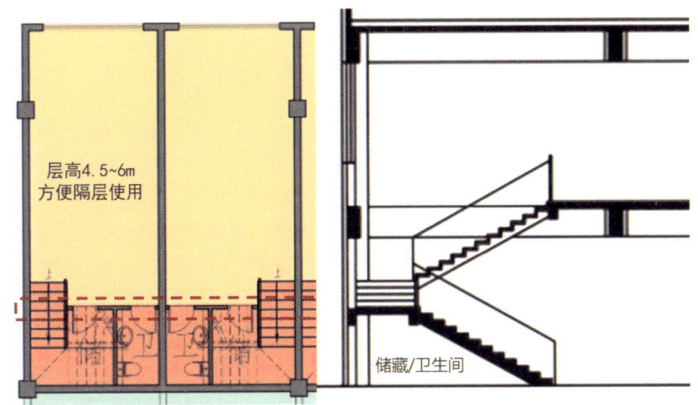

图 4-40 商铺预留隔层条件示意图

退距赠送后院。后院的作用在于增加使用面积，这种方式对餐饮、超市、零售等业态都有重要作用。

③ 赠送天井"送"面积

可以增加使用面积，改善通风采光。

④ 利用地下车库无用空间，赠送商铺储藏面积

对商铺下部有地下室的项目而言，赠送地下室面积，可以增加商铺储藏面积。赠送的地库房间通过商铺内楼梯与商铺相连，从而具有了经营属性，对于商铺有一定溢价作用。

⑤ 增加商业外摆区，露台赠送

商业外摆区是商业面积的一种拓展，对人流有引导作用，特别是对有景观资源的商铺，这种外摆区的价值甚至高于室内商铺价值。

此外，为了满足各种经营可能性，需要尽可能预留餐饮、居住、煤气、油烟上下水等条件。针对很多郊区新建小区的商铺在售出后初期，会出现很多五金建材零售的情况，需预留足够的楼板荷载，满足五金建材类货架摆放需求。

3. 销售型商铺平面类型划分

销售型商铺的平面形式类型化特征非常鲜明。根据销售型商铺的位置、面宽、进深的不同，可以分成标准店铺、宝瓶铺、转角铺、一拖二铺等几种。各种商铺类型如表 4-7 所示。

表 4-7　　　　　　　　　销售型商铺类型表

店铺特点	平面案例
【标准店铺】 ①单铺面宽常为半个柱跨。柱网一般为 8～9 米，单铺面宽一般为 4～4.5 米； ②最常见为单铺销售，也可两个或多个商铺组合成大铺。 ③进深面宽比：2D≤进深≤3D 最佳，进深一般≤4D	
【宝瓶铺】 口小肚子大，面宽小于内部宽度的店铺，一般进深面宽比：进深≥3D。 ①当店铺深宽比过大时，为解决大深度带来的面积过大、使用不便；将商铺划分为"标准铺+宝瓶铺"的组合，宝瓶铺面积增大，保证标准铺面积和深宽比适中。 ②因剪力墙位置原因产生的宝瓶铺。 为提升宝瓶铺产品力： ①保证"瓶身"位置进深能满足商业经营需要，避免形成低效空间； ②保证"瓶口"位置面宽满足正常商业经营需要，面宽不小于标准铺面宽	
【转角铺】 处于转角位置的商铺。 根据金角银边草肚皮的价值原则，转角商铺商业价值高于普通商铺。 转角铺面积分类有以下两种： ①转角大铺：利用转角人流优势布置大面积品牌店，且一般通过一拖二、一拖三方式与二三层打通，增加二三层售价。 ②转角小铺：考虑转角界面价值最大化，划小铺，实现单方售价最大化	

续表

店铺特点	平面案例
【一拖二铺】 首层和二层作为一个独立单元同时销售，通过户内楼梯上下连接商铺。一拖二铺的目的是利用一层来带动二层销售，避免二层部分销售困难。 一拖二铺增加的楼梯模块会降低店铺实用率。	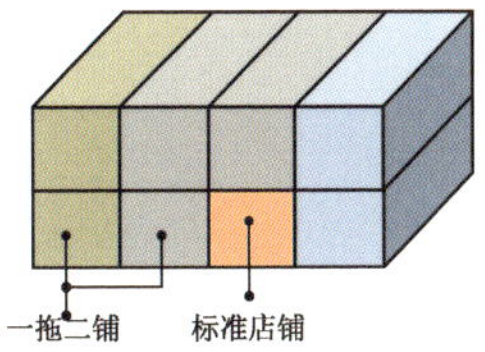 （一拖二铺 标准店铺）

4. 销售型商业动线规划

销售型商业的规划受到用地形成、商业体量、产品类型、销售模式的综合影响。

由于销售型商业的店铺价值规律，导致二层及以上商铺销售难度大、销售价格低。因此，销售型商业在布局时应尽可能采用低层数的临街铺。但是每块用地的面积指标不同，用地尺寸各异，导致每个销售型商业项目规划形态各异，最主要的影响因素是面积。经过笔者总结，销售型商业的面积与规划形态的关系见图 4-41，销售型商业各种规划形态的布局特点见表 4-8。

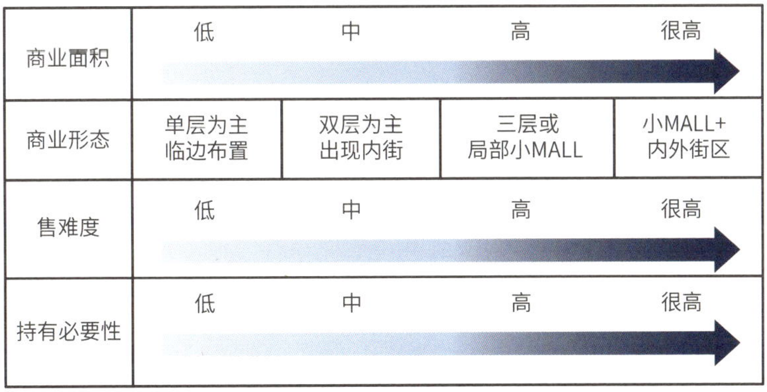

	低	中	高	很高
商业面积				
商业形态	单层为主 临边布置	双层为主 出现内街	三层或 局部小MALL	小MALL+ 内外街区
售难度	低	中	高	很高
持有必要性	低	中	高	很高

图 4-41 销售型商铺面积与规划形态的关系

表 4-8　　　　　　　　　销售型商业规划形态表

类型	街区式布置		组合型布局：小 MALL+ 内外街区
	外街型	内外街区型：内街 + 外街	
平面布局	（外街型底商街铺示意图）	（内外街区型 内街+外街 示意图）	（小MALL+内外街区 示意图）
销售模式	直接销售为主	直接销售为主	带租约销售、先培育后售、售后返租或租售结合
产品特点	①小面积商铺为主，大店铺少或没有。单铺面积统一，一般以 40～75 方为主，一般不超过 150 方。层数一层为主，一般不超过 2 层。②通过增加层高，赠送面积等方式提升产品力	①全一层布置不下这么多商业面积，出现较多 2 层商铺，一般不超过 3 层。既有以 40～75 方为主的小面积商铺，也有通过一拖二，多开间合并而成的较大面积店铺。②通过增加层高，赠送面积等方式提升产品力	①通过整体自持或局部自持，促进销售，提高售价。小面积商铺散售，小 MALL 部分作为主力店/次主力店自持经营一段时间以吸引人流量。持有期过后，考虑整体或分散退出。②平面布局为街区 + 小盒子
价值排序	角部 > 临街铺 > 非临街中间铺 金角银边草肚皮	角部 > 临街铺 > 非临街中间铺 金角银边草肚皮	角部、入口部 > 临主力店铺 > 临街铺 > 非临街铺

第五章 商业空间的新可能

商业空间既是经营零售的容器，也是消费的载体，同时也是商业流线组织的呈现方式和实体表达。商业空间和零售业态、经营方式、流线组织方式紧密结合。商业空间的创新，不是无源之水、无本之木，不能脱开零售业态、经营方式、流线组织方式而独立存在。

在工业革命以前，街区式的商业，最适合当时的家庭小作坊或个体独立经营的零售形式。工业革命后，随着商品生产和零售效率的提高，零售行业的分工精细化，效率更高的集中式百货商店、购物中心才应运而生。在每一个阶段，商业空间都是适应当时技术水准、消费水准的最佳匹配结果。

当下很多地方人均商业面积日趋饱和甚至局部过剩、网络购物下沉化和购物全球化、商业空间日渐趋同的大环境，正在呼唤新的商业空间可能性。同时，目前流媒体、虚拟现实等科技水平的进步，也为商业空间的新可能奠定了基础。

商业空间还有哪些新的可能性，全世界很多地方都在探索。

笔者尝试从商业的"骨"（流线）、"肉"（业态）、"皮"（场景）三个角度出发，结合国际最新潮的商业尝试，探索商业空间的更多可能性。

一、商业动线创新与空间新可能

商业动线创新的首要意义，在于提高商业效率。

对于商业建筑，流线的组织包括水平动线组织和垂直动线组织。在水平动线组织上，商业动线要保证尽量回环，人流量尽可能照顾到动线上的每一个店铺。在垂直动线组织上，依靠电梯和扶梯，把人流输

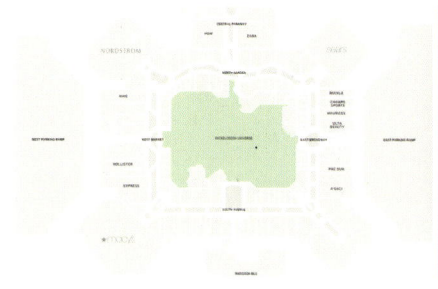 

图 5-1　美国 Mall 人流热力图

送到各层。由于电梯和扶梯的布置，在平面上是点状非连续的，各层平面上被输送上来的人流也是非连续的。因此，基于各店铺与垂直交通距离的远近，会带来可视性、可达性的差异。表现为，靠近电梯、扶梯的商铺更占优势，租金更高。

因此，最常见的商场、购物中心等商业空间的水平动线分布是连续的，垂直动线的组织是片段非连续的。如果反映在人流热力图上，会发现靠近垂直交通、出入口等地方，人流量密度更大（图 5-1）。

对商业建筑而言，垂直动线的组织难度大于水平动线；高层区往往是冷区，把人流往高区引导难度较大。所以商业建筑的高层区租金和低层区相差较大。为了把人流量吸引到高区，一般会采取把带客能力强的主力店放在高区、设置直达天梯等各种措施。

1. 螺旋坡道动线

为了解决商业人流垂直组织难度大，人流向商业高层区流动难度大的问题，将水平动线与垂直动线结合，将传统的"水平分层＋扶梯＋电梯"的商业交通模式，改为"连续坡道＋电梯"的空间模式。以连续坡道的方式将水平动线与垂直动线结合，使得人流可以连续不断在楼层间流动。

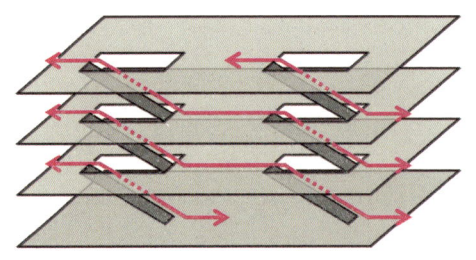 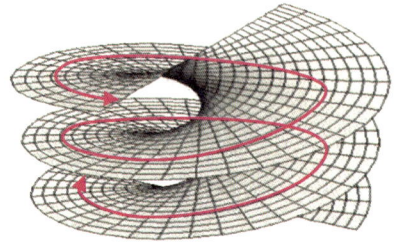

图 5-2　传统商业分层"片段式"动线模式图　　图 5-3　螺旋坡道动线模式图

这种螺旋"连续式"动线模式,可以最大程度保证人流动线的连续性,模糊楼层间的人流量差异,最大限度保证人流量照顾到动线上的每一个店铺(图 5-2、图 5-3、表 5-1)。

把水平动线与垂直动线结合,打破了传统商业的分层概念,实现各层动线的连续无缝过渡。顾客可乘坐电梯到达最顶层,再顺着坡道螺旋步行而下,依次经过每个店铺。顾客不需要再乘坐扶梯上下楼层,也不会错过任何主动线上的店铺。

表 5-1　　　　　　　　　　螺旋坡道动线优劣表

优势	①提升动线效率,减少交通面积,减少扶梯类垂直交通设施。可通过垂直电梯将人流引导至最高处后,使人群沿着螺旋动线顺流而下,以此经过流线上的各店铺。 ②取消传统的分层概念,打破了楼层间的物理隔阂,使得跨楼层的人流渗透更加顺畅。 ③保证客流可以到达每一个品牌店铺,提升每一层的商铺价值,让更多层商铺享受首层人流热度。 ④垂直电梯将人直接运往高层,将高区从冷区变成热区。 ⑤主动线上的店铺可以实现人流到达的均好性
劣势	①结构较复杂,楼层板为斜板和层层跌落楼板,公共走道与店铺交界处高差有一定影响。 ②适合尺度面积接近的中小店铺,与大进深主力店铺如主力店、溜冰场等整合组织较难。 ③后勤货运动线组织需要特殊处理
适用类型	①各店铺面积大小相近、便于流线组织。 ②各店铺的空间尺度、净高等硬件条件基本一致,店铺净高灵活性不足。

这种螺旋坡道动线的优势，在纽约纽约古根海姆博物馆已经充分证明（图 5-4），在购物中心当中的使用虽然暂时还较少，但是几乎每次应用都会打造出激动人心的项目（图 5-5）。

图 5-4　纽约古根海姆博物馆螺旋坡道动线空间

图 5-5　普尔海姆 Segmüller 家具店的螺旋坡道

由于餐饮零售类业态店铺大小，进深接近，平面相似度高。因此，螺旋坡道动线与餐饮零售类业态可以结合得非常好。案例如泰国曼谷 EmQuartier 购物中心的 The Helix。

（1）曼谷 EmQuartier——The Helix

The Helix 是曼谷大型商业综合体 EmQuartier 的一部分。EmQuartier 商业综合体总体量非常大，为了避免游逛的枯燥感，将整体分成特色鲜明的三个部分：包括螺旋区（The Helix）、玻璃区（The Glass）、瀑布区（The Waterfall）。三个分区在体验和业态上各有特色，流线上紧密衔接，共生共荣（图 5-6～图 5-10）。

The Helix 在高区采用螺旋动线，在低区采用普通环形平层动线，中间衔接处设有空中的螺旋坡道景观。

螺旋区部分平面尺寸较小，宽度和进深都不大，采用螺旋式坡道围绕主中庭连续展开。该部分都是餐饮店铺。所有餐厅都沿着螺旋坡道排列展开，让顾客在散步中欣赏琳琅满目的美食（图 5-11、图 5-12）。

在动线组织上，顾客既可以通过主中庭的垂直电梯到达各层，也可以先乘坐电梯到达顶层，再沿着螺旋坡道漫步而下，体验下山散步的感觉。每一层也有扶梯组织交通。

独特的流线组织和空间体验，使得 The Helix 在曼谷竞争激烈的商圈中独树一帜，并成为曼谷最具有识别性的美食目的地。

在后勤动线上，货物必须借助一段公区走道运至后勤电梯再运走，无法实现后勤动线完全不可视化。

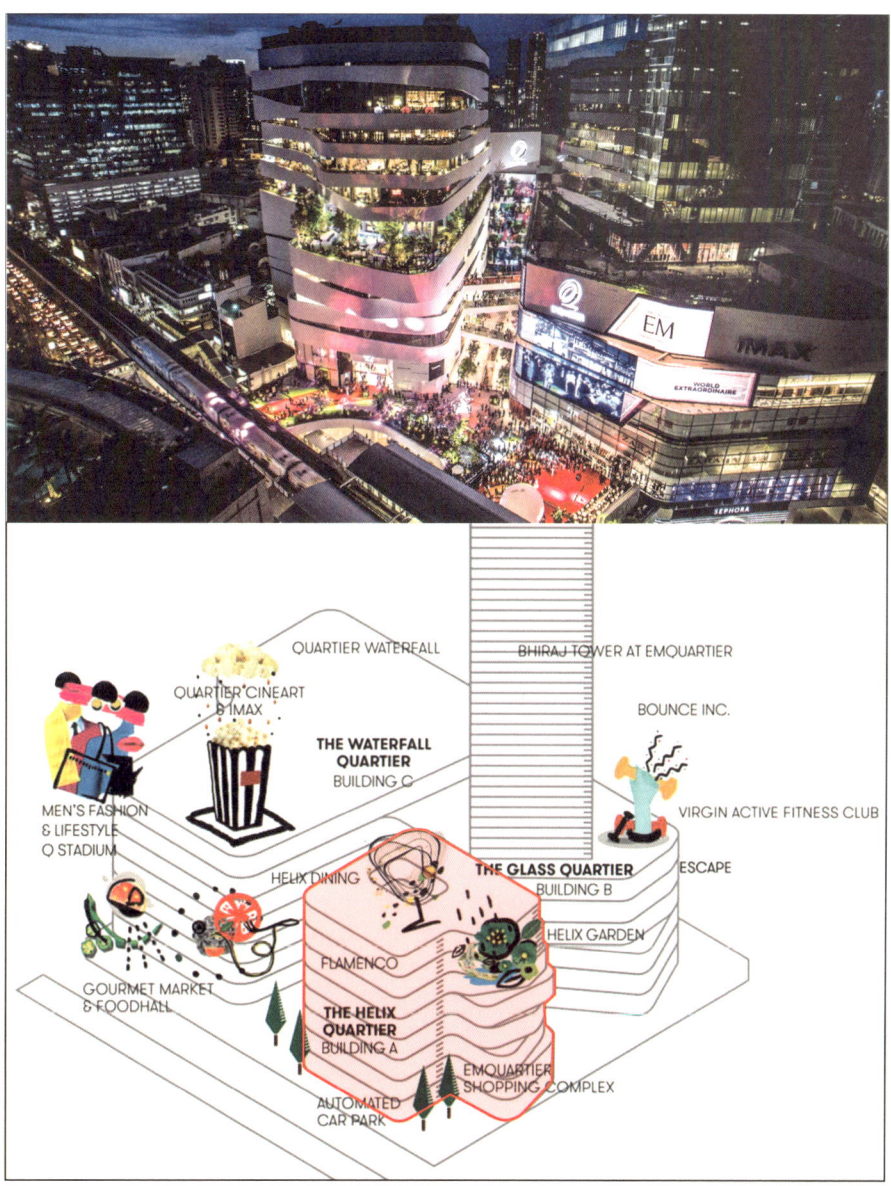

图 5-6　EmQuartier 商业综合体整体

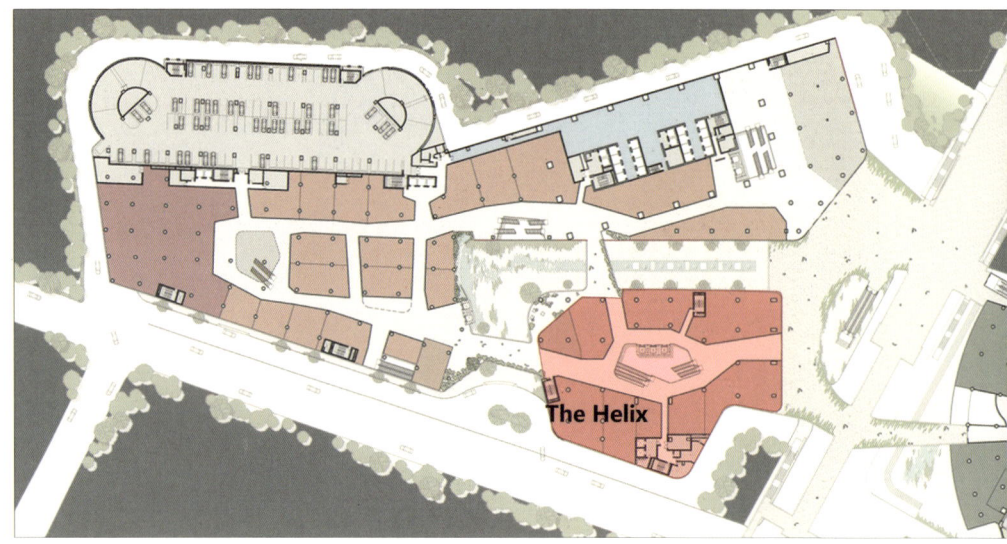

图 5-7　EmQuartier 商业综合体平面图

图 5-8　The Helix 剖面

图 5-9 The Helix 中庭

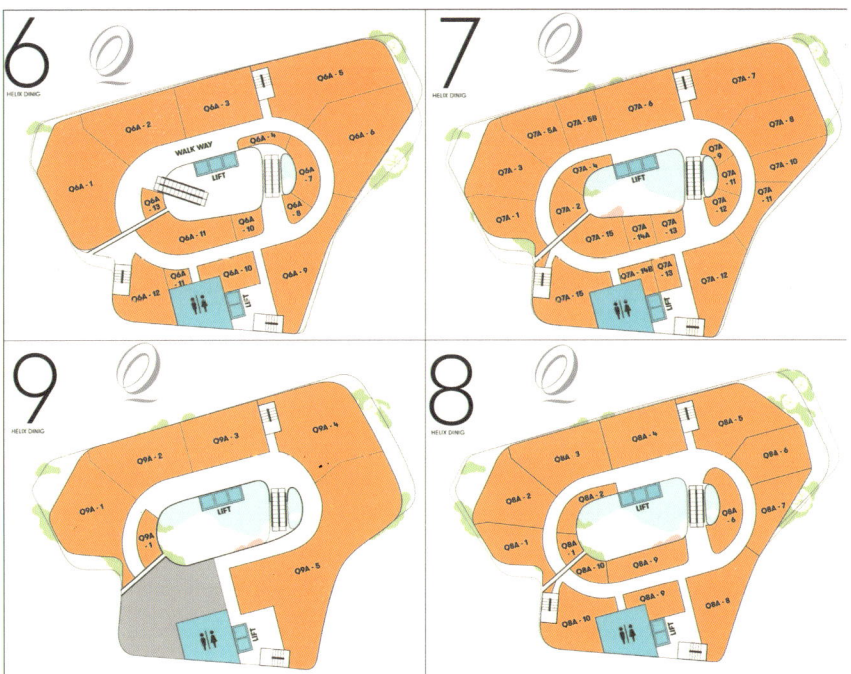

图 5-10 The Helix 各层平面图

图 5-11　The Helix 坡道高差处理

图 5-12　螺旋坡道景观

（2）韩国首尔仁寺洞 ssamziegil 购物中心

2004 年 12 月 21 日开业的 ssamziegil 购物中心（人人广场）业态以工艺品销售为主，约有 70 家工艺品商店、文化商品和纪念品商店、画廊和餐厅，目前已经成为仁寺洞的旅游景点。

购物中心总建筑面积 4066 方，围绕菱形院子，沿着一条约 500 米的螺旋缓坡从1楼漫步至4楼,最终到达屋顶的空中花园。面向街道的开放式入口,将散步的顾客自然地吸引到建筑物中。

螺旋形坡道的坡度为1/25～1/20,与首尔很多街道的坡度接近,顾客可以一边沿坡道逛街一边眺望仁寺洞和内庭院,使购物中心成为城市街道的组成部分(图5-13)。

螺旋形坡道的流线布置,可以极大地增强高楼层的人流拉动能力,使得2层以上店铺更容易得到人流光顾。

ssamziegil购物中心的体量原本只能够达到邻里级的水准,但是螺旋形动线的趣味性、开放性以及本身业态的吸引力;使得ssamziegil购物中心的吸引力远远超过本身体量的限制,成为地区性的旅游景点(图5-14)。

图5-13　ssamziegil购物中心沿街面

图 5-14 ssamziegil 购物中心

（3）泰国曼谷 The Commons

The Commons 的动线，本质上也是采用螺旋坡道式动线的组织方式。设计师既想打造街区式的步行体验，又受到场地狭窄的限制。所以将线性的街区在垂直方向上折叠起来，围绕着中央的内天井螺旋而上，形成类似盘山而上的游逛体验（图 5-15）。

图 5-15 The Commons 动线图

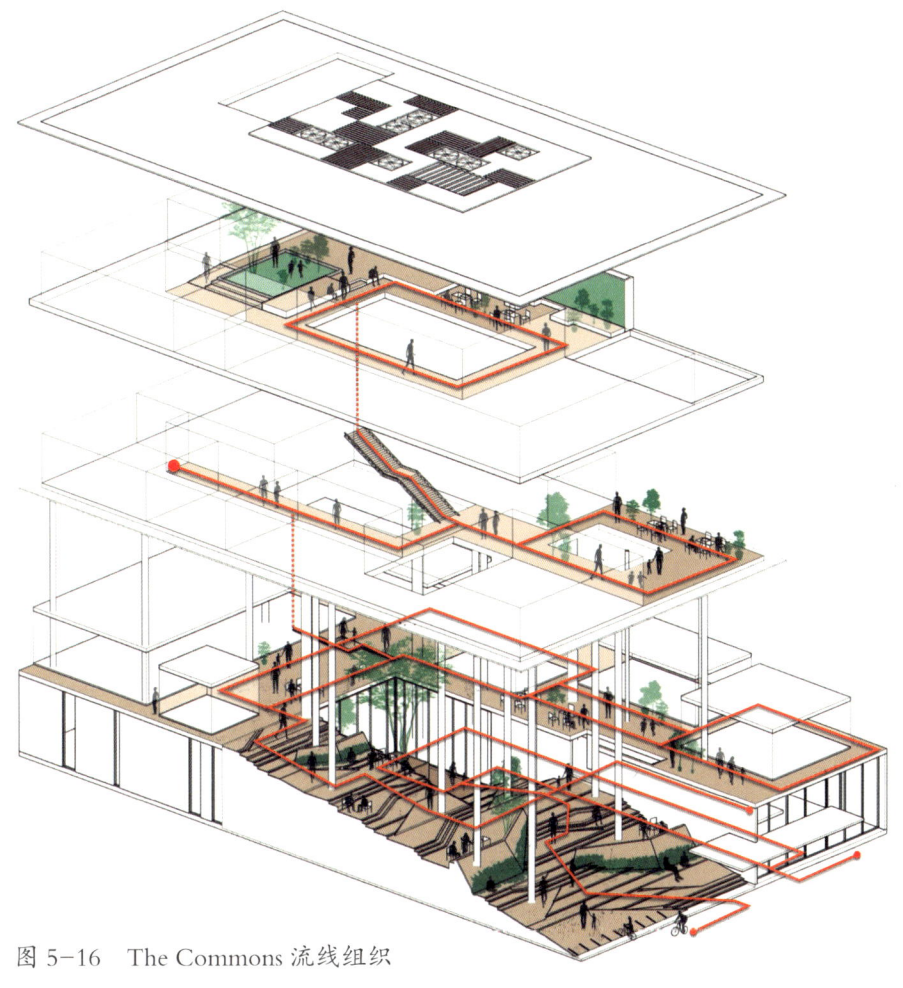

图 5-16 The Commons 流线组织

从首层开始利用不停转折而上的一系列台阶和平台，人们可以从一层漫步到上面各层。在连续动线串联的各层公共空间中，布置了餐饮区、休息区、小型舞台、野餐区、竞技场式的阶梯、儿童游乐区、办公空间、一片游泳池大小的草坪，还有一个菜园（图 5-16）。

这一系列公共空间，以接近于山地街区的方式有机组合在一起，人群可以在各空间中休憩、流动、共享。

在商业总体量不变的情况下，螺旋坡道动线可以最大化地延长顾客的游逛长度，增加停留时间，进而带动流线上各店铺的经营。这也是 The Commons 原本体量很小，却有巨大活力的重要原因。

2. 开放式店铺的空间创新

传统购物中心的店铺格局是"店铺＋走道"模式，以店铺门面区分租赁区和公区，各店铺之间区分明确。这种模式的优势在于产权界面和管理界面清晰，管理效率高，充分满足各店铺的展示需求，发挥经营自主性。因此，目前几乎所有购物中心都采用这种模式。

这种商铺模式的问题在于店铺分割相对固化，灵活性不足。

随着人均购物中心面积逐渐趋于饱和，各购物中心竞争加剧，品牌和业态逐步趋同。为了提供持续的业态新鲜感，很多购物中心的调铺速度越来越快，品牌、业态更新迭代的速度也越来越快。如果采用传统的"店铺＋走道"的空间模式，每次调铺都不得不对店铺分割进行调整灵活性不足的缺点愈发凸显。

此外，买手店经济的崛起，也为购物中心提供了更多的商品选择，更高的品牌浓度。买手店商品更换速度快，布置灵活，一般都采用开放式店铺的方式（图 5-17、图 5-18）。

这种"开放式店铺＋买手店模式"，为购物中心提供丰富的品牌品类和活力。这种模式，不再以品牌作为区隔，而是以款式、品类、设计师来区分。

开放式店铺的特点体现在以下几方面：

① 店铺和场景更新速度越来越快。

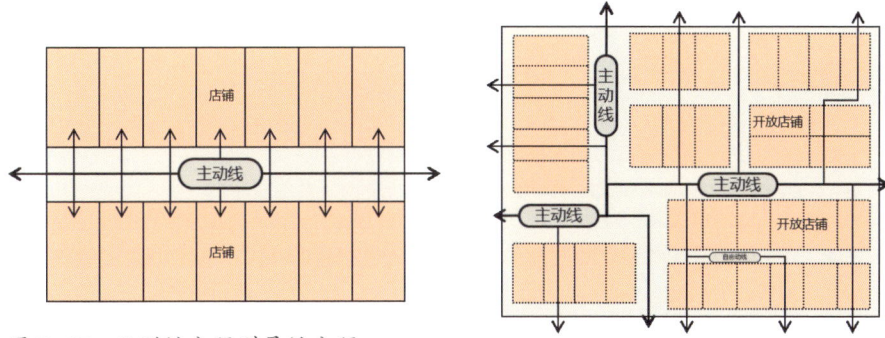

图 5-17 从刚性分隔到柔性分隔

图 5-18 开放式店铺 GENTLE MONSTER HAUS SHANGHAI 零售空间

② 店铺切分灵活，不再受实体隔墙的限制。

③ 模糊品牌，注重整体空间。

④ 增加品牌密度。开放式店铺，以小而密的岛柜排列方式，可以实现更高的品牌密度。

采用传统空间模式，一个 10 万方购物中心所能容纳的品牌大概有

300个。而采用开放式店铺的百货，只需要3万～5万方，其品牌数可能就超过300个。而买手店的品牌密度，比百货更高。

开放式店铺的空间策略是弱化单一品牌调性，突出整体氛围。同时开放自由的流动性空间使得整体空间的可塑性更强，再结合强烈的主题场景可以实现相比传统商业更加极致的空间场景。如泰国Siam Discovery和北京SKP-S，都是采用开放式店铺+沉浸式空间的模式。

【案例】泰国Siam Discovery

Siam Discovery是一家老牌百货，总面积约40 000方，营业楼层共7层。2016年进行改造翻新后的Siam Discovery，没有采用传统商业体中按品牌划分空间的做法，而是采用类似于上海的K11+连卡佛的组合方式，以"开放式店铺+买手店"的模式进行整体打造。

改造后的Siam Discovery既有独立品牌店，也有百货，以及高人气的品牌集合店和买手店；但是在整体室内风格上统一采用开放式店铺的风格打造（图5-19～图5-21）。

Siam Discovery摒弃了传统购物中心每个品牌占据一个独立区域的品牌划分做法，而是采用立足功能、弱化品牌，零售区域品类化、主题化的方式进行组织。Siam Discovery以生活方式为切入点，依据使用场景将商业空间划分为7个"生活方式实验室"，围绕不同品类，将5000多个品牌进行组合和陈列。这种方式，让顾客在购物选择时效率更高，比选更加充分，并鼓励顾客发现和品味生活方式混合的可能性。

Siam Discovery在公共区域和零售空间交界处，将地板和天花板上的饰面进行过渡衔接，以公区和店铺区的融合开放营造一种人们可以自由进入商店的氛围。此外，各品牌之间，分区之间也是开放，自由流动的空间。

图 5-19　泰国 Siam Discovery 入口

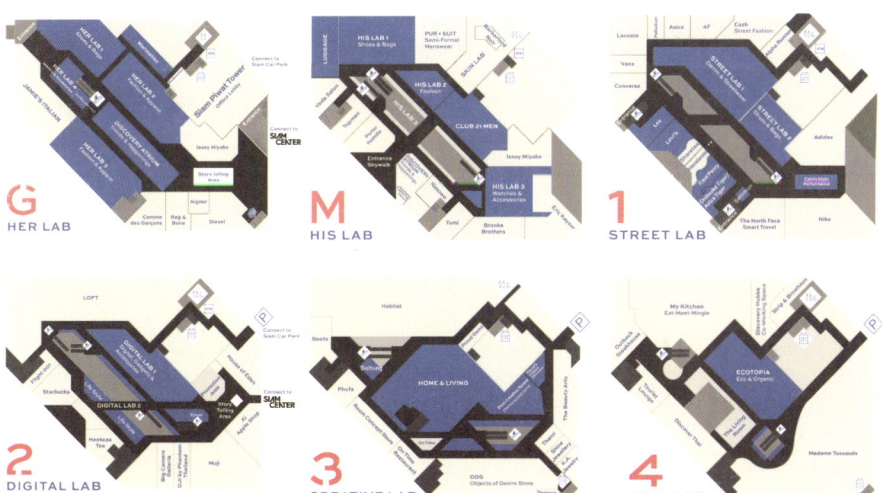

图 5-20　Siam Discovery 平面分区

图 5-21 Siam Discovery 开放式店铺

二、沉浸式商业场景

虽然线上商业的蓬勃发展会冲击侵蚀零售业态，但是线下商业所带来的那种烟火气、体验感、生活感是永远无法被线上替代的。在商业建设量日趋饱和，业态内容与商品日渐趋同的今天，唯有场景体验才是让人进入、让人驻足、让人常来常往的关键。在这种背景下，把主题性特色型空间极致化的沉浸式空间具有极大的吸引力。

沉浸式意味着把道具组成的场景，真正变成更有感染力的空间，非日常性的空间。

沉浸式空间的主题选取恰当，以及各空间之间的串联过渡顺利，才能最大化提升整体商业空间的打动力。常见的沉浸式主题包括科幻未来、生态自然、历史民俗、影视场景，等等。

1. 科技与文化场景沉浸式

在基本消费需求已经得到充分满足的时代背景下，在商业场景逐渐趋同的背景下，顾客会为文化认同而买单。沉浸式空间可以把文化的场景感最大限度呈现出来。沉浸式主题的选定，需要深挖主要客群的文化认同、消费喜好。

例如，拉斯维加斯的AREA15和北京SKP-S商场主打科幻未来主题的沉浸式空间，因为目标客群是年轻时尚、在好莱坞电影陪伴下成长起来的消费新锐。

（1）拉斯维加斯AREA15

面积：200 000平方英尺（约19 000方）

地点：内华达州拉斯维加斯

AREA15是房地产开发公司Fisher Brothers和创意机构Beneville Studios合作建设的沉浸式、体验式的娱乐、艺术、零售综合体。AREA15于2020年9月17日开放，在仓库般封闭的盒子内打造了各类沉浸式景点、交互式艺术装置、创意零售、主题酒吧、餐厅等让人印象深刻的场景（图5-22～图5-24）。

AREA15以科幻小说为主题，将未来感的科幻装置与艺术、媒体、游乐设施和餐饮、零售融为一体。顾客可以免费进入，但是体验娱乐项目则需要付费。AREA15已经跳脱了传统的商业零售和娱乐中心的范畴，将沉浸式、交互式体验作为最主要的商品售卖。AREA15的收入来源包括交互式艺术装置的体验门票收入，租户租金，艺术品售卖收入，等等。

凭借超现实的艺术装置、沉浸式的虚拟现实体验、新鲜刺激的购

图 5-22　AREA15 外景

图 5-23　AREA15 布局

图 5-24　AREA15 内部场景

物体验，AREA15吸引着各个年龄段的当地人和外地游客。该项目获得众多荣誉，被评为"最佳沉浸式艺术体验"、《拉斯维加斯杂志》的"最佳艺术中心"，并在Blooloop的"世界11大沉浸式艺术体验"中排名第一。

AREA15包括以下特色场景：

艺术岛（Art Island）：在主入口前室外场地布置的大型艺术品展示区，在这里艺术品不再像画廊里那样有距离感，而是近在咫尺，触手可及，展出的艺术品也可供销售。

主厅The SPINE：顾客进入时会穿过一个宇宙飞船气闸门，从大门进入后就是长条形的主厅The SPINE。在主厅内布置了各种艺术装置、创意零售、餐饮，且可以由此前往各主题区。

Shogyo Mujo艺术装置：进入大门后的第一个艺术装置，12英尺（约3.66米）高由屏幕通体包裹的交互式头骨，头骨上屏幕的图案与音乐同步。

Wild Muse精品店：精品零售集市，出售来自本地和全球创意型的手工制作服装、配饰、艺术品以及环保健康和保健产品。

Oddwood酒吧：开放空间式酒吧，酒吧围绕着一株近23英尺（约7米）高的日本枫树，树冠由5000多个闪烁的LED灯组成。在闪烁的数字森林中品尝鸡尾酒，LED树叶随着DJ的音乐节拍起舞，场景充满赛博朋克的未来感。

Birdly飞行体验：模仿鸟类飞行体验，通过佩戴VR眼镜鸟瞰现代城市如纽约、新加坡和史前世界，还能体验飞行时翅膀下的气流。费用为每位成人13.25美元。

Gallerie 360：是一个大型会议和活动空间，可以与拉斯维加斯大道上的豪华酒店宴会厅媲美。通过四面高清投影，提供身临其境的视听体验。此外，这里每晚还会展示由数字艺术家 Darpan 和 Max Cooper 创作的 30 分钟声光展览。

Haley's Comet 滑索：美国第一个室内悬挂式的电动高空滑索，可供两名顾客乘坐双轨滑具，在空中竞速滑行。费用为每位成人 18 美元。

Omega Mart：披着超市伪装的沉浸式、交互式艺术展览区。找到并穿过隐藏在超市中的隐秘入口，让参观者踏上了穿越超现实世界、身临其境的冒险之旅，沉浸在大胆的艺术氛围中。Omega Mart 面积 4800 方，共计有 325 位艺术家参与了该项目；除了体验区之外还有商品售卖区。

The Grounds：4 英亩（约 16 187.4 方）的户外活动空间，可用于音乐会和节庆活动。

Lost Spirits 酿酒厂：一次沉浸式的酿酒厂之旅，在全息投影表演和

图 5-25　AREA15 内部场景

游乐设施旁品尝广受好评的烈酒，类似于超现实的游乐园。

MUSEUM FIASCO：沉浸式视听体验空间，利用声音、霓虹灯和喷雾等装置，探索空间、时间和感知之间的奇妙碰撞。每个视听灯光秀大约 12 分钟。

此外还包括 The Beast 餐厅、Emack & Bolios 冰淇淋店、玩具店，汽水和糖果店等其他店铺（图 5-25）。

（2）北京 SKP-S 商场

北京 SKP-S 商场采用"开放式店铺 + 沉浸式场景"的空间模式，植入未来主义的科技主题元素，打造出沉浸式的"科幻未来"般的购物场景。

SKP-S 商场以电影剧本分镜头呈现的方式，使顾客进入后依次通过精心编排好的场景序列：一楼"未来农场"，二楼"火星历史"，三楼"重新探索火星"。商场内部通道仿佛宇宙飞船的太空舱，呈现未来人类由陆地抵达火星的时空旅程。

从"未来农场"到"火星历史"再到"重新探索火星"，整个空间从装置主题上完成了一整套叙事。整套故事线，在大楼的每个角落都得到呈现。"火星"只是这个新类别的一种表现形式，透过这层火星的表壳，不仅让顾客沉浸在艺术品的氛围中，更让艺术空间中的商品调性和价值得以提升。同时，人在这样的环境中沉浸越久，越有可能释放消费热情。

由于 SKP-S 是百货，而不是传统的商场，在设计风格上不需要考虑各品牌店是否同意，所有店铺空间都统一设计，满足整体风格呈现要求。在空间呈现上，模糊店铺区与公区界限，将店铺区与公区统一

图 5-26 SKP-S 室内场景

设计一体打造,形成流动式空间,内外交融式商业空间。

这种沉浸式空间,既体现了项目策划者对未来商业空间的思考,在当下商业空间趋同的大背景下也显得特立独行。由于这种沉浸式的主题空间、艺术装置都很"上照",即便普通人也能在这里轻松拍出很亮丽的非日常感的照片,所以这种独特性既赋予了商业空间社交属性,也很契合自媒体的传播特性(图 5-26)。

类似 SKP-S 百货和拉斯维加斯 AREA15 这种以科幻未来为主题的沉浸式打造,需要极强的艺术装置设计能力和场景设计能力,相应的成本投入也非常大。国内很多开发商在成本受限制的情况下,一般选取的文化切入点以老街古镇文化、市井文化等容易实施的为主。

老街古镇文化和市井文化的案例如各地的文和友、北京和平菓局、浦东世纪汇的"1192弄老上海风情街"、北外滩来福士 B2 层的城市集市,

图 5-27 古镇市井文化的沉浸式场景

等等。以怀旧市井文化主题的文和友为例，在空间场景营造上，以沉浸式手法，在人眼可及的地方布满了各种市井风格的广告招贴、街道元素，在通高的室内空间构造了一个类户外世界，把 80 年代的市井场景戏剧性地再现。这种沉浸式的空间手法，让怀旧市井的场景具有最大化的打动力，并具有很强的自媒体传播属性和社交属性（图 5-27）。

（3）长春这有山

长春的"这有山"项目，也是国内探索沉浸式场景在购物中心应用的先驱案例。在沉浸式的主题选择上，也是以老街古镇主题为切入点。

在流线组织上，把室外步行街区进行垂直折叠，放置在封闭的室内空间中。室内的商业空间分为山阴面（无自然光）和山阳面（有自然光），相应打造成山洞和盘山古镇调性的沉浸式场景（图 5-28、图 5-29）。

图 5-28 古镇沉浸式场景（山阳面）

图 5-29 山洞沉浸式场景（山阴面）

由于紧邻长春电影制片厂旧址，在商业空间氛围打造上借鉴了电影蒙太奇的手法和影视布景的方式，以沉浸式方式呈现。在顾客视野所及之处，最大可能保证画面的整体性。

最后在山顶设置极具辨识度的核心景观——问蟾亭：一个静谧的"行者"，低头注视手里拖举的金蟾，顾客登上问蟾亭即可纵览项目全景。

2. 景观沉浸式

在钢筋混凝土的城市中，最缺的就是原始风貌的景观。景观沉浸式设计的目的，在于以沉浸式手法，以景观场景的打动力整体提升商业体验，打造日常城市生活中没有的体验。几乎所有的商业项目中都有景观，但是景观如何能成为激动人心的场景，景观沉浸式设计是一个解决路径。

景观沉浸式设计可以把景观变成项目的主力店、聚力场，甚至变成 IP；同时也可以使景观参观流线与内部商业路线紧密结合。

（1）星耀樟宜综合体

星耀樟宜综合体（Jewel Changi Airport）是把景观沉浸式设计做得最彻底的项目，其超高的景观覆盖率，身临其境的热带雨林场景还原度，让一个原本不大的机场商业项目拥有了超越其商业面积的吸引力，成为目的型景点（图 5-30）。

星耀樟宜综合体在环形动线中央区域以及顶部，以超高绿视率建造超尺度森林谷、商业区的屋顶花园和雨旋涡等景观，在巨大的穹顶覆盖下，为顾客带来身临其境的热带雨林体验。

商业区的屋顶花园面积约 1.4 万方。此外，还有三个游乐景点设施：天空之网（Sky Nets）、迷宫世界（Canopy Mazes）以及奇幻滑梯（Discovery Slides）（图 5-31）。

森林谷位于环形动线中央区域，为五层逐级退台式谷地，绿化覆盖率很高。屋顶花园和森林谷汇集来自世界各地的 2000 棵乔木和超过 10 万株灌木。为了方便养护，选用的植物大多不容易落叶，而且选用的培养土基成分也不容易腐败变质。

雨旋涡位于建筑中心。40 米高的巨大瀑布从玻璃屋顶中心的孔洞穿越多层花园倾泻而下，创造出令人叹为观止的视觉效果，也是目前

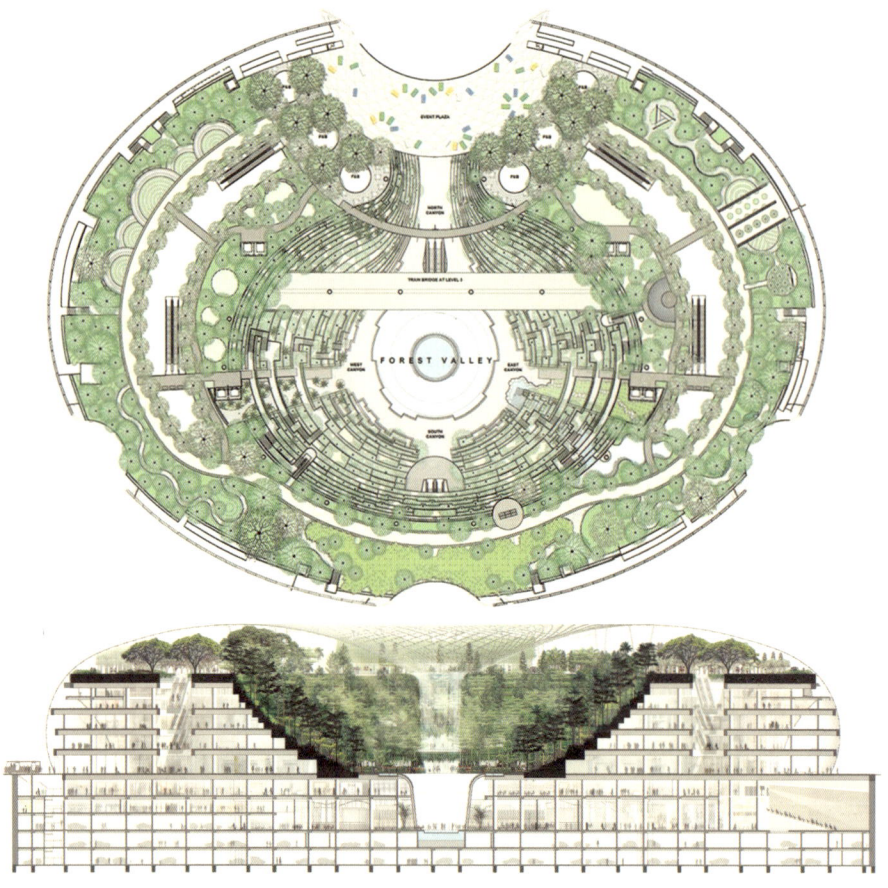

图 5-30 星耀樟宜综合体景观平面与剖面图

世界上最高的室内瀑布。分布在森林谷中的绿色步道直通零售和餐饮店铺,实现自然与商业的共融,实现极致的惊喜购物体验(图 5-32、图 5-33)。

图 5-31 星耀樟宜综合体中的屋顶花园（天空之网、迷宫世界、奇幻滑梯）

图 5-32 星耀樟宜综合体中雨旋涡景观

图5-33　星耀樟宜综合体室内商业场景

（2）大阪难波公园NAMBA PARKS

项目位置：大阪市浪速区难波中2丁目

占地面积：33 729方

建筑面积：243 800方

商业面积：51 800方

开发商：南海电铁株式会社

难波公园位于大阪传统热闹商业区，邻近难波火车站，离机场一站之遥，将城际列车、地铁等交通枢纽功能与办公、酒店、住宅结合。

难波公园采用景观沉浸式设计理念，在商业建筑的屋顶连续布置一层层阶梯式上升的屋面景观。此举既为周边高密度的城市区域提供了难得的开放性景观，也为商业人流提供了休憩场所。屋面的斜坡台地公园，从街道地平面层层上升至8层高度，并在流线上与各层商业入口结合，流线顶端布置有室外舞台，定期举办活动（图5-34～图5-36）。

但是从商业逻辑上，笔者认为该项目为了景观的整体性而在一定程度上牺牲了商业的合理性。为了保证景观流线的连续性，而牺牲了商业内部空间的丰富性。丰富的外部景观空间与商业内部空间之间无

图 5-34　大阪难波公园周边地图

图 5-35　大阪难波公园鸟瞰

强制动线，削弱了对于内部商业的促进效应；游逛人群可以只欣赏公园景观而完全不经过商业空间。中间"峡谷"本身空间有限，内外部空间难免局促；且峡谷两侧商业界面断裂不连续，仅仅在局部楼层实现商业流线的环通。

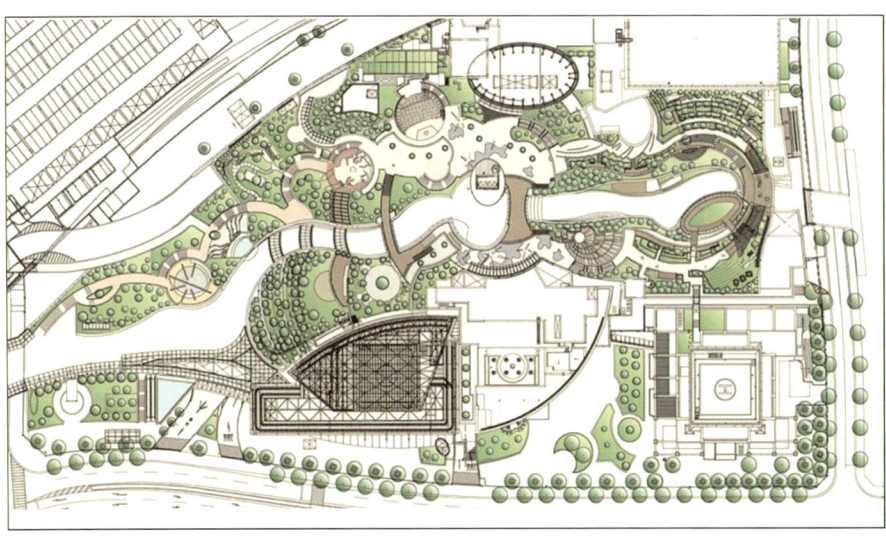

图5-36 大阪难波公园2层平面与总平面

三、业态创新下的商业空间创新

商业内店铺的业态需求，与空间呈现互为因果，互为表里。新的业态，尤其是大型主力业态的引入，也会带来新的商业空间。

1. 买手店业态与开放式店铺

在经济和商业发达的城市，商品过剩带来购物选择障碍。同时，零售业态趋同，品牌池可选量少，无法满足更高层次客户的购物需求。在购买力与日俱增以及时尚传播全球化背景下，客户强大的购买力和欲望超过了所在地商业的服务范围，买手经济应运而生。

买手店是以目标客群的消费需求为基准，由眼光精准的买手从全球搜罗符合审美和定位的产品，再将这些产品按一定品类进行陈列和售卖，货品以买断为主（不排除有部分货品采用寄售形式）。买手购买时，商品的款式凌驾于品牌之上，不再强调任何单一品牌。因此，买手店的品牌浓度很高，一个买手店可以提供数十个甚至上百个潮流品牌。更高的品牌浓度，更快的时尚步伐，更精准的商品供应，使买手店越来越受到追求时尚的人群追捧。

买手店匹配的商业空间，不再是常规的固定分割的店铺空间，而是更加开放、自由的商业空间。在买手店崛起的背景下，开放式店铺+主题型空间的模式越来越常见。

买手店为了吸引特定客群，在店铺装饰陈列、视觉形象上要传达统一的审美观及价值内核，空间形象往往标新立异。买手店的品牌组合灵活，更换率高，主题性强，最常见空间模式为"开放式自由平面+主题型空间"（图5-37）。

图 5-37 老佛爷（Galeries Lafayette）买手店

买手店的面积灵活，既可以单独出现，也可以在购物中心中与其他品类进行组合；既有规模较大可称精品百货的 Barneys New York、连卡佛（Lane Crawford）、Dover Street Market，也有规模很小仅仅一个店铺门面的街边小店。买手店具有承租能力强、人流吸引力大的优点，可为购物中心提供丰富的品类品牌和持续的人流量，是很好的主力店替代品。

国内目前新开业的大型买手店中，广州一尚门单店面积接近 2000 方，武汉 HCH 单店面积超过 1300 方。位于杭州天目里的买手店 B1OCK，总面积近 6000 方，共计 9 楼，涵盖了服饰、香氛、家居好物、生活方式等分区 / 品类，甚至将艺术展都搬了进来。

不管买手店是自成一体，还是与购物中心结合，这种"开放式自由平面 + 主题型空间"，都会为商业空间带来更多艺术感和新的可能性。

2. 主力业态创新带来的空间新可能

在商业业态趋同的背景下，很多开发商为了打造全新的商业体验，纷纷在商业中引入全新业态，打造"商业+X"的组合。娱乐、运动、剧院、博物馆等各种全新业态以主力店方式被引入商业中，形成娱乐 MALL、运动 MALL、健康 MALL、度假 MALL，等等。

这些主力业态的引入，既拓展了商业内容的丰富性，也增加了商业的辐射范围和蓄客时间，将商业真正变成目的地购物中心、社交聚会场、微度假目的地。新引入的体验式业态，提供了引人注目的空间体验，身临其境的体验式娱乐，也成为自媒体时代、全民直播时代的话题引爆点。

新引入的业态，也带来了商业空间的巨大革新。在商业综合体中，常规的业态对空间的需求比较统一均质。但是如果要引入诸如室内滑雪场、溜冰场、海洋馆、过山车，音乐会剧场、博物馆等大型主力业态，就会对空间提出全新的要求，也会带来空间和场景体验的巨大差异。

（1）西班牙 Xanadu 购物中心

位于西班牙马德里的 Xanadu 购物中心，是欧洲最大的购物中心之一，拥有 250 多家商铺和零售店，还开创性地引入了欧洲最大的室内滑雪场。1990 年开业的 Xanadu 购物中心成为最早在商业中引入大型滑雪场的大

图 5-38　Xanadu 购物中心

图 5-39 Xanadu 购物中心室内

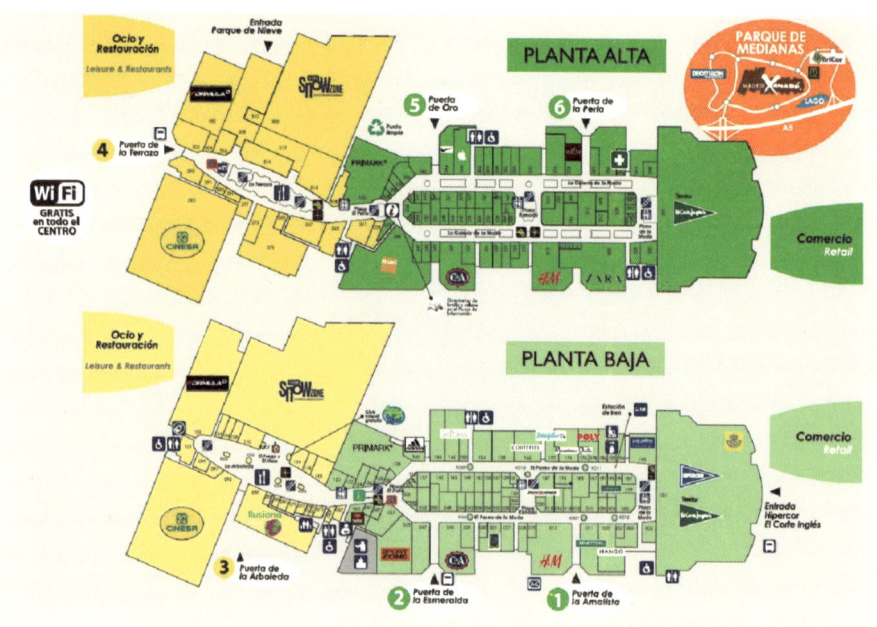

图 5-40 Xanadu 购物中心业态分布

型购物中心,并成为后续很多项目学习模仿的对象(图 5-38 ~图 5-40)。

滑雪场占地约 18000 方,拥有两条滑雪道和一条上山吊椅,为滑雪和单板滑雪爱好者提供专业级和初学级滑雪体验。滑雪场的斜面通高空间,与传统的商业空间截然不同,成为项目标志性的外部形象。

图 5-41　西埃德蒙顿购物中心室内场景

(2)西埃德蒙顿购物中心

作为超大型的购物中心，为了扩大辐射范围，并增加客户停留时间，成为旅游+游乐+购物的综合性目的地，西埃德蒙顿购物中心采取了很多首创性措施，并在后来被业界广泛借鉴。大胆设置了当时世界上最大的室内游乐园 Galaxyland，世界最大的室内过山车 The Mindbender，美洲最大的室内水上乐园 World Waterpark，等等（图 5-41）。丰富多样的场景，使顾客在里面应接不暇，即使待一整天也远不够。为此购物中心专门开设了一家酒店，以满足顾客连续消费的需要。

这些业态，极大地扩大了项目的辐射范围，延长了蓄客时间。同时，引入新的主力业态，也为商业空间探索了新的可能性。本项目为坐落于郊区的超大型体验型购物中心树立了标杆。

图 5-42　商业 + 滑雪场——广州花都万达 MALL 鸟瞰效果图

图 5-43　商业 + 滑雪场——广州花都万达 MALL

近年来，国内新建的购物中心为了扩大吸引力，也引入了诸如滑雪场、主题乐园、剧场剧院等体验型业态。例如广州花都万达 MALL 引入的滑雪场（图 5-42、图 5-43），武汉世茂龙湾嘉年华引入了主题乐园。

第六章 商业内容的新可能

商业创新的内核是内容创新，消费升级的内核是业态升级。空间创新是内容创新的"表"，内容创新是空间创新的"核"。

从需求角度出发，在部分城市已经进入商业开发总量过剩阶段的背景下，零售消费需求中对生活必需品的常规需要已经基本得到了满足，但是在消费升级过程中依然有大量的个性需求没有得到满足。当经济发展达到一定水平后，必需品零售占比会逐渐降低，休闲娱乐业态、餐饮业态、体验服务业态等需求占比会越来越高。

从供给角度出发，业态趋同、空间同质化已成为购物中心的痛点。同质化的红海竞争导致商业收益率降低，因此在商业项目中引入新的业态成为差异化竞争的手段。

经过多年的发展，商业建筑的外延已经超出了狭义的零售范畴，而是成为城市生活的缩影。城市居民的生活需求是丰富多样的，商业建筑能够承担的不再是单一的零售场景，而是各种城市生活场景的映射。

商业要保持更长的蓄客时间、保持更持久的吸引力，也必须在内容上引入更多零售之外的业态。商业综合体的魅力在于，多业态融合共生产生的魅力。

在当下主流的零售业态、休闲娱乐业态、餐饮业态、体验服务业态之外，更多的业态被引入商业建筑中。

以美国为例，根据国际购物中心协会对美国购物中心中各业态占比的调研，自从2014年以来，零售业态占比逐年下降，餐饮以及非零售非餐饮（主要为体验型业态）占比逐年递增（图6-1）。

根据CoStar对美国购物中心最近十年的数据调研，各种类型的体

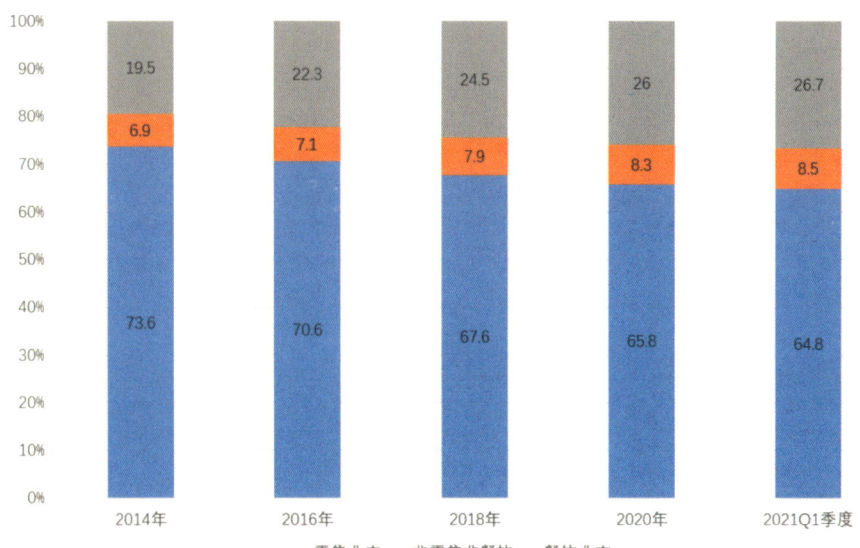

图 6-1 美国购物中心当中各业态占比（数据来源：ICSC）

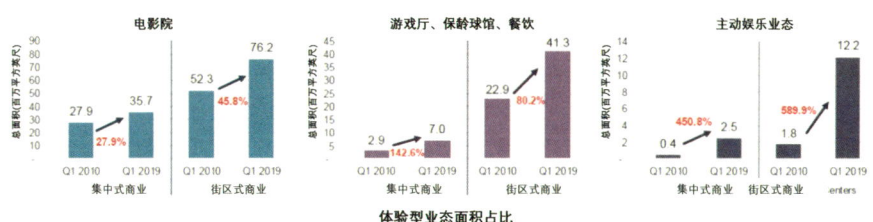

图 6-2 美国购物中心当中体验型业态面积占比（数据来源：ICSC）

验型业态例如电影院、游戏厅、保龄球、餐饮以及主动娱乐业态（例如室内游乐、密室逃生、蹦床等）已经成为商业人气的主力。其中，街区式商业的体验型业态增幅更大，说明街区型商业适应性更强（图6-2）。

街区式商业的餐饮、体验型娱乐业态的租户数量大约是集中式购物中心的五倍；租户总面积大约是集中式购物中心的三倍。

零售业态占比的降低，非零售业态占比升高，是社会零售业发展成熟的阶段性标识；与美国类似的上述趋势，也同样发生在中国，详

265

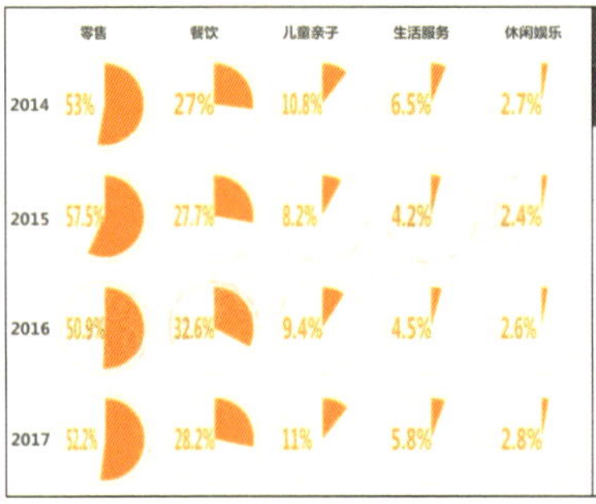

2014-2017年已开业购物中心业态平均面积占比					
	零售	餐饮	儿童亲子	生活服务	休闲娱乐
2014	53%	27%	10.8%	6.5%	2.7%
2015	57.5%	27.7%	8.2%	4.2%	2.4%
2016	50.9%	32.6%	9.4%	4.5%	2.6%
2017	52.2%	28.2%	11%	5.8%	2.8%

2014-2017年已开业购物中心业态分商圈面积占比

年份	2014年		2015年		2016年		2017年	
商圈类型	核心商圈	非核心商圈	核心商圈	非核心商圈	核心商圈	非核心商圈	核心商圈	非核心商圈
零售	54.2%	51.7%	50.3%	59.1%	51.9%	49.8%	50.8%	53.6%
餐饮	27.3%	26.8%	31.6%	23.8%	32.4%	32.8%	33.0%	23.5%
儿童亲子	9.0%	12.6%	10.8%	11.3%	8.5%	10.2%	7.3%	14.6%
生活服务	6.5%	6.6%	4.8%	3.8%	4.5%	4.6%	5.6%	6.1%
休闲娱乐	3.1%	2.3%	2.7%	2.0%	2.6%	2.6%	3.3%	2.2%

图 6-3　2014～2017 年中国已开业购物中心各业态占比（数据来源：赢商大数据）

见图 6-3。

过去商业购物中心的主体是综合型购物中心，这是为了满足主流的审美需求和购物需求，但另一方面也意味着对小众购物人群、兴趣爱好的忽视。在近年来的各类购物中心中，非零售业态占比升高，反映出市场对顾客需求、兴趣爱好的重视。

从需求层次来说，当生理需求和安全需求层级购物需求得到满足后，对文化、情感等精神层面的追求会成为新的客户关注点。尤其是受过良好教育、伴随互联网成长起来的 Z 世代，一般衣食无忧、不缺吃穿，因此更注重消费的体验感和商品服务背后的情感诉求。

所以，对社交需求、文化认同、兴趣的满足，正在拓展商业的边界，酝酿购物中心场景的新可能。

一、商业 + 艺术

当业态的更新速度跟不上顾客的猎奇速度，商业的业态已经不足以激发起客户的好奇心和兴奋点时，艺术的加入提供了新的解题路径。当购物中心已不仅仅满足于提供交易功能，而演变为功能丰富的体验空间时，艺术与购物中心的良性互动已经成为趋势。

定期更换主题的策展式艺术，为相对固定的商业内容注入了可以互补的可变性，新奇性。每年举办各式各样的艺术展览活动，可以在一定时间内凝聚人气、吸引人流、增加商业氛围，极大地丰富了商业与艺术的连接形式。例如，广州K11在2020年，先后举办了9场国内外艺术展览、艺术活动，在艺术展览和活动举办期间，客流量较平日涨幅超50%，月均客流量皆超百万。上海K11在2014年举办"印象派大师·莫奈特展"期间，3个月内观展总数超过34万人次，商场营业额增长约30%。

购物中心中常见的艺术形态可以分成七类，包括艺术装饰（图6-4）、艺术空间（如画廊、美术馆）、静态艺术展、小型沙龙、艺术演出、艺术集市和快闪活动。

艺术形态既有常驻的，也有短期的。常驻艺术形态包括艺术装饰和艺术空间，展演时长较长。其中艺术装饰一般为免费，目的在于提

图6-4 日本Ginza Six主中庭艺术装置

升商业空间调性。艺术空间一般为独立空间，且多为收费，如画廊、美术馆等。

短期艺术形态有静态艺术展、小型沙龙、艺术演出、艺术集市和快闪活动等。这种短期艺术形态类型丰富，通常布局在公共空间，展演时长较短，更替频繁，且一般以免费为主。

艺术与商业的结合方式有三种层次，见表6-1。

表 6-1　　　　商业 + 艺术结合方式表

结合方式		案例
艺术商业 1.0 商业 + 艺术装置	艺术部分为非经营性，不产生直接盈利。 商业空间中，局部点缀艺术品/艺术装置。前卫的艺术融合在商业空间里，为商业空间增加调性，注入活力。有些艺术装置还会定期更换，增加新鲜感	日本 Ginza Six、上海 IAPM，南京德基广场等
艺术商业 2.0 商业 + 艺术业态	艺术部分为经营性，可产生直接盈利。 在商业空间中，引入艺术展览、艺术画廊、沙龙活动厅等艺术业态，既可通过门票销售为商场带来直接经营收益，更增加了消费者体验的多样性，强化商业空间的艺术与文化属性。 定期举办各式展览活动，可以在一定时间内凝聚人气、吸引人流、增强商业氛围，极大丰富商业与艺术的连接形式	广州 K11、上海 K11 等
艺术商业 3.0（沉浸式艺术） 商业 + 艺术业态 + 艺术空间	艺术部分为经营性，可产生直接盈利。 艺术型购物中心： 既有核心艺术业态，又有沉浸式艺术性商业空间。 艺术与商业在业态组合、空间营造、客群共促方面相辅相成	波兰 Stary Browar 购物中心、北京侨福芳草地等

【案例】波兰 Stary Browar 购物中心

项目面积：13 万方

地点：波兰波兹南（Poznań）市中心

开业时间：2003 年

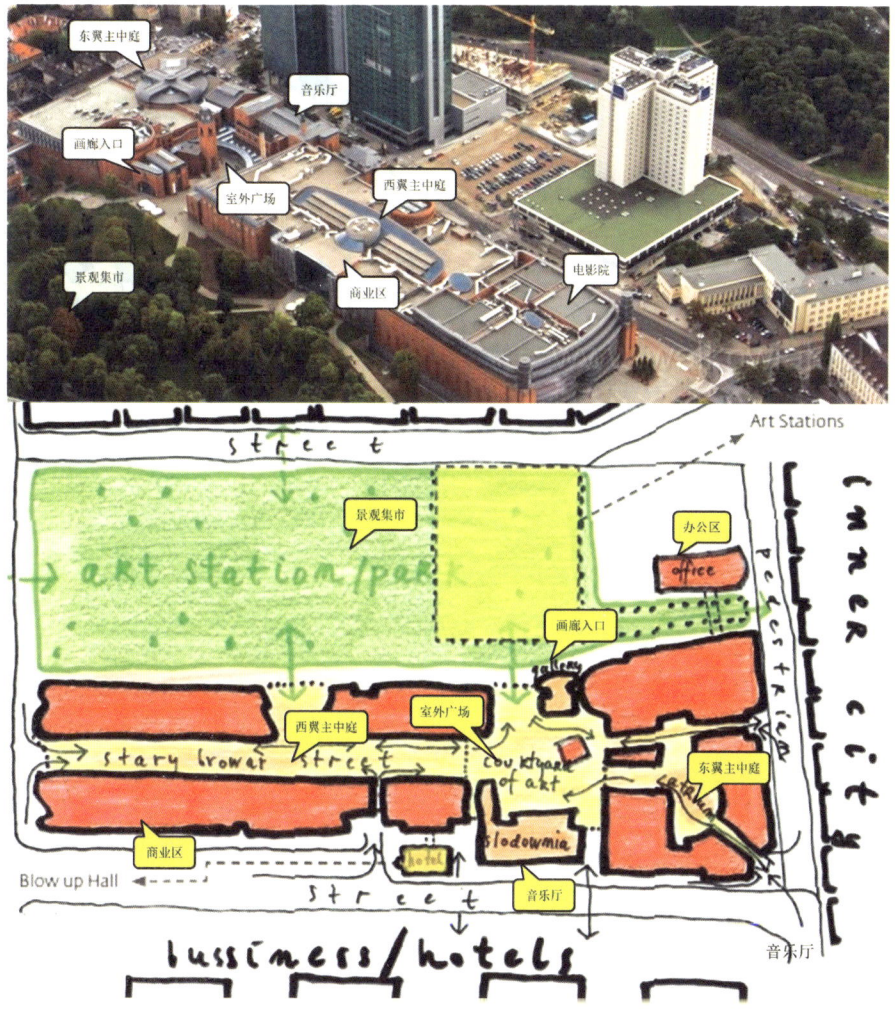

图6-5 Stary Browar购物中心鸟瞰与总图

开发商：格日娜拉·库尔奇克（Grażyna Kulzyk）旗下的福尔蒂斯公司（Fortis）

Stary Browar购物中心是一个独特的非典型购物中心。作为开创性案例，其不再按照传统在商业空间中置入艺术装饰进行点缀，而是彻底将艺术与商业在空间、业态、调性氛围上进行深度融合（图6-5）。

Stary Browar 由一个建于 19 世纪的历史建筑波兹南啤酒厂改造并加建而来,在业态组成上包括 50% 的商业零售空间和 50% 的艺术空间。老啤酒厂位于东翼,业态包括零售、餐饮、画廊、音乐厅。加建部分位于西翼,业态包括零售、餐饮、电影院等(图 6-6、图 6-7)。

该项目的零售部分空间包括近 210 家餐饮和其他商铺,以及少量

图 6-6 音乐厅(Studio Słodownia)

图 6-7 室外广场

办公和酒店。除了零售和艺术之外，业态还包括办公、酒店，以及一个占地4公顷的公园。

Stary Browar 的艺术空间包括一个现代艺术画廊（Art Stations）、当代舞蹈场地 Malt House（兼展览厅）、音乐会厅（Studio Słodownia），以及一个电影院。每年都有众多文化活动在这里举办（图 6-8、图 6-9）。

图 6-8　现代艺术画廊（Art Stations）入口与内景

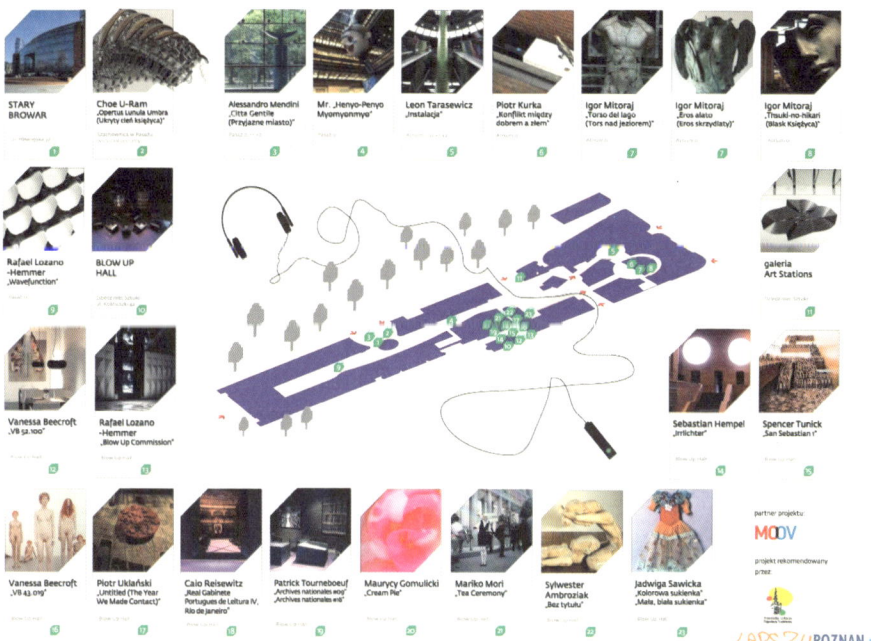

图 6-9　Stary Browar 艺术品落位

图 6-10　Stary Browar 东翼和西翼主入口

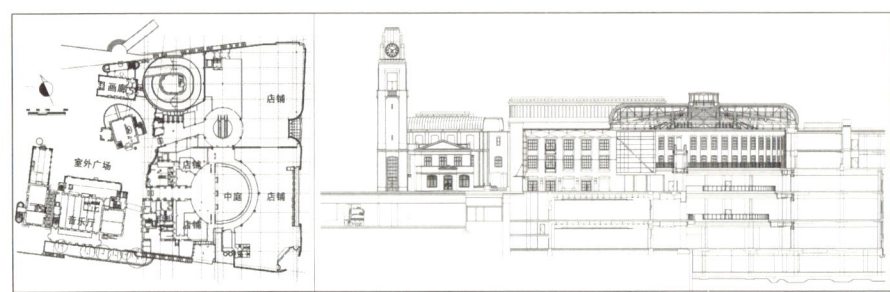

图 6-11　Stary Browar 东翼平面剖面图

Art Stations 画廊，会定期举办当代艺术展览和著名艺术家作品展。Malt House 部分既可以作为舞蹈场地展示表演艺术，也可以举办展览或文化研讨会。音乐会厅（Studio Słodownia）部分每年都会举办大量音乐会等活动。

漫步在 Stary Browar 的商业空间中，顾客可以看到 Igor Mitoraj 的雕塑 Moonlight / Blask Księżyca（月光），或 Choe U-Ram 的装置 Hidden Shadow of the Moon / Ukryty Cień Księżyca（隐藏的月影）。购物中心的商店、餐厅和咖啡馆都在以著名创作者的艺术品为特色的空间内营业，艺术与商业场景紧密交融（图 6-10～图 6-14）。

在 Stary Browar 中，艺术以营业性业态落地，不仅可远观近看、可参与其中，看中了也可以交易，可以产生直接经营收益。

图 6-12　Stary Browar 东翼主中庭

图 6-13　Stary Browar 西翼主中庭

273

图 6-14　Stary Browar 西翼中庭

　　Stary Browar 是一座兼顾艺术和商业的购物中心。由于业主的知名艺术赞助人背景，Stary Browar 有大量的重量级现代艺术收藏。顾客在购物的同时，还可以欣赏一流现代艺术作品。

　　艺术品让商业空间的格调升华，商业空间带来的曝光度也使艺术品的知名度和价值提升。最后实现零售和艺术品收藏交易的共赢共生。

　　（2）北京侨福芳草地

　　占地面积：13.8 万方

　　建筑面积：20 万方，其中购物中心面积：5.6 万方（地上二层，地下二层），另有写字楼建筑面积 8.2 万方

　　竣工时间：2012 年

　　芳草地将商业与艺术结合，将艺术品经营变成自己的特色业态。商业空间的曝光度让展陈的艺术品升值，艺术品的加持让商业空间提

图 6-15　侨福芳草地鸟瞰

升高雅的气质和人气。艺术品不仅增加了普通商铺的人气和销售额，更通过升值交易带来直接收益（图 6-15）。

实际上，艺术品经营才是芳草地盈利的大头。商业空间对艺术品的陈列，帮助艺术品提高曝光度并增值，同时帮助艺术品找到对应的买家。

艺术的价值与知名度挂钩，让以前曲高和寡的艺术品通过展览方式进入商场、进入大众视野，不仅是一种装饰空间的手段，更是让艺术品升值的方式。侨福有专门的艺术品公司，具有成体系的艺术品发掘、策划、拍卖、销售能力。顶层的美术馆和画廊，除了正常举办展览，也推广年轻艺术家，销售作品（图 6-16）。不管是买断一个默默无名艺术家的作品，还是收藏知名艺术家作品，都是通过策展包装把艺

图 6-16　芳草地画廊

图 6-17　芳草地艺术中庭

图 6-18 芳草地商业部分平面示意图

作品推到大众面前，提高知名度进而使艺术品身价水涨船高。而画廊艺术品的一大买家群体是众多开发商。

艺术品经营方面的强项，成就了芳草地难以复制模仿的独特性。

侨福芳草地的艺术品不再是简单的装饰，更是空间的主角，这一点与普通购物中心截然不同。所以，芳草地从设计之初就为一些艺术品预留了位置，比如从屋顶一直延伸到地下二层的杨韬作品《空束》，从 10 层楼高度拉下 628 根红色细线延伸至底部，笼罩中庭中心位置的佛像，成为整个商业空间的视觉核心。

在侨福芳草地 5.6 万方的购物中心内，有约 80 余个商铺，公共空间占据了大量面积（图 6-17、图 6-18）。购物中心主要分为 4 层，L1、L2 层以服装配饰、手表珠宝、高级定制等高端品牌精品店为主。地下 LG1 的业态以服装配饰和美容保养等服务为主，这里的品牌绝大多数都是设计师品牌。LG2 主要是特色餐饮和艺术展示区，配有城市超市、卢米埃影院、书店、花艺和创意家居、饰品等，是休闲娱乐的主要区域。

二、商业 + 文化

文化与商业的结合，是近年来商业建筑的新趋势。文化的外延很宽泛，既可以是广义的文化，也可以是更容易解读的、标签性更强的实用文化、符号文化。

文化的落地呈现方式有多种，既可以是一种经营业态，例如剧场、书店等，也可以是内部空间的调性。文化还可以以非营业性空间的方式落地。文化的类型既可以是消费文化、古典文化，科技文化，也可以是潮流文化、地域文化，等等（表 6-2）。

表 6-2　　　　　　　　　商业项目中的文化类型表

	经营性文化业态	非经营性文化业态	符号性文化
特征	自身产生直接收益，作为核心业态与商业整体融合	不产生直接收益，可通过会员制积分，吸引人流等方式间接服务	仅以符号的方式存在，用以营造空间氛围
案例	剧场、书店、博物馆、展览	论坛讲座、展览等	装置、布展、工艺品

1. 商业＋经营性文化

文化以经营性业态的方式呈现，不仅可观，也可以参与、可产生经营性收入。经营性文化业态与购物中心其他零售业态形成良性互动。常见的经营性文化业态包括书店、电影院、剧场、展览，等等。

【案例】Open House（Central Embassy）

开发商：CENTRAL 集团

设计单位：Klein Dytham architecture（Open House 部分）

商业面积：4600 方

Open House 位于泰国曼谷 Central Embassy 购物中心的六楼，是一个两层通高，面积约 4600 方的开放式商业空间。

Open House 的整体室内设计理念跟日本茑屋书店非常接近——以书为核心，围绕书店展开餐饮和展览空间。整体上，以书店和创意零售为主业态，以大面的书架奠定整体空间的文化氛围。在书架的间隙，布置了各种酒吧、餐饮、咖啡等业态，打造出在图书馆中购物就餐的独特体验。

图 6-19　Open House-Central Embassy

图 6-20　Open House 平面剖面图

Open House 的业态集书店、商铺、餐厅等于一体，其中包括 14 家餐厅/酒吧，一家艺术画廊，一家书店，一个工作空间和儿童区。Open House 整体呈现为一个流动、开放的空间，顾客可以在不同店铺之间自由流动，书店与酒吧及餐厅空间不露痕迹地融为一体，无缝协同。在这个空间里，书店作为核心元素以一种显性的方式蔓延——沿空间动线分布着可供歇息和阅读的区域（图 6-19、图 6-20）。

文化感的空间不再是高冷的、有距离感的，而是成为可观、可游、可玩的自由空间。

在 Open House 里面，文化不仅是一个符号，更是一种零售型经营业态，同时通过为空间赋能，提升其他所有业态的人气和活力。

2. 商业 + 符号性文化

文化以表皮的方式在场景中落地，不与实际经营活动产生直接关联。文化的作用在于提升整体调性，打造非日常感和标新立异感。

文化既可以以后现代符号拼贴的方式呈现，例如北京美克洞学馆，也可以以场景仿真还原的方式呈现，例如文和友、北京和平菓局、北外滩来福士 B2 层的城市集市等，还可以以 IP 化、主题化、布景化的途径沉浸式展现，比如长春这有山等。

【案例】北京美克洞学馆——符号化拼贴的文化

北京美克洞学馆采用最简单直白的方式，把文化符号进行复制拼贴，移植到商业空间中。在空间场景营造上，以洞穴文明和西域丝路文脉上的龟兹艺术为主题，还原龟兹壁画艺术，形成丝路文脉主题的

图 6-21　北京美克洞学馆立面

后现代艺术风格。

项目位于北京商业竞争最激烈的朝外—国贸商圈，项目周边 3 千米左右有侨福芳草地、国贸、万达广场、SKP 等购物中心。项目体量很小，为了在激烈的竞争环境下生存，采取主题型的差异化运营是唯一出路。项目总建筑面积 3.5 万方，总展示面积 2.3 万方，业态以家居软装、时尚餐饮、文化休闲等为主。在上下六层场馆内，共设置了三大功能业态，分别是穴居艺术、时尚餐饮和文化休闲；内容涵盖家居用品、下午茶、酒吧、主题餐厅、书吧、艺术文创等相关板块（图 6-21）。

美克洞学馆在空间场景营造上放弃传统的商业空间调性，以洞穴文明和西域丝路文脉上龟兹艺术壁画为灵感启迪，期待消费者迅速与之形成共鸣，从而促进消费转化。

龟兹壁画是贯穿于整个室内的母题，出现在整面墙壁、拱形门边、螺旋楼梯等处（图 6-22）。

图 6-22　北京美克洞学馆内部空间

该项目本质上是把文化符号化，以后现代艺术拼贴表现手法对空间进行塑造。

三、商业 + 体育运动

体育健身和体育消费是经济发展到一定阶段自然而然形成的新增长点，也是马斯洛需求曲线当中较高层次的客群需求。

当下宅经济越来越盛行，既有网购和外卖越来越便利的因素，也有商业体验趋同，无法提供足够吸引力的原因。尤其从 90 后和 Z 世代的消费特征上看，他们不会为了购物特意去商场，相反，更多是出于消遣、休闲、社交等非目的性的、社会性的消费需求。同时他们的运动健身需求明显提升，而大城市中体育配套设施太少，这无疑给商业体验创新提供了机会。

在"消费刚需"带动下，近几年越来越多的运动业态涌入商业体中，类型也不再局限在滑冰场和健身馆上。更加多元化、娱乐化的运动业态如马术、射箭、真枪射击、卡丁车、悬漂、攀岩等运动项目，正在被商业中心大量吸纳。

运动业态在商业当中，自身的优缺点非常鲜明。运动业态一般面积占用大，且坪效低，带来的直接收益不高。但是运动业态具有留客时间长、重复频次高、吸引人流量大的特点。

所以，在寸地寸金的商业项目中，如果运动业态能扬长避短，则可以成为重要的差异化亮点，发挥最大的作用。例如，1998 年开业的香港又一城，首次将溜冰场引入购物中心（图 6-23）。溜冰场空间被打造成三层挑高空间，周边环绕餐饮商铺，形成类似体育场看台的空间效果。

溜冰场这种业态很好兼顾了不同年龄家庭成员同时活动的需求。孩子们在溜冰场追逐玩耍，成年人在"看台"上品尝美食。溜冰场充分兼顾成人和儿童的需求，有效增强了对亲子消费客群的吸引力，同时延长了顾客停留时间。这种以溜冰场为场景媒介，把餐饮和运动、

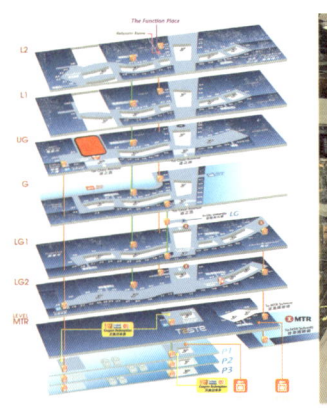

图 6-23　香港又一城溜冰场

成人与儿童、消费与休闲结合的方式，后来被万象城参考并在各地广泛复制。

例如2016年，北京龙湖长楹天街就开创性地引入"全美高中篮球巡回赛博纳野马队中国区招募赛"，首次在购物中心中实施"运动+体育赛事IP"的策略。开幕当天客流同比上涨49%，活动第一周工作日客流环比上涨20%，推动其成为国内首家拥有专业篮球测试体验的商场。

（1）迪拜Sport Society MALL

开发商：Viva City

规模：总建筑面积约8万方，地上3层，地下2层车库

迪拜新建的体育商业综合体Sport Society MALL不同于在商业当中植入运动作为点缀型业态的常规模式，创造性地把体育运动以及运动周边作为主题，呈现出截然不同的面貌（图6-24、图6-25）。

迪拜新建的体育商业综合体Sport Society MALL区位优越，周边社区发展成熟，距离迪拜国际机场10分钟车程，距离老牌大型购物中心City Centre Deira 15分钟车程，距离迪拜市中心20分钟车程。

Sport Society MALL整体建筑面积约8万方，由体育、零售、大健康这三大业态构成。体育业态方面有运动健身、竞技比赛、攀岩等，零售业态方面包含各种运动零售品牌以及餐饮、电影院。大健康业态方面有一个诊所和一个医疗中心，主要提供运动康复、运动损伤理疗等。

楼层共计3层，整体平面环绕中庭布局，并在一楼中庭仿造专业体育场布置座位环绕的多功能竞技场。竞技场灵活性极强，可以作为超过40种运动项目的竞技场，包括室内足球、篮球、保龄球、棒球、高

图 6-24　Sport Society MALL 立面

图 6-25　Sport Society MALL 内部效果图

尔夫等，甚至可以作为一个全尺寸的国家冰球联盟（NHL）溜冰场，其冰面温度最低可以保持在 –5℃，用以举办冰球、溜冰、滑冰等活动。此外，多功能竞技场还可以举办各种活动，包括国际产品发布会、体育名人见面会、舞蹈表演和粉丝活动。多功能竞技场位于视觉中心，可以提供类似专业室内运动场的观赛体验，同时满足购物、观赛两不误。

除此之外，还设有高科技健身中心、蹦床公园、台球馆、攀岩中心等设施，为消费者提供多元的健身选择（图 6-26）。

Sport Society MALL 拥有 370 家店铺。在零售方面有包括 Debenhams、

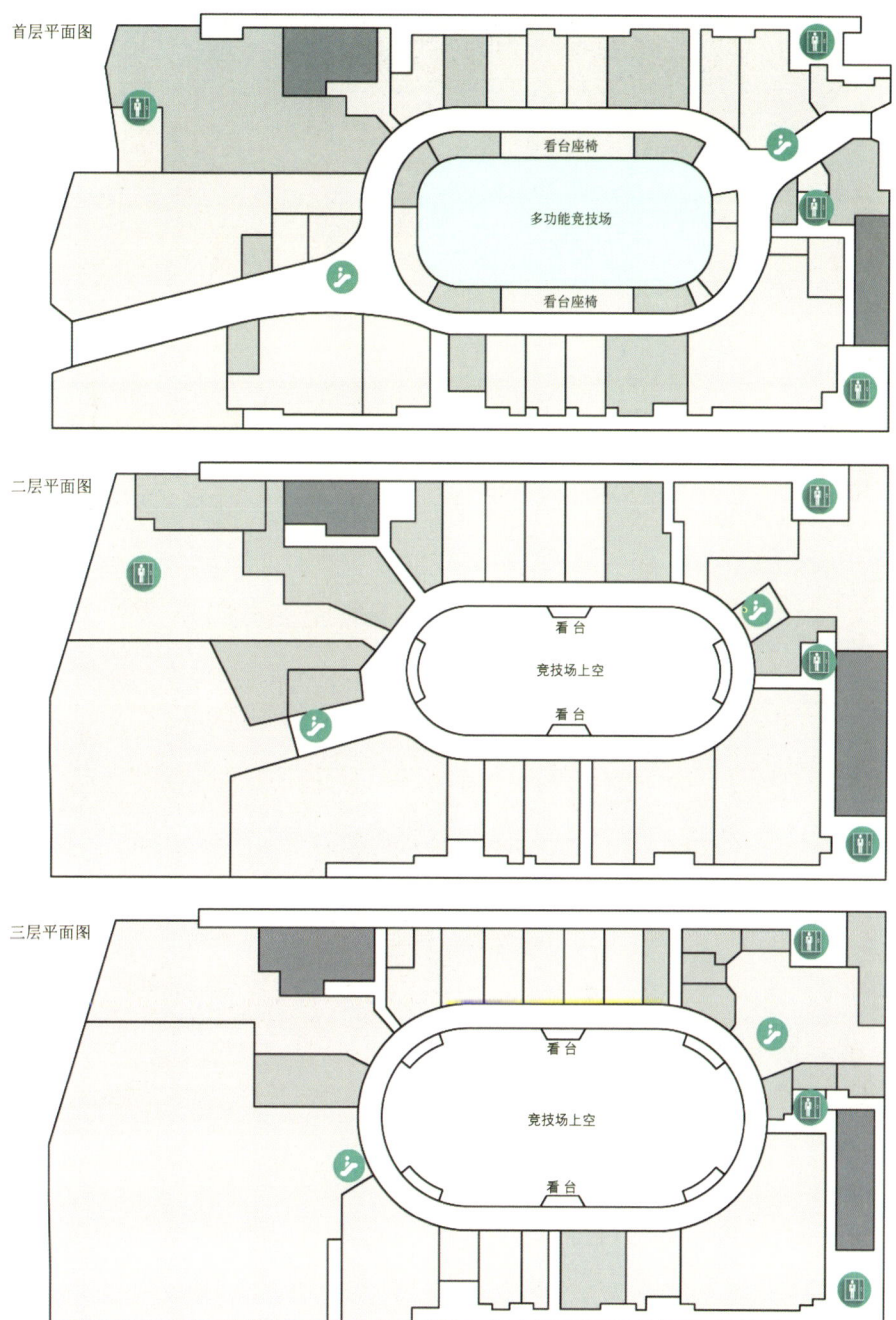

图 6-26 Sport Society MALL 各层平面图

图 6-27　Sport Society MALL 内部效果图

图 6-28　Sport Society MALL 实景

Forever 21、Pottery Barn 在内的 260 个品牌，3 层还有一个奥特莱斯。餐饮方面，在 3 层有约 80 家餐馆，包括 Sport Society 的自营咖啡厅。此外还有一个 10 屏影院和大型超市。

就连屋顶，也可以在需要时"变身"为一个运动场，外立面上的LED屏幕可用于赛事转播，室内中庭吊挂的赛事级大屏幕可以既服务于赛事，亦可用作艺术装置。

Sport Society MALL布局合理，业态完整，可以在这里玩上一整天。此外，项目很好平衡了体育运动与商业业态的关系，避免因为体育运动占据空间而影响商铺得铺率。运动设施大量利用公区、屋顶等空间，既增加了活力，也兼顾了收益（图6-27、图6-28）。

（2）社区级商业+运动——新加坡淡滨尼天地

建成时间：2017年

项目地点：新加坡 淡宾尼新镇

占地面积：57 000方

建筑面积：120 000方

业态组成：30%居住和居住相关面积；30%商业；40%公共基础设施，包括1个体育场馆、6个游泳池、1个区域图书馆、1个室内体育馆、1个餐饮小贩中心等（图6-29～图6-31）。

该项目不是典型的商业项目，而是在政府和社区主导下，以提供社区公共活力中心目的，综合统筹运动设施、社区配套设施、社区商业的非典型项目。建筑布局围绕中央足球场呈回字形。商业本身体量占比较小，且主要集中布置在一侧，保证商业界面连续。内外立面总体风格非常商业化，通过"MALL"的外在立面形式，包裹着运动设施和社区配套设施，使整个项目看起来商业体量更大、商业氛围更浓。

综合体中散布公共服务中心、运动场、图书馆、家庭医疗中心、运动科技中心、游泳馆、乐龄活动中心、小贩中心、民众俱乐部和零

图 6-29 淡滨尼天地入口

图 6-30 淡滨尼天地功能分布图

图 6-31 淡滨尼天地运动设施

图 6-32　淡滨尼天地商业

售商店等各功能区。中心的足球场不仅是社区大型活动的主要场地，也是当地足球队的比赛场地，平日还是周边居民活动散步、休闲交友会客的市镇广场、社区客厅、聚会热点。

淡滨尼天地项目的成功，很好说明了运动设施经过良好运营可以成为重要的导流渠道，其社区亲和力、黏附力可以为商业带来非常持续的人流（图 6-32）。

四、商业+游乐

随着经济水平提高，根据马斯洛需求曲线，更高层次的需求满足成为商业的新增长点。消费者外出的首要目标不再是单纯为了购买实体产品，游玩、娱乐这种内心深处的需求更需要被满足。

因此，"游乐"业态作为兼具主题性与体验性的业态，受到越来越多商业综合体开发商的青睐，诞生了"游购综合体"的模式。

相比于普通的传统商业，"游购综合体"有以下优势。

1. 聚客能力强

首先,游购综合体本身在业态内容和场景氛围上主题性强、特征鲜明,消费群体定位清晰。这样既规避了购物中心同质化竞争等问题,还能对消费客群形成精准而又强大的吸引力。从而在短时间内凝聚起人气和增强商业氛围,有效提升综合体聚客能力。有些主题更是自带流量。

其次,游购综合体的业态种类完备复合,可以满足顾客购物、娱乐、住宿、餐饮和休闲度假等多维度需求。顾客可以在里面待上一整天不用出来,蓄客时间长。

2. 消费体验丰富

游购综合体的核心吸引力——高参与度和体验性的游乐设备项目,可以使顾客获取非日常的休闲娱乐满足感。类型丰富的、体验极致的游乐设备项目是游购综合体活动吸引力的关键。

这些游乐设备项目,既有吸引力、又有持续性;可以有效延长顾客在商业综合体的停留时间,从而给商业综合体带来更充足的人气和消费机会。

3. 商圈辐射范围广

商业项目的辐射范围与蓄客时间成正比。顾客在商场里待的时间越长,就愿意花更多时间来抵达,商场的辐射范围也更广。一般商业综合体的主要商圈辐射范围在5千米左右,而游购综合体基于其体验游玩性、主题吸引性和业态复合性,辐射范围远远超过常规的商业综合体。

这样不仅能提高项目在原有商圈的竞争力，还能扩大项目商圈辐射半径，丰富项目的客源结构，创造更多商业机会，降低项目开发风险。

为了规避风险，实现投资目标，超大型购物中心需要的辐射范围、蓄客时间、业态丰富度都大大超过普通购物中心。所以，体量超大型的购物中心，大多采用游购综合体的模式。

（1）美国梦 American Dream

地址：美国新泽西州梅多兰兹（Meadowlands）

项目占地：27.87 万方

建筑面积：60 万方

开发商：Triple Five Group

总投资额：50 亿美元

美国梦是梅多兰兹体育综合体（Meadowlands Sports Complex）的商业板块，位于美国新泽西州的东拉瑟福德镇，属于纽约内环郊区，距离曼哈顿 11 千米。项目所在的大都会区域是美国消费水平最高的区域。项目 50 英里（80 467 米）辐射范围内居住 2000 万人口，家庭平均收入 97 000 美元，预计项目年客流 4000 万人次。

购物中心毗邻的梅多兰兹体育中心是美国橄榄球队纽约巨人队（New York Giants）和纽约喷气机队（New York Jets）的主场，两队竞技水平和知名度高，给项目带来巨大的人流量。所以，从区位、消费水平、交通配套、人气角度而言，项目已经具有良好的基础（图 6-33）。

美国梦是全美规模最大的购物中心之一，这座超级娱乐购物中心汇集了西半球最大的室内主题乐园、北美唯一的室内滑雪场和梦工厂

图 6-33　美国梦鸟瞰

水上乐园等多项唯一。美国梦 60 万方体量，集零售、餐饮、娱乐、旅游于一体，其中娱乐业态占比超过零售业态，分别为 55% 与 45%。

零售部分有超过 500 个品牌入驻，包括第五大道百货（Saks Fifth Avenue）、高端连锁百货 Barneys New York、奢侈品集合店 The Collections 等主力店，以及 Zara、H&M 等快时尚品牌（图 6-34）。

在体验游乐业态上，美国梦汇聚超过 15 个大型主力休闲娱乐空间，其中包括：尼克大宇宙主题公园、大型云霄过山车、国家冰球联盟场馆大小的溜冰场、16 层高的滑雪坡道、SEA LIFE 海洋水族馆、86 米高的摩天轮、梦工厂水上乐园、乐高探索中心、"愤怒的小鸟"主题 18 洞高尔夫球场、豪华影院与艺术剧院，等等（图 6-35、图 6-36）。

这些都是帮助项目吸引客流、扩大影响力、延长体验时间的关键"魅力点"。

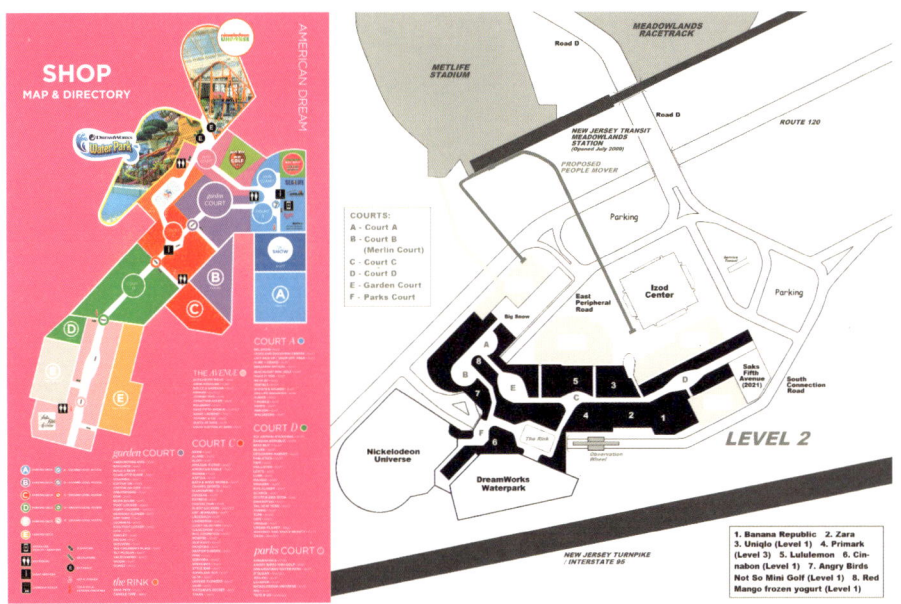

图 6-34　美国梦平面图

图 6-35　梦工厂水上乐园（左）和尼克大宇宙主题公园（右）

图 6-36　室内滑雪场（左）与 SEA LIFE 海洋水族馆（右）

大量全新的业态，尤其是大型游乐型业态汇聚在一起，为商业的内容探索了很多新的可能。

（2）西埃德蒙顿购物中心

项目位置：加拿大艾伯塔省埃德蒙顿

开放时间：1981年9月15日

开发商：Triple Five Group

经营方：West Edmonton MALL Properties Inc

占地面积：49万方，楼层数：3层

总零售面积：35万方

西埃德蒙顿购物中心曾经是世界最大的购物中心（1985～2004），并创造了一系列当时的世界之最，成为后续很多超大型游乐型购物中心的学习范本（图6-37）。作为超大型购物中心，西埃德蒙顿购物中心拥有超过800间商铺（图6-38）。为了保证顾客体验的丰富性，增加客户停留时间，运营方引入了当时世界上最大的室内游乐园Galaxyland

图6-37　西埃德蒙顿购物中心鸟瞰图

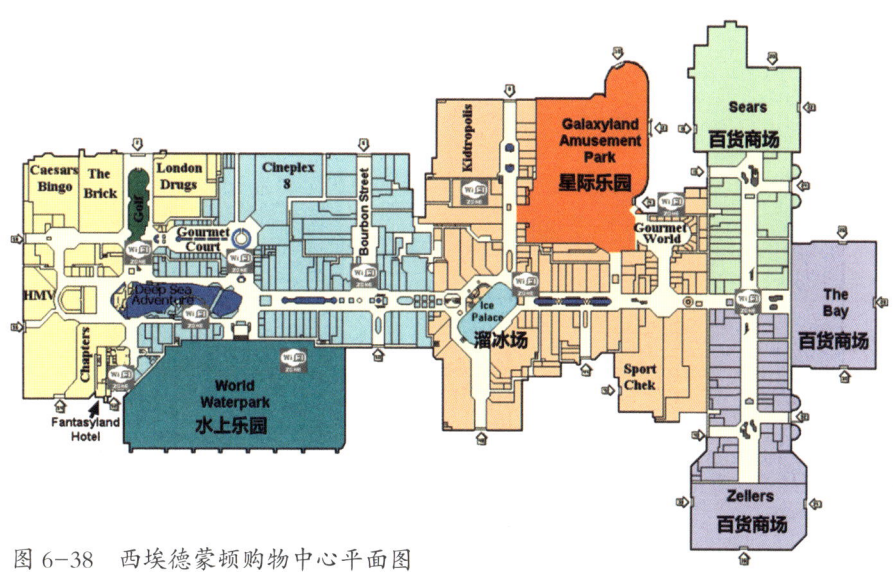

图 6-38 西埃德蒙顿购物中心平面图

图 6-39 星际乐园区鸟瞰示意图

（图 6-39、图 6-40），世界最大的室内过山车 The Mindbender，世界最大的室内湖 Deep Sea Adventure Lake（图 6-41、图 6-42），美洲最大的室内水上乐园 World Waterpark，等等。同时，还专门开设了一家酒店，让顾客可以在里面长时间不间断地游逛购物，真正实现都市度

图 6-40　星际乐园与冰场

图 6-41　水上乐园与深海探险

图 6-42　水上乐园区鸟瞰示意图

图6-43 室内商业街区

假的多要素聚集。

在商业街区氛围营造上，采用欧洲传统街区的立面元素和空间尺度，形成欧洲旅游城市中休闲逛街的氛围（图6-43）。

这些在当时看来非常有创造性的体验型业态，为顾客带来了前所未有的商业空间体验，也使该项目成为后来很多项目学习的对象。

参考文献

[1] 大连万达商业地产股份有限公司. 商业地产投资建设 [M]. 北京：清华大学出版社，2013.

[2] 曹磊. 商业地产开发运营对策探讨 [J]. 住宅与房地产，2021(09)：9-10.

[3] 叶晓. 商业地产项目投资风险管理研究 [D]. 杭州：浙江大学，2020.

[4] 张博涵. 基于商业模式发展下的大型商业建筑设计策略 [D]. 北京：北京建筑大学，2019.

[5] 王砚. 商业地产开发运营模式研究 [D]. 武汉：武汉工程大学，2016.

[6] 郝熙红. 我国商业地产开发运作的策略研究 [D]. 成都：电子科技大学，2015.

[7] 刘芳. 商业地产开发对于城市空间影响分析 [D]. 合肥：合肥工业大学，2012.

[8] 唐瑭. 商业地产开发市场定位影响因素及评价研究 [D]. 雅安：四川农业大学，2011.

[9] 金晓辉. 商业地产开发模式研究 [D]. 上海：上海社会科学院，2010.

[10] 互联网革新商业地产开发思维 [J]. 住宅与房地产，2015(20)：36.

[11] 刘凤艳. 万达集团商业地产开发运营管理分析 [J]. 现代商业，2015(16)：89-90.

[12] 施和兵. 商业地产开发建设与管理研究 [J]. 江苏科技信息，2015(08)：46～48.

[13] 张静. 对持有型商业地产开发的思考 [J]. 天津商务职业学院学报，2014，2(06)：33～36.

[14] 罗志鹏.我国商业地产开发策略分析[J].中国房地产,2014(06):50~61.

[15] 宋文波,戴东辉.关于购物中心发展与未来的初探[J].建筑与文化,2012(09):8~26.

[16] 朱崇文.新加坡商业地产开发案例研究[J].江苏科技信息,2012(06):19~21.

[17] 徐水泉.浅谈我国商业地产开发存在的问题及对策[J].商业经济,2012(11):35-36.

[18] 高伟.美国购物中心对我国商业地产开发的启示[J].商场现代化,2010(33):94.

[19] 李昕.华润置地商业地产开发加速[J].城市住宅,2010(09):61-62.

[20] 汪洋,王晓鸣,朱宏平.城市文化导向的商业地产开发模式研究[J].中国房地产,2010(09):53~55.

[21] 王珍莲.新时期我国商业地产开发模式走向研究[J].建筑经济,2007(07):38~41.

[22] 赵德海,刘威.商业地产开发中的错位及对策研究[J].财贸经济,2005(10):88~91.

[23] 许金立.基于商圈理论的商业地产项目定位研究[D].北京:北京交通大学,2008.

[24] 张华国.商业地产开发项目定位研究[D].西安:西安建筑科技大学,2008.

[25] 冯领地.商业地产订单合作模式的研究[D].广州:暨南大学,2008.

[26] 吕书斌.商业地产价值链研究[D].重庆:重庆大学,2007.

[27] 吴正锋.商业地产开发模式创新研究[D].南京:南京财经大学,2006.

[28] 黄建斌.商业地产及其项目定位研究[D].天津:天津大学,2005.

[29] 贺晨.商业地产市场分析[D].北京:清华大学,2004.

[30] Alkaş A, CRX, CSM, et al. Research & selection of tenants[FB/oL]. ICSC European Retail Property School. https://www.icsc.com/uploads/event_presentations/ResearchAndSelectionOfTenants_AviAlkas.pdf

[31] DeLisle J R. Shopping center classifications: challenges and opportunities[FB/oL]. Runstad Center for Real Estate Studies. https://jrdelisle.com/research/NewSCDef_V23_WP1.pdf

[32] Fong P. What makes big dumb bells a mega shopping mall? [C]. Proceedings. 4th International Space Syntax Symposium London 2003.

[33] 韦娜. 购物中心中商业展示空间设计初探[D]. 西安：西安建筑科技大学，2008.

[34] 杨晶晶. 购物中心的购物流线与空间建构[D]. 西安：西安建筑科技大学，2008.

[35] 邹晨亮. 大型购物中心的公共空间设计探究[D]. 上海：同济大学，2008.

[36] 高飞. 美国购物中心与中国购物中心发展比较研究[D]. 昆明：昆明理工大学，2006.

[37] 王芳. 购物中心开发的关键成功因素研究[D]. 南京：东南大学，2006.

[38] 钱坤. 主题体验式购物中心设计研究[D]. 重庆：重庆大学，2005.

[39] 陈红宇. 国内大型购物中心Shopping Mall发展模式研究[D]. 重庆：重庆大学，2004.

后　记

本书从开始构思到最后截稿，前后延续约五年时间。

这五年来，眼见疫情去又来，也见亲人离开。在无数个枯坐的夜里也常会问自己，当时的初心还在不在。最终还是庆幸自己，坚持了下来。

这五年来，地产行业的基调从规模为王"冲千亿"的豪迈，变成缩表出清活下去的谨慎。各界对于商业地产的关注和热情，早已不复当初。市场环境的变化，以及实践过程中笔者认知的加深，也促使自己不断对内容进行校正。

自己是个喜欢瞎琢磨的人。

国内的商业地产经过这么多年的发展，已经到了总量增速下降，模式高度成熟，盈利难度增大的新常态时期。

当商业地产行业大步迈进的时候，面对狂热，总会想边界在哪里。

当商业地产行业剧烈变化的时候，面对困境，总会想出路在哪里。

为此，笔者研究国内外超过1000个新锐、先锋的商业地产案例，以期探寻在新需求、新消费、新技术、新媒体的推动和支持下，下一代商业地产会带来什么样的颠覆性体验。

有些观点难免偏颇，请姑且听之。

言至最后，需感谢同济大学出版社陈立群老师的辛苦编辑和校对，也感谢在我身边陪伴和支持我的人。

此时相望不相闻，愿逐月华流照君！

观点交流，可联系 aizhijing1006@qq.com。

艾智靖

2022年12月